# Die EU-KI-Verordnung erklärt

Dr. Alex Bugeja, PhD

# Inhaltsverzeichnis

# Einführung

Künstliche Intelligenz - ein Begriff, den wir heutzutage überall hören. Sie ist in unseren Telefonen, unseren Autos, unseren Häusern, und zunehmend trifft sie Entscheidungen, die unser Leben beeinflussen. Vom Vorschlagen des nächsten Liedes, das Ihnen gefallen könnte, bis hin zur Unterstützung von Ärzten bei der Diagnose von Krankheiten verändert KI die Welt um uns herum rapide. Doch mit dieser unglaublichen Macht kommt große Verantwortung. Wie stellen wir sicher, dass KI ethisch, fair und sicher eingesetzt wird? Hier kommt das EU-KI-Gesetz ins Spiel.

Die Europäische Union, bekannt für ihre starke Haltung beim Schutz der Rechte ihrer Bürger, hat einen proaktiven Ansatz zur Regulierung von KI gewählt. Das EU-KI-Gesetz ist ein bahnbrechendes Gesetzgebungsstück, das darauf abzielt, sicherzustellen, dass KI-Systeme, die innerhalb der EU verwendet werden, vertrauenswürdig sind und die Grundrechte respektieren. Es ist ein komplexes Gesetzgebungsstück, aber seine Kernbotschaft ist einfach: KI sollte der Menschheit dienen, nicht umgekehrt.

Dieses Buch ist Ihr Leitfaden zum Verständnis des EU-KI-Gesetzes. Wir werden die juristische Sprache in einfache Worte übersetzen und die zentralen Konzepte, Anforderungen und Implikationen des Gesetzes untersuchen. Egal, ob Sie ein KI-Entwickler sind, ein Unternehmer, der den Einsatz von KI in Erwägung zieht, oder einfach ein Bürger, der neugierig ist, wie diese Technologie reguliert wird, dieses Buch wird Ihnen das nötige Wissen vermitteln.

Wir beginnen mit der Untersuchung des Zwecks und des Umfangs des Gesetzes, indem wir verstehen, welche KI-Systeme es abdeckt und welche unterschiedlichen Risikostufen sie darstellen. Dann tauchen wir in die Kernprinzipien des Gesetzes ein, einschließlich des Verbots unakzeptabler KI-Praktiken, die die Grundrechte bedrohen. Wir werden die spezifischen Anforderungen für Hochrisiko-KI-Systeme untersuchen, wie sie im

Gesundheitswesen, in der Strafverfolgung und in der kritischen Infrastruktur eingesetzt werden. Sie werden die Bedeutung von Datenqualität, Transparenz, menschlicher Aufsicht und robusten Cybersicherheitsmaßnahmen kennenlernen.

Wir werden auch die Rollen und Verantwortlichkeiten der verschiedenen Akteure in der KI-Wertschöpfungskette betrachten, von den Anbietern, die KI-Systeme entwickeln, bis hin zu den Nutzern, die sie in realen Szenarien implementieren. Wir werden die Konformitätsbewertungsverfahren untersuchen, einschließlich der Rolle der benannten Stellen, und wie die CE-Kennzeichnung sicherstellt, dass Hochrisiko-KI-Systeme den Standards des Gesetzes entsprechen.

Im gesamten Buch werden wir praktische Beispiele und Fallstudien verwenden, um die Anwendung des Gesetzes in verschiedenen Sektoren zu veranschaulichen. Wir werden auch den Einfluss des Gesetzes auf Innovationen diskutieren und untersuchen, wie regulatorische Sandkästen und Tests in der realen Welt die Entwicklung vertrauenswürdiger KI fördern können, während sie Sicherheit und Einhaltung der Vorschriften gewährleisten.

Das EU-KI-Gesetz ist nicht nur ein Regelwerk; es ist eine Vision für eine Zukunft, in der KI uns allen zugutekommt. Durch das Verständnis des Gesetzes und die Beteiligung an seiner Umsetzung können wir helfen, diese Zukunft zu gestalten und sicherstellen, dass KI eine Kraft für das Gute in der Welt bleibt.

**Haftungsausschluss**

Dieses Buch soll allgemeine Informationen über das EU-KI-Gesetz bieten und ist kein Ersatz für professionelle Rechtsberatung. Die in diesem Buch dargestellten Informationen sollten nicht für rechtliche Entscheidungen herangezogen werden. Der Autor und der Verlag machen keine ausdrücklichen oder stillschweigenden Aussagen oder Garantien hinsichtlich der Vollständigkeit, Genauigkeit, Zuverlässigkeit, Eignung oder Verfügbarkeit der in diesem Buch enthaltenen Informationen für irgendeinen Zweck. Jede Nutzung solcher Informationen erfolgt daher ausschließlich auf Ihr eigenes Risiko. Für spezifische Rechtsberatung ist es wesentlich, einen qualifizierten Rechtsanwalt zu konsultieren.

# KAPITEL EINS: Zweck und Umfang des EU-KI-Gesetzes

Das EU-KI-Gesetz ist wie ein Leitfaden für die Nutzung von künstlicher Intelligenz innerhalb der Europäischen Union. Stellen Sie es sich wie ein Regelbuch für ein Spiel vor, das sicherstellt, dass alle fair spielen und niemand verletzt wird. Das Hauptziel des Gesetzes ist es, sicherzustellen, dass KI den Menschen nutzt und nicht zu etwas wird, das sie kontrolliert oder schadet.

Es geht nicht darum, die Entwicklung von KI zu stoppen. KI hat das Potenzial, viel Gutes zu tun, wie die Verbesserung der Gesundheitsversorgung, die Effizienz unserer Städte zu steigern und sogar den Klimawandel zu bekämpfen. Die EU möchte diese positiven Anwendungen von KI fördern. Das Gesetz ist darauf ausgelegt, Vertrauen in KI aufzubauen, ihre Entwicklung und Übernahme zu fördern, aber auf verantwortungsvolle Weise.

Wie funktioniert das Gesetz? Es legt spezifische Regeln für verschiedene Arten von KI-Systemen fest, basierend auf dem Risiko, das sie darstellen. Stellen Sie es sich wie unterschiedliche Sicherheitsvorschriften für verschiedene Arten von Fahrzeugen vor. Ein Fahrrad benötigt weniger Regeln als ein Auto, und ein Auto benötigt weniger Regeln als ein Passagierflugzeug. Ähnlich benötigt ein KI-System, das Filme empfiehlt, nicht das gleiche Maß an Prüfung wie eines, das medizinische Zustände diagnostiziert.

Das Gesetz gilt für jeden, der KI-Systeme in der EU auf den Markt bringt, unabhängig davon, ob sie in der EU oder in einem anderen Land ansässig sind. Es gilt auch für Unternehmen, die KI-Systeme innerhalb der EU nutzen, selbst wenn diese Systeme anderswo entwickelt wurden. Dies stellt sicher, dass gleiche Wettbewerbsbedingungen herrschen und verhindert, dass Unternehmen die Regeln umgehen, indem sie von außerhalb der EU operieren.

Einer der wichtigen Aspekte des Gesetzes ist sein Fokus auf Grundrechte. Die EU legt großen Wert darauf, die Rechte ihrer Bürger zu schützen, wie das Recht auf Privatsphäre, Nichtdiskriminierung und faire Behandlung. Das Gesetz verbietet KI-Praktiken, die diese Rechte verletzen könnten, wie die Nutzung von KI für soziale Bewertungen oder zur Manipulation des Verhaltens von Menschen.

Das Gesetz ist nicht auf bestimmte Sektoren beschränkt. Es umfasst KI-Systeme, die in einer Vielzahl von Anwendungen eingesetzt werden, von Gesundheitswesen und Bildung bis hin zu Strafverfolgung und Transport. Dies stellt einen konsistenten Ansatz für die KI-Regulierung sicher, unabhängig vom Kontext, in dem sie verwendet wird.

Während das Gesetz hauptsächlich auf hochriskante KI-Systeme abzielt, enthält es auch Bestimmungen für andere Arten von KI-Systemen, wie Transparenzanforderungen für Systeme, die mit Menschen interagieren. Dies stellt sicher, dass selbst niedrigriskante KI-Systeme auf eine Weise verwendet werden, die die Rechte der Menschen respektiert und Vertrauen schafft.

Das EU-KI-Gesetz stellt einen mutigen Schritt dar, KI auf eine Weise zu regulieren, die sowohl Innovation als auch Grundrechte fördert. Indem wir seinen Zweck und Umfang verstehen, können wir besser nachvollziehen, wie es die Zukunft der KI in Europa und darüber hinaus gestalten wird.

# KAPITEL ZWEI: Verständnis von KI-Systemen und ihren Risiken

Bevor wir in die Details des EU-KI-Gesetzes eintauchen können, ist es hilfreich, einen Schritt zurückzutreten und zu verstehen, was wir mit "KI-Systemen" meinen und warum sie überhaupt Risiken bergen könnten. Der Begriff "Künstliche Intelligenz" kann etwas einschüchternd klingen, wie etwas aus einem Science-Fiction-Film, aber im Kern bezieht er sich auf Systeme, die Aufgaben ausführen können, die in der Regel menschliche Intelligenz erfordern. Diese Aufgaben können von einfachen Dingen, wie dem Erkennen von Mustern in Daten, bis hin zu komplexeren Aktivitäten, wie dem Fahren eines Autos oder dem Übersetzen von Sprachen, reichen.

Das EU-KI-Gesetz liefert keine einzige, festgelegte Definition eines KI-Systems. Stattdessen beschreibt es einige Schlüsselmerkmale, die uns helfen, diese Systeme von herkömmlicher Software zu unterscheiden. Schauen wir uns diese Merkmale an und sehen, was sie uns über die Funktionsweise von KI-Systemen verraten.

Erstens sind KI-Systeme "maschinenbasiert", was bedeutet, dass sie auf Computern oder anderen Maschinen arbeiten. Das mag offensichtlich erscheinen, aber es ist wichtig zu bedenken, dass KI nicht nur ein abstraktes Konzept ist – es ist eine Technologie, die auf physischer Infrastruktur basiert. Dies hat Auswirkungen darauf, wie wir KI regulieren, da wir nicht nur die Algorithmen selbst, sondern auch die Hardware und Software, auf denen sie laufen, berücksichtigen müssen.

Zweitens sind KI-Systeme so konzipiert, dass sie mit "unterschiedlichen Autonomiegraden" arbeiten. Das bedeutet, dass sie mit unterschiedlichen Graden menschlicher Einmischung funktionieren können. Einige KI-Systeme, wie einfache Spamfilter, arbeiten fast vollständig autonom und treffen Entscheidungen ohne menschlichen Input. Andere, wie selbstfahrende Autos, erfordern mehr menschliche Aufsicht, mit einem menschlichen Fahrer, der bereit ist, die Kontrolle zu übernehmen, wenn es nötig ist. Dieser unterschiedliche Autonomiegrad ist ein Grund dafür, warum KI-Systeme unterschiedliche Risikograde bergen können, da ein hochautonomes System potenziell mehr Schaden anrichten könnte, wenn es fehlfunktioniert.

Drittens können KI-Systeme "nach der Bereitstellung Anpassungsfähigkeit zeigen". Das bedeutet, dass sie ihre Verhaltensweisen im Laufe der Zeit basierend auf den Daten, denen sie begegnen, lernen und ändern können. Diese Lernfähigkeit ist einer der mächtigsten Aspekte der KI, der es den Systemen ermöglicht, ihre Leistung zu verbessern und effizienter zu werden. Allerdings bedeutet dies auch, dass KI-Systeme sich auf Weisen entwickeln können, die ihre Entwickler nicht vorhergesehen haben, was potenziell zu unvorhergesehenen Risiken führen kann.

Schließlich und vielleicht am wichtigsten, "schließen KI-Systeme aus den Eingaben, die sie erhalten, wie sie Ausgaben wie Vorhersagen, Inhalte, Empfehlungen oder Entscheidungen generieren sollen". Diese Schlussfolgerungsfähigkeit ist es, was KI-Systeme wirklich von herkömmlicher Software abhebt. Anstatt einfach nur vorgefertigten Regeln zu folgen, können KI-Systeme Daten analysieren und Schlussfolgerungen ziehen, was ihnen ermöglicht, Vorhersagen zu treffen, Inhalte zu erstellen, Empfehlungen zu geben oder sogar Entscheidungen zu treffen.

Diese Fähigkeit, Schlüsse zu ziehen, ist sowohl die Stärke als auch die potenzielle Gefahr der KI. Sie ermöglicht es KI-Systemen, Aufgaben auszuführen, die einst als ausschließlich menschlich galten, aber sie bedeutet auch, dass diese Systeme Fehler machen oder sich auf Weisen verhalten können, die wir nicht vollständig verstehen.

Nun, da wir ein besseres Verständnis davon haben, was KI-Systeme sind und wie sie funktionieren, lassen Sie uns überlegen, warum sie Risiken bergen könnten. Die mit KI-Systemen verbunden Risiken lassen sich in einige breite Kategorien einteilen:

**Schaden für Einzelpersonen:** KI-Systeme können Fehler machen, die Einzelpersonen schaden. Zum Beispiel könnte ein selbstfahrendes Auto fehlfunktionieren und einen Unfall verursachen, oder ein Gesichtserkennungssystem könnte jemanden falsch identifizieren, was zu falschen Anschuldigungen oder sogar zu einer unrechtmäßigen Festnahme führen könnte.

**Diskriminierung und Bias:** KI-Systeme können gesellschaftliche Vorurteile lernen und weitergeben. Zum Beispiel könnte ein System, das mit voreingenommenen Daten trainiert wurde, bestimmte Gruppen von Menschen diskriminieren, wie z.B. ihnen Kredite verweigern oder ihre Bewerbungen unfair ablehnen.

**Mangel an Transparenz:** Viele KI-Systeme arbeiten als "Black Boxes", was es schwierig macht zu verstehen, wie sie zu ihren Schlussfolgerungen kommen. Dieser Mangel an Transparenz kann es schwierig machen, KI-Systeme für ihre Handlungen zur Verantwortung zu ziehen, und kann das Vertrauen in ihre Entscheidungen untergraben.

**Verlust der Kontrolle:** Wenn KI-Systeme mächtiger und autonomer werden, besteht das Risiko, dass wir die Kontrolle über sie verlieren könnten. Dies könnte zu Situationen führen, in denen KI-Systeme Entscheidungen treffen, die für Menschen schädlich sind oder auf Weisen handeln, die im Widerspruch zu unseren Werten stehen.

**Soziale und wirtschaftliche Störungen:** KI automatisiert bereits Arbeitsplätze und wird in den kommenden Jahren wahrscheinlich erhebliche Auswirkungen auf den Arbeitsmarkt haben. Dies könnte zu wirtschaftlicher Ungleichheit und sozialen Unruhen führen, wenn es nicht sorgfältig gemanagt wird.

Das EU-KI-Gesetz ist darauf ausgelegt, diese Risiken anzugehen und sicherzustellen, dass KI verantwortungsvoll und ethisch eingesetzt wird. Es tut dies, indem es spezifische Anforderungen für Hochrisiko-KI-Systeme festlegt, wie diejenigen, die im Gesundheitswesen, in der Strafverfolgung und in der kritischen Infrastruktur eingesetzt werden. Es enthält auch Bestimmungen zur Förderung der Transparenz, zur Sicherstellung der menschlichen Aufsicht und zur Bekämpfung von Diskriminierung und Bias.

Indem wir die mit KI verbundenen Risiken verstehen, können wir die Bedeutung der Regulierung und den Bedarf an einem Rahmen wie dem EU-KI-Gesetz schätzen, um seine Entwicklung und Bereitstellung zu leiten.

# KAPITEL DREI: Verbotene AI-Praktiken: Schutz Fundamentaler Werte

Die EU-KI-Verordnung beschränkt sich nicht nur darauf, wie AI-Systeme entwickelt und eingesetzt werden; sie dient auch dem Schutz grundlegender Werte. Sie zieht eine klare Grenze, indem sie AI-Praktiken verbietet, die als inakzeptabel gelten, weil sie die Kernprinzipien bedrohen, auf denen die EU gegründet ist. Diese verbotenen Praktiken spiegeln das Engagement der EU wider, die Menschenwürde, Autonomie und Grundrechte zu schützen. Werfen wir einen genaueren Blick auf jede dieser Praktiken und verstehen, warum sie verboten wurden.

## AI-gestützte Manipulation: Untergrabung der menschlichen Autonomie

Stellen Sie sich eine Welt vor, in der AI-Systeme subtil Ihr Verhalten manipulieren können, indem sie Sie zu Entscheidungen drängen, die Sie sonst nicht treffen würden. Das mag wie ein dystopisches Science-Fiction-Szenario klingen, aber das Potenzial für AI-gestützte Manipulation ist sehr real. Die Verordnung verbietet ausdrücklich AI-Systeme, die "subliminale Techniken" oder "irreführende Techniken" verwenden, mit dem Ziel oder der Wirkung, "das Verhalten einer Person materiell zu verzerren."

Diese manipulativen Techniken können auf eine Weise funktionieren, die unser Bewusstsein umgeht. Sie können unsere Schwächen ausnutzen, unsere Emotionen, Vorurteile und kognitiven Abkürzungen ausbeuten, um unsere Entscheidungen zu beeinflussen. Zum Beispiel könnte ein AI-gestütztes Werbesystem fortschrittliche Targeting- und Personalisierungstechniken verwenden, um Ihnen Anzeigen zu zeigen, die sorgfältig gestaltet sind, um bestimmte emotionale Reaktionen auszulösen, selbst wenn Sie sich der manipulativen Absicht nicht bewusst sind.

Die Verordnung erkennt an, dass diese Art der Manipulation die menschliche Autonomie untergräbt. Sie beeinträchtigt unsere

Fähigkeit, freie und informierte Entscheidungen zu treffen, und macht uns zu Marionetten, die von Algorithmen gesteuert werden, anstatt zu Akteuren, die aus eigenem Antrieb handeln. Die potenziellen Schäden einer solchen Manipulation sind erheblich. Sie kann zu finanziellen Verlusten, psychischem Stress und sogar körperlichen Schäden führen, wenn Menschen zu Handlungen manipuliert werden, die gefährlich oder nachteilig für ihr Wohlbefinden sind.

Das Verbot manipulativer AI-Praktiken durch die Verordnung ist ein entscheidender Schutz für die menschliche Autonomie im Zeitalter der KI. Es stellt sicher, dass wir die Kontrolle über unsere eigenen Entscheidungen behalten, auch wenn wir mit zunehmend fortschrittlichen AI-Systemen interagieren.

**Ausnutzung von Schwächen: Zielgruppe der Verwundbaren**

Nicht jeder ist gleichermaßen anfällig für AI-gestützte Manipulation. Einige Gruppen, wie Kinder, Menschen mit Behinderungen oder diejenigen in vulnerablen sozioökonomischen Situationen, können aufgrund ihres Alters, ihrer kognitiven Fähigkeiten oder ihres mangelnden Zugangs zu Informationen anfälliger für Ausbeutung sein. Die Verordnung verbietet ausdrücklich AI-Systeme, die "eine der Schwächen einer natürlichen Person oder einer bestimmten Gruppe von Personen aufgrund ihres Alters, ihrer Behinderung oder einer bestimmten sozialen oder wirtschaftlichen Situation ausnutzen."

Dieses Verbot erkennt an, dass AI-Systeme dazu verwendet werden können, die verwundbarsten Mitglieder der Gesellschaft auszubeuten. Zum Beispiel könnte ein AI-gestütztes Kreditantragsystem Menschen mit niedrigen Kreditwerten unfair ins Visier nehmen und ihnen räuberische Kredite mit hohen Zinssätzen anbieten, die sie wahrscheinlich nicht zurückzahlen können. Ebenso könnte eine AI-gestützte Social-Media-Plattform die mangelnde digitale Kompetenz von Kindern ausnutzen und sie dazu manipulieren, persönliche Informationen preiszugeben oder riskante Online-Verhaltensweisen an den Tag zu legen.

Das Verbot der Ausnutzung von Schwächen durch die Verordnung ist eine starke Aussage des Engagements der EU für den Schutz der verwundbarsten Mitglieder der Gesellschaft. Es stellt sicher, dass AI-Systeme auf faire und gerechte Weise eingesetzt werden und verhindert, dass sie gegen diejenigen eingesetzt werden, die sich am wenigsten verteidigen können.

**Soziales Scoring: Bewertung und Einstufung von Bürgern**

Stellen Sie sich eine Welt vor, in der Ihre Bewegungen verfolgt, analysiert und verwendet werden, um Ihnen eine "soziale Punktzahl" zuzuweisen, die Ihren Zugang zu Chancen, Dienstleistungen und sogar Grundrechten bestimmt. Das mag wie eine Szene aus einem dystopischen Roman klingen, aber die Praxis des sozialen Scorings, die in einigen Ländern bereits umgesetzt wird, ist ein erschreckendes Beispiel dafür, wie AI zur Ausübung sozialer Kontrolle eingesetzt werden kann.

Die Verordnung verbietet ausdrücklich AI-Systeme, die Personen "basierend auf ihrem sozialen Verhalten oder bekannten, abgeleiteten oder vorhergesagten persönlichen oder Persönlichkeitsmerkmalen" bewerten oder einstufen, wenn dieses soziale Scoring zu "schädlicher oder ungünstiger Behandlung" führt, die nicht im Zusammenhang mit dem Kontext steht, in dem die Daten ursprünglich gesammelt wurden, oder "unbegründet oder unverhältnismäßig zu ihrem sozialen Verhalten oder seiner Schwere" ist.

Soziale Scoring-Systeme können extrem aufdringlich sein, indem sie große Mengen an Daten über unsere Online- und Offline-Aktivitäten sammeln. Diese Daten können dann verwendet werden, um detaillierte Profile zu erstellen, die uns basierend auf unserer wahrgenommenen Vertrauenswürdigkeit, unserem sozialen Status oder sogar unseren politischen Überzeugungen kategorisieren. Diese Art der Kategorisierung kann schwerwiegende Folgen haben, die zu Diskriminierung, sozialer Ausgrenzung und sogar der Verweigerung von Grundrechten führen können.

Zum Beispiel könnte ein soziales Scoring-System verwendet werden, um die Berechtigung für Wohnraum, Kredite oder sogar Beschäftigung zu bestimmen. Denjenigen mit niedrigen Punktzahlen könnte der Zugang zu diesen Möglichkeiten verweigert werden, selbst wenn sie keine Vorgeschichte von Fehlverhalten haben. Dies kann zu einer zweistufigen Gesellschaft führen, in der diejenigen mit hohen Punktzahlen Privilegien genießen, während diejenigen mit niedrigen Punktzahlen systematische Benachteiligung erfahren.

Das Verbot des sozialen Scorings durch die Verordnung ist ein entscheidender Schritt zur Verhinderung der Entstehung eines AI-gestützten Überwachungsstaates. Es stellt sicher, dass wir aufgrund unserer individuellen Handlungen beurteilt werden, anstatt auf undurchsichtigen Algorithmen, die uns willkürliche Punktzahlen zuweisen.

**Vorhersagepolizei: Vorverurteilung von Personen aufgrund von Profilen**

Die Idee, AI zur Vorhersage von Verbrechen zu verwenden, mag verlockend klingen, wirft jedoch ernsthafte Bedenken hinsichtlich der Grundrechte auf, insbesondere der Unschuldsvermutung. Die Verordnung verbietet die Verwendung von AI-Systemen zur "Erstellung von Risikobewertungen natürlicher Personen, um das Risiko zu bewerten oder vorherzusagen, dass eine natürliche Person eine Straftat begeht" basierend allein auf Profilen oder der Bewertung ihrer Persönlichkeitsmerkmale und -eigenschaften.

Vorhersagepolizei-Systeme stützen sich oft auf historische Verbrechensdaten, die voreingenommen sein und bestehende gesellschaftliche Ungleichheiten widerspiegeln können. Diese Systeme können bestimmte Nachbarschaften oder demografische Gruppen ins Visier nehmen, bestehende Vorurteile verstärken und zu diskriminierenden Ergebnissen führen. Zum Beispiel könnte ein System, das an Daten trainiert wurde, die eine höhere Kriminalitätsrate in bestimmten Nachbarschaften zeigen, eine höhere Kriminalitätswahrscheinlichkeit in diesen Gebieten vorhersagen, selbst wenn die zugrunde liegenden Gründe für die höhere Kriminalitätsrate mit sozioökonomischen Faktoren zusammenhängen, anstatt mit der angeborenen Kriminalität der Bewohner.

Dies kann zu einem Teufelskreis führen, in dem diejenigen, die bereits marginalisiert sind, verstärkter Überwachung und Prüfung unterzogen werden, wodurch bestehende Ungleichheiten weiter verfestigt werden. Das Verbot der Vorhersagepolizei durch die Verordnung stellt sicher, dass wir nicht aufgrund unserer Profile oder der Handlungen anderer in unseren Gemeinschaften vorverurteilt werden. Es wahrt das Prinzip der individuellen Verantwortung und stellt sicher, dass wir aufgrund unserer eigenen Handlungen beurteilt werden, anstatt auf algorithmischen Vorhersagen.

**Ungerichtete Gesichtserkennung: Förderung der Massenüberwachung**

Gesichtserkennungstechnologie wird immer allgegenwärtiger und wirft Bedenken hinsichtlich der Privatsphäre und des Potenzials für Massenüberwachung auf. Die Verordnung verbietet die Verwendung von AI-Systemen, die "Gesichtserkennungsdatenbanken durch das ungerichtete Scraping von Gesichtsbildern aus dem Internet oder CCTV-Aufnahmen erstellen oder erweitern."

Dieses Verbot richtet sich gegen die Praxis, große Mengen an Gesichtsdaten ohne Kenntnis oder Zustimmung der Personen zu sammeln. Solche Daten können dann verwendet werden, um Individuen zu identifizieren und zu verfolgen, selbst in öffentlichen Räumen. Dies kann einen einschüchternden Effekt auf die Meinungsfreiheit und die Versammlungsfreiheit haben, da die Menschen möglicherweise zögern, sich an Aktivitäten zu beteiligen, die überwacht und aufgezeichnet werden könnten.

Das Verbot der ungerichteten Gesichtserkennung durch die Verordnung ist ein entscheidender Schutz der Privatsphäre im Zeitalter der KI. Es stellt sicher, dass unsere Gesichter nicht als bloße Datenpunkte behandelt werden, die ohne unsere

Zustimmung gesammelt und analysiert werden. Es wahrt unser Recht, uns frei in öffentlichen Räumen zu bewegen, ohne ständiger Überwachung ausgesetzt zu sein.

**Emotionserkennung: Beurteilung innerer Zustände basierend auf äußeren Hinweisen**

Die Idee, AI zur Erkennung der Emotionen von Menschen zu verwenden, mag wie etwas aus einem Science-Fiction-Film klingen, aber Emotionserkennungssysteme werden bereits in verschiedenen Kontexten eingesetzt und werfen Bedenken hinsichtlich ihrer Genauigkeit und des Potenzials für Missbrauch auf. Die Verordnung verbietet die Verwendung von AI-Systemen "zur Ableitung von Emotionen einer natürlichen Person in den Bereichen Arbeitsplatz und Bildungseinrichtungen," außer wenn das System für medizinische oder Sicherheitszwecke vorgesehen ist.

Emotionserkennungssysteme versuchen, den emotionalen Zustand einer Person basierend auf Gesichtsausdrücken, Körpersprache und anderen äußeren Hinweisen abzuleiten. Das Problem ist, dass Emotionen komplex und subjektiv sind und ihre Ausdrucksweise stark zwischen Kulturen und Individuen variiert. Die wissenschaftliche Grundlage für die Emotionserkennung ist fragwürdig, und diese Systeme sind fehleranfällig und voreingenommen.

Am Arbeitsplatz könnten Emotionserkennungssysteme verwendet werden, um den emotionalen Zustand von Mitarbeitern zu überwachen, was möglicherweise zu unfairem Verhalten oder Diskriminierung führt. Zum Beispiel könnte ein Arbeitgeber ein solches System verwenden, um Mitarbeiter zu identifizieren, die "unbeteiligt" oder "unzufrieden" erscheinen, und dann disziplinarische Maßnahmen gegen sie ergreifen. In Bildungseinrichtungen könnten Emotionserkennungssysteme verwendet werden, um die Aufmerksamkeitsspannen von Schülern zu überwachen, was zu aufdringlicher Überwachung und der Stigmatisierung von Schülern führen könnte, die nicht den erwarteten emotionalen Ausdrucksweisen entsprechen.

Das Verbot der Emotionserkennung am Arbeitsplatz und in Bildungseinrichtungen durch die Verordnung schützt uns davor, aufgrund ungenauer oder voreingenommener Bewertungen unserer inneren emotionalen Zustände beurteilt zu werden. Es stellt sicher, dass unsere Emotionen nicht als Datenpunkte behandelt werden, die überwacht und kontrolliert werden.

**Biometrische Kategorisierung: Profiling basierend auf sensiblen Attributen**

Biometrische Daten, wie Gesichtsbilder und Fingerabdrücke, können äußerst sensibel sein und Informationen über unsere Identitäten und sogar unsere genetischen Veranlagungen preisgeben. Die Verordnung verbietet die Verwendung von "biometrischen Kategorisierungssystemen, die einzelne natürliche Personen basierend auf ihren biometrischen Daten kategorisieren, um ihre Rasse, politischen Meinungen, Gewerkschaftszugehörigkeit, religiösen oder philosophischen Überzeugungen, ihr Sexualleben oder ihre sexuelle Orientierung abzuleiten oder zu erschließen."

Dieses Verbot richtet sich gegen die Praxis, biometrische Daten zu verwenden, um Profile zu erstellen, die Personen basierend auf sensiblen Attributen kategorisieren. Diese Art von Profiling kann zu Diskriminierung, sozialer Ausgrenzung und sogar Verfolgung führen. Zum Beispiel könnte eine Regierung ein biometrisches Kategorisierungssystem verwenden, um Individuen basierend auf ihrer Ethnizität oder religiösen Überzeugungen zu identifizieren und ins Visier zu nehmen, wodurch ihre Grundrechte verletzt würden.

Das Verbot der biometrischen Kategorisierung basierend auf sensiblen Attributen durch die Verordnung ist ein entscheidender Schutz für Gleichheit und Nichtdiskriminierung. Es stellt sicher, dass unsere biometrischen Daten nicht verwendet werden, um Profile zu erstellen, die uns schaden oder unsere Grundrechte verletzen könnten.

## Echtzeit-Fernbiometrische Identifikation: Einschränkung aufdringlicher Überwachung

Die Verwendung von Echtzeit-Fernbiometrischen Identifikationssystemen, insbesondere in öffentlichen Räumen, wirft tiefgreifende Bedenken hinsichtlich der Privatsphäre, der Bewegungsfreiheit und des Potenzials für Massenüberwachung auf. Die Verordnung verbietet die Verwendung dieser Systeme für Strafverfolgungszwecke, mit Ausnahme einiger eng definierter Ausnahmen, in denen ihr Einsatz streng notwendig und verhältnismäßig ist.

Diese Ausnahmen umfassen Situationen wie die Suche nach spezifischen Opfern von Entführung, Menschenhandel oder sexueller Ausbeutung; die Verhinderung einer unmittelbaren Bedrohung für das Leben oder eines terroristischen Anschlags; und die Lokalisierung oder Identifizierung einer Person, die verdächtigt wird, eine schwere Straftat begangen zu haben.

Selbst in diesen Ausnahmefällen setzt die Verordnung strenge Sicherheitsvorkehrungen voraus. Jede Verwendung eines Echtzeit-Fernbiometrischen Identifikationssystems muss einer vorherigen Genehmigung durch eine gerichtliche oder unabhängige Verwaltungsbehörde unterliegen, die sicherstellt, dass ihr Einsatz auf spezifische, gezielte Situationen beschränkt ist, in denen ein zwingendes öffentliches Interesse besteht.

Das Verbot der Echtzeit-Fernbiometrischen Identifikation durch die Verordnung ist ein bahnbrechender Schritt zum Schutz der Privatsphäre und der Grundrechte im Zeitalter der KI. Es sendet eine klare Botschaft, dass die EU die Verwendung von KI für ungezielte Überwachung oder die Schaffung einer Gesellschaft, in der jeder unserer Schritte verfolgt und überwacht wird, nicht tolerieren wird.

Diese Verbote sind nicht nur abstrakte rechtliche Prinzipien; sie sind konkrete Maßnahmen, die einen realen Einfluss auf die Entwicklung und den Einsatz von KI in der EU haben werden. Sie schaffen einen klaren ethischen Rahmen für KI, der sicherstellt, dass sie auf eine Weise verwendet wird, die die Grundrechte respektiert und den Interessen der Menschheit dient.

# KAPITEL VIER: Hochrisiko-KI-Systeme: Sicherheit und Vertrauen gewährleisten

Im vorherigen Kapitel haben wir die strengen Verbote des EU-KI-Gesetzes für bestimmte KI-Praktiken untersucht, die fundamentale Werte bedrohen. Diese Verbote schaffen eine klare ethische Grundlage und stellen sicher, dass KI nicht auf eine Weise genutzt wird, die von Natur aus schädlich oder inakzeptabel ist. Das Gesetz erkennt jedoch an, dass nicht alle KI-Systeme das gleiche Risikoniveau aufweisen. Einige Systeme erfordern aufgrund ihrer beabsichtigten Verwendung und ihres potenziellen Einflusses ein höheres Maß an Überprüfung und Regulierung. Diese werden im Gesetz als "Hochrisiko-KI-Systeme" bezeichnet.

Hochrisiko-KI-Systeme sind solche, die das Potenzial haben, das Leben der Menschen erheblich zu beeinflussen, oft in Bereichen, in denen Sicherheit, Fairness und Grundrechte von größter Bedeutung sind. Diese Systeme sind nicht von Natur aus schlecht; tatsächlich können sie in Bereichen wie Gesundheitswesen, Verkehr und Strafverfolgung enorme Vorteile bringen. Ihr potenzieller Einfluss bedeutet jedoch, dass wir besonders vorsichtig sein müssen, um sicherzustellen, dass sie verantwortungsvoll entwickelt, entwickelt und eingesetzt werden.

Stellen Sie es sich so vor: Ein Hammer ist ein nützliches Werkzeug, kann aber auch gefährlich sein, wenn er unsachgemäß verwendet wird. Sie möchten nicht, dass jemand einen Hammer für eine Gehirnoperation oder zum Bau einer Brücke ohne ordnungsgemäße Schulung und Sicherheitsvorkehrungen verwendet. Ähnlich erfordern Hochrisiko-KI-Systeme besondere Aufmerksamkeit, um sicherzustellen, dass sie sicher und ethisch verwendet werden.

Das EU-KI-Gesetz verfolgt einen risikobasierten Ansatz bei der Regulierung von KI. Dies bedeutet, dass der Regulierungsgrad auf das Risikoniveau abgestimmt ist, das das KI-System darstellt. Hochrisiko-KI-Systeme unterliegen einem Satz verbindlicher

Anforderungen, die über die allgemeinen Verbote hinausgehen, die im vorherigen Kapitel dargelegt wurden. Diese Anforderungen sollen sicherstellen, dass Hochrisiko-KI-Systeme hohe Standards an Sicherheit, Zuverlässigkeit und Vertrauenswürdigkeit erfüllen.

Das Gesetz klassifiziert KI-Systeme als Hochrisiko basierend auf zwei Hauptkriterien:

1. **Beabsichtigte Verwendung:** Das Gesetz identifiziert spezifische Bereiche, in denen KI-Systeme aufgrund ihres potenziellen Einflusses als inhärent hochriskant gelten. Diese Bereiche umfassen kritische Infrastrukturen, Gesundheitswesen, Bildung, Beschäftigung, Strafverfolgung, Migration, Asyl und Grenzkontrolle sowie die Verwaltung von Justiz und demokratischen Prozessen.

2. **Potenzial für Schaden:** Selbst innerhalb dieser Hochrisikobereiche sind nicht alle KI-Systeme gleich. Das Gesetz erkennt an, dass einige Systeme aufgrund ihrer spezifischen Funktionalität und des Kontextes, in dem sie verwendet werden, ein größeres Risiko darstellen können als andere. Die Schwere des potenziellen Schadens und die Wahrscheinlichkeit seines Auftretens werden bei der Beurteilung, ob ein System Hochrisiko ist, berücksichtigt.

Schauen wir uns einige Beispiele für Hochrisiko-KI-Systeme in verschiedenen Sektoren an, um ein besseres Verständnis dafür zu bekommen, wie die Klassifizierungskriterien des Gesetzes in der Praxis funktionieren:

**Gesundheitswesen**

Im Gesundheitswesen werden KI-Systeme zunehmend für Aufgaben wie die Diagnose von Krankheiten, die Empfehlung von Behandlungen und die Vorhersage von Patientenergebnissen eingesetzt. Diese Systeme haben das Potenzial, das Gesundheitswesen zu revolutionieren, die Diagnosegenauigkeit zu verbessern, Behandlungspläne zu personalisieren und sogar neue Heilmittel zu entwickeln. Sie bergen jedoch auch erhebliche

Risiken. Eine Fehldiagnose durch ein KI-System könnte zu einer unangemessenen Behandlung, einer verzögerten Diagnose oder sogar zu einem Schaden für den Patienten führen.

Beispiele für Hochrisiko-KI-Systeme im Gesundheitswesen sind:

- KI-gestützte Diagnosesysteme, die medizinische Bilder wie Röntgenaufnahmen, CT-Scans und MRT-Scans analysieren, um Krankheiten zu erkennen und zu klassifizieren.

- KI-gestützte Entscheidungsunterstützungssysteme, die Ärzten helfen, den besten Behandlungsweg für Patienten basierend auf deren Krankengeschichte, Symptomen und genetischen Informationen zu bestimmen.

- KI-gestützte Vorhersagemodelle, die Patientenergebnisse prognostizieren, wie die Wahrscheinlichkeit einer erneuten Aufnahme ins Krankenhaus oder den Verlauf einer Krankheit.

Diese Systeme werden als Hochrisiko eingestuft, weil sie direkt die Gesundheit und Sicherheit der Patienten beeinflussen können. Eine Fehlfunktion oder ein Fehler in diesen Systemen könnte schwerwiegende Folgen haben und sogar zu einem Schaden für den Patienten führen.

**Verkehr**

KI-Systeme transformieren auch den Verkehrssektor und spielen eine Schlüsselrolle bei der Entwicklung selbstfahrender Autos, autonomer Drohnen und intelligenter Verkehrsmanagementsysteme. Diese Technologien versprechen, den Verkehr sicherer, effizienter und zugänglicher zu machen. Sie bringen jedoch auch neue Risiken mit sich. Eine Fehlfunktion in einem selbstfahrenden Auto könnte einen Unfall verursachen, der zu Verletzungen oder sogar zum Tod führt.

Beispiele für Hochrisiko-KI-Systeme im Verkehr sind:

- KI-gestützte autonome Fahrsysteme, die das Lenken, Bremsen und Beschleunigen von Fahrzeugen steuern und es ihnen ermöglichen, ohne menschliches Eingreifen zu funktionieren.

- KI-gestützte Verkehrsmanagementsysteme, die Verkehrsmuster analysieren und Verkehrssignale anpassen, um den Verkehrsfluss zu optimieren und Staus zu reduzieren.

- KI-gestützte Flugsicherungssysteme, die den Flugverkehr in und aus Flughäfen steuern und einen sicheren und effizienten Luftverkehr gewährleisten.

Diese Systeme werden als Hochrisiko eingestuft, weil sie direkt die Sicherheit von Passagieren, Fahrern und Fußgängern beeinflussen können. Ein Fehler in diesen Systemen könnte katastrophale Folgen haben.

**Strafverfolgung**

KI-Systeme werden zunehmend in der Strafverfolgung für Aufgaben wie Gesichtserkennung, prädiktive Polizeiarbeit und Kriminalanalyse eingesetzt. Diese Technologien haben das Potenzial, die öffentliche Sicherheit zu verbessern und Strafverfolgungsbehörden zu helfen, Verbrechen effizienter aufzuklären. Sie werfen jedoch auch ernsthafte Bedenken hinsichtlich Privatsphäre, Diskriminierung und rechtstaatlicher Verfahren auf.

Beispiele für Hochrisiko-KI-Systeme in der Strafverfolgung sind:

- Gesichtserkennungssysteme, die Individuen basierend auf ihren Gesichtszügen identifizieren, oft für Überwachung und Verdächtigenidentifikation verwendet.

- Prädiktive Polizeisysteme, die Kriminaldaten analysieren, um vorherzusagen, wo und wann Verbrechen wahrscheinlich auftreten, was zu voreingenommenen

Zielsetzungen bestimmter Nachbarschaften oder demografischer Gruppen führen kann.

- Risikobewertungstools, die die Wahrscheinlichkeit von Rückfällen vorhersagen und zur Unterstützung von Entscheidungen über Strafmaßnahmen und Bewährungsfähigkeit verwendet werden.

Diese Systeme werden als Hochrisiko eingestuft, weil sie einen erheblichen Einfluss auf die Freiheit, Privatsphäre und Grundrechte der Menschen haben können. Ein Fehler oder eine Voreingenommenheit in diesen Systemen könnte zu rechtswidriger Verhaftung, ungerechter Strafverfolgung oder sogar zur Verweigerung des rechtstaatlichen Verfahrens führen.

**Kritische Infrastruktur**

Kritische Infrastrukturen wie Stromnetze, Wasseraufbereitungsanlagen und Verkehrsnetze sind für das Funktionieren der Gesellschaft unerlässlich. KI-Systeme werden zunehmend eingesetzt, um diese Systeme zu verwalten und zu sichern, wodurch Effizienz, Zuverlässigkeit und Sicherheit verbessert werden. Diese Systeme stellen jedoch auch einzigartige Risiken dar. Ein Cyberangriff oder eine Fehlfunktion in einem KI-gestützten System für kritische Infrastrukturen könnte kaskadenartige Auswirkungen haben, wesentliche Dienste unterbrechen und potenziell weitreichende Schäden verursachen.

Beispiele für Hochrisiko-KI-Systeme in der kritischen Infrastruktur sind:

- KI-gestützte Stromnetzmanagementsysteme, die Stromangebot und -nachfrage ausgleichen und eine stabile und zuverlässige Stromversorgung gewährleisten.

- KI-gestützte Wasseraufbereitungssysteme, die die Wasserqualität überwachen und die Aufbereitungsprozesse anpassen, um sicheres Trinkwasser zu gewährleisten.

- KI-gestützte Cybersicherheitssysteme, die Cyberangriffe erkennen und darauf reagieren, um kritische Infrastrukturen vor böswilligen Akteuren zu schützen.

Diese Systeme werden als Hochrisiko eingestuft, weil sie für das Funktionieren der Gesellschaft unerlässlich sind und eine Unterbrechung oder ein Versagen in diesen Systemen weitreichende und potenziell katastrophale Folgen haben könnte.

Das EU-KI-Gesetz erkennt an, dass Hochrisiko-KI-Systeme ein höheres Maß an Überprüfung und Regulierung erfordern als andere KI-Systeme. Es legt spezifische Anforderungen fest, die Anbieter und Betreiber dieser Systeme erfüllen müssen, um deren Sicherheit, Zuverlässigkeit und Vertrauenswürdigkeit zu gewährleisten. Diese Anforderungen werden in den nachfolgenden Kapiteln im Detail besprochen, umfassen jedoch:

- **Risikomanagementsysteme:** Anbieter von Hochrisiko-KI-Systemen müssen robuste Risikomanagementsysteme einrichten und implementieren, um potenzielle Risiken im gesamten Lebenszyklus des Systems zu identifizieren, zu bewerten und zu mindern.

- **Datenqualität und -governance:** Hochrisiko-KI-Systeme müssen mit hochwertigen Daten trainiert, validiert und getestet werden, die relevant, repräsentativ und frei von Vorurteilen sind. Anbieter müssen auch klare Daten-Governance-Richtlinien einrichten, um eine verantwortungsvolle Datenhandhabung zu gewährleisten.

- **Transparenz und Erklärbarkeit:** Hochrisiko-KI-Systeme müssen transparent sein und den Nutzern klare Informationen darüber liefern, wie sie funktionieren und wie ihre Entscheidungen getroffen werden. In einigen Fällen müssen Anbieter möglicherweise auch Erklärungen für einzelne Entscheidungen des Systems liefern.

- **Menschliche Aufsicht:** Hochrisiko-KI-Systeme müssen so gestaltet sein, dass eine menschliche Aufsicht möglich ist, sodass Menschen in den Betrieb des Systems eingreifen können, falls dies erforderlich ist. Der Grad der menschlichen Aufsicht wird je nach dem Risiko, das das System darstellt, und dem Kontext, in dem es verwendet wird, variieren.

- **Robustheit, Genauigkeit und Cybersicherheit:** Hochrisiko-KI-Systeme müssen robust, genau und sicher sein, konsistent und zuverlässig unter verschiedenen Bedingungen arbeiten und vor Cyberangriffen und anderen Sicherheitsbedrohungen geschützt werden.

Diese Anforderungen sind darauf ausgelegt, einen umfassenden Rahmen für die sichere und ethische Entwicklung und den Einsatz von Hochrisiko-KI-Systemen zu schaffen. Durch die Auferlegung dieser Anforderungen zielt das EU-KI-Gesetz darauf ab, Vertrauen in KI zu schaffen, deren Entwicklung und Nutzung zu fördern und potenzielle Schäden zu mindern.

# KAPITEL FÜNF: Identifizierung von Hochrisiko-KI-Systemen: Annex III erklärt

Im vorherigen Kapitel haben wir das Konzept von Hochrisiko-KI-Systemen und die Gründe, warum diese Systeme im Rahmen des EU-KI-Gesetzes besondere Aufmerksamkeit erfordern, untersucht. Wir haben festgestellt, dass Hochrisiko-KI-Systeme das Potenzial haben, das Leben der Menschen erheblich zu beeinflussen, insbesondere in Bereichen, in denen Sicherheit, Fairness und Grundrechte von größter Bedeutung sind. Wir haben auch gelernt, dass das Gesetz KI-Systeme auf der Grundlage von zwei Hauptkriterien als Hochrisiko einstuft: ihrer beabsichtigten Verwendung und ihrem Gefährdungspotenzial.

Nun wollen wir uns genauer mit den spezifischen Kategorien von KI-Systemen befassen, die das Gesetz als Hochrisiko einstuft. Diese Kategorien sind in Annex III des Gesetzes detailliert aufgeführt, der eine umfassende Liste von Hochrisiko-KI-Systemen in verschiedenen Sektoren bietet. Das Verständnis des Umfangs von Annex III ist entscheidend für KI-Entwickler, -Anwender und alle anderen Beteiligten im KI-Ökosystem, da es bestimmt, ob ihre Systeme unter die strengeren regulatorischen Anforderungen des Gesetzes fallen.

Annex III ist in acht Hauptbereiche unterteilt: Biometrie, kritische Infrastruktur, Bildung und Berufsausbildung, Beschäftigung, Zugang zu wesentlichen Dienstleistungen, Strafverfolgung, Migration, Asyl und Grenzkontrolle sowie Verwaltung der Justiz und demokratische Prozesse. Jeder dieser Bereiche spiegelt einen Bereich wider, in dem KI-Systeme das Potenzial haben, das Leben der Menschen erheblich zu beeinflussen, entweder positiv oder negativ.

**Biometrie: Innovation im Einklang mit Grundrechten**

Die Biometrie, der Einsatz einzigartiger biologischer Merkmale zur Identifizierung von Einzelpersonen, hat in unserem digitalen

Zeitalter zunehmend an Bedeutung gewonnen. KI-Systeme werden nun verwendet, um biometrische Daten für eine Vielzahl von Zwecken zu analysieren, von der Entsperrung unserer Smartphones bis hin zur Verifizierung unserer Identität an Grenzübergängen. Während diese Technologien Bequemlichkeit und Sicherheit bieten können, werfen sie auch Bedenken hinsichtlich Privatsphäre, Diskriminierung und Missbrauchspotenzial auf.

Annex III erkennt die Sensibilität biometrischer Daten und die potenziellen Risiken an, die mit KI-gestützten biometrischen Systemen verbunden sind. Es stuft mehrere Kategorien von biometrischen Systemen als Hochrisiko ein, darunter:

- **Systeme zur biometrischen Fernidentifikation:** Diese Systeme identifizieren Personen aus der Ferne, oft ohne deren Wissen oder Zustimmung. Sie werden in der Regel für Überwachungszwecke eingesetzt, wie z.B. die Identifizierung von Verdächtigen in einer Menschenmenge oder die Verfolgung von Personenbewegungen in öffentlichen Räumen.

- **Biometrische Kategorisierungssysteme:** Diese Systeme kategorisieren Personen auf der Grundlage ihrer biometrischen Daten und leiten oft sensible Attribute wie Rasse, Ethnizität, Geschlecht oder emotionalen Zustand ab. Diese Art der Kategorisierung kann zu Diskriminierung und sozialer Ausgrenzung führen.

- **Emotionserkennungssysteme:** Diese Systeme versuchen, die Emotionen von Menschen anhand ihrer Gesichtsausdrücke, Sprachmuster und anderer biometrischer Hinweise abzuleiten. Ihre Genauigkeit ist fragwürdig, und ihr Einsatz wirft Bedenken hinsichtlich der Privatsphäre und des Manipulationspotenzials auf.

Das Gesetz nimmt einige biometrische Systeme von der Hochrisiko-Einstufung aus. Beispielsweise werden Systeme zur biometrischen Verifizierung, wie das Entsperren eines

Smartphones mit einem Fingerabdruck, nicht als Hochrisiko eingestuft, da sie einen Einzelvergleich von biometrischen Daten mit zuvor bereitgestellten Daten beinhalten und nicht dieselben Risiken wie Fernidentifikations- oder Kategorisierungssysteme bergen.

**Kritische Infrastruktur: Sicherung wesentlicher Dienstleistungen**

Die kritische Infrastruktur umfasst die Systeme und Vermögenswerte, die für das Funktionieren der Gesellschaft unerlässlich sind, wie z.B. Stromnetze, Wasseraufbereitungsanlagen, Verkehrsnetze und Kommunikationssysteme. KI-Systeme werden zunehmend zur Verwaltung und Sicherung der kritischen Infrastruktur eingesetzt, um Effizienz, Zuverlässigkeit und Sicherheit zu verbessern. Diese Systeme bergen jedoch auch einzigartige Risiken, da ein Fehlfunktion oder Cyberangriff kaskadierende Effekte haben könnte, die wesentliche Dienstleistungen unterbrechen und weitreichende Schäden verursachen.

Annex III erkennt die zentrale Rolle der kritischen Infrastruktur und die potenziellen Risiken an, die mit KI-gestützten Systemen in diesem Bereich verbunden sind. Es stuft KI-Systeme, die als Sicherheitskomponenten in der Verwaltung und im Betrieb kritischer Infrastrukturen eingesetzt werden sollen, als Hochrisiko ein. Dazu gehören:

- **KI-Systeme für die Verwaltung und den Betrieb kritischer digitaler Infrastrukturen:** Dazu gehören Systeme für die Verwaltung von Cloud-Computing-Plattformen, Rechenzentren und Telekommunikationsnetzen, die für das Funktionieren der digitalen Wirtschaft unerlässlich sind.

- **KI-Systeme für das Verkehrsmanagement:** Dazu gehören Systeme für die Verkehrsampelsteuerung, die Verkehrsflussoptimierung und den Betrieb autonomer

Fahrzeuge, die die Sicherheit und Effizienz von Verkehrsnetzen beeinflussen.

- **KI-Systeme für die Versorgung mit Wasser, Gas, Heizung und Elektrizität:** Dazu gehören Systeme zur Überwachung und Steuerung von Wasseraufbereitungsanlagen, Gasleitungen, Stromnetzen und anderen Versorgungsunternehmen, die wesentliche Dienstleistungen für Haushalte und Unternehmen bereitstellen.

Diese Systeme werden als Hochrisiko eingestuft, weil sie für das Funktionieren der Gesellschaft unerlässlich sind und ein Ausfall oder eine Unterbrechung dieser Systeme erhebliche und potenziell katastrophale Folgen haben könnte.

**Bildung und Berufsausbildung: Sicherstellung eines fairen und gleichberechtigten Zugangs**

KI-Systeme finden zunehmend Einzug in den Bereich Bildung und Berufsausbildung und bieten das Potenzial, Lernerfahrungen zu personalisieren, administrative Aufgaben zu automatisieren und den Schülern maßgeschneiderte Rückmeldungen zu geben. Diese Systeme werfen jedoch auch Bedenken hinsichtlich Fairness, Voreingenommenheit und der potenziellen Verschärfung bestehender Ungleichheiten auf.

Annex III erkennt die Bedeutung von Bildung und Berufsausbildung und die potenziellen Risiken an, die mit KI-Systemen in diesem Bereich verbunden sind. Es stuft KI-Systeme, die für die folgenden Zwecke eingesetzt werden sollen, als Hochrisiko ein:

- **Bestimmung des Zugangs oder der Zulassung zu Bildungs- und Berufsbildungseinrichtungen:** Dazu gehören Systeme, die zur Bewertung von Bewerbungen, zur Benotung standardisierter Tests und zur Entscheidung über Zulassungen verwendet werden.

- **Bewertung der Lernergebnisse:** Dazu gehören Systeme, die zur Benotung von Aufgaben, zur Bereitstellung von Rückmeldungen und zur Bewertung des Lernfortschritts der Schüler verwendet werden.

- **Feststellung des angemessenen Bildungsniveaus:** Dazu gehören Systeme, die zur Bestimmung der Schülerplatzierung, zur Empfehlung von Kursen und zur Erstellung individueller Lernpläne verwendet werden.

- **Überwachung und Erkennung unerlaubten Verhaltens:** Dazu gehören Systeme, die zur Erkennung von Betrug, Plagiaten und anderen Formen von schulischem Fehlverhalten verwendet werden.

Diese Systeme werden als Hochrisiko eingestuft, weil sie einen erheblichen Einfluss auf die Bildungschancen der Schüler und ihre zukünftigen Karrierewege haben können. Ein voreingenommenes oder ungenaues KI-System könnte bestimmte Schüler unfair benachteiligen, ihren Zugang zu Bildung einschränken und ihre Erfolgsaussichten beeinträchtigen.

**Beschäftigung: Schutz der Rechte und Chancen der Arbeitnehmer**

KI-Systeme werden zunehmend am Arbeitsplatz für Aufgaben wie Rekrutierung und Einstellung, Leistungsbewertung, Aufgabenverteilung und sogar für Entscheidungen über Beförderung und Kündigung eingesetzt. Während diese Systeme Effizienz und Objektivität bieten können, werfen sie auch Bedenken hinsichtlich der Privatsphäre der Arbeitnehmer, der potenziellen Voreingenommenheit und der Auswirkungen auf die Arbeitsplatzsicherheit auf.

Annex III erkennt die Bedeutung des Schutzes der Rechte und Chancen der Arbeitnehmer im Zeitalter der KI an. Es stuft KI-Systeme, die für die folgenden Zwecke eingesetzt werden sollen, als Hochrisiko ein:

- **Rekrutierung und Auswahl von Bewerbern:** Dazu gehören Systeme, die zur Durchsicht von Lebensläufen, zur Analyse von Bewerbungen und zur Durchführung von Video-Interviews verwendet werden.

- **Entscheidungen, die die Arbeitsbedingungen beeinflussen:** Dazu gehören Systeme, die zur Festlegung von Gehältern, zur Verteilung von Aufgaben und zur Leistungsbewertung verwendet werden.

- **Beförderung oder Kündigung von Mitarbeitern:** Dazu gehören Systeme, die zur Identifizierung von Spitzenkräften für eine Beförderung oder zur Kennzeichnung von Mitarbeitern, die möglicherweise für eine Kündigung in Frage kommen, verwendet werden.

- **Überwachung und Bewertung des Verhaltens von Mitarbeitern:** Dazu gehören Systeme, die zur Überwachung der Produktivität von Mitarbeitern, zur Überwachung der E-Mail- und Internetnutzung und sogar zur Analyse der Stimmung von Mitarbeitern durch Emotionserkennungssysteme verwendet werden.

Diese Systeme werden als Hochrisiko eingestuft, weil sie einen tiefgreifenden Einfluss auf das Einkommen, die Karrierewege und sogar das Privatleben der Arbeitnehmer haben können. Ein voreingenommenes oder ungenaues KI-System könnte bestimmte Arbeitnehmer unfair benachteiligen, ihre Aufstiegschancen einschränken oder sogar zu einer unrechtmäßigen Kündigung führen.

**Zugang zu und Nutzung wesentlicher Dienstleistungen: Sicherstellung einer fairen und gleichberechtigten Behandlung**

Wesentliche Dienstleistungen sind diejenigen, die für das Wohlbefinden der Menschen und ihre Fähigkeit, an der Gesellschaft teilzunehmen, grundlegend sind, wie z.B. Gesundheitsversorgung, Sozialversicherung, Wohnen und Finanzdienstleistungen. KI-Systeme werden in diesen Sektoren zunehmend eingesetzt, um Prozesse zu automatisieren, Ressourcen zuzuteilen und Entscheidungen über Berechtigung und Zugang zu treffen. Während diese Systeme Effizienz und Kosteneinsparungen bieten können, werfen sie auch Bedenken hinsichtlich Fairness, Transparenz und der potenziellen Benachteiligung gefährdeter Einzelpersonen auf.

Annex III erkennt die Bedeutung eines fairen und gleichberechtigten Zugangs zu wesentlichen Dienstleistungen an. Es stuft KI-Systeme, die für die folgenden Zwecke eingesetzt werden sollen, als Hochrisiko ein:

- **Bewertung der Berechtigung für wesentliche öffentliche Unterstützungsleistungen und -dienste:** Dazu gehören Systeme, die von Regierungsbehörden verwendet werden, um die Berechtigung für Sozialversicherung, Gesundheitsversorgung, Wohnbeihilfen und andere wesentliche Dienstleistungen zu bestimmen.

- **Bewertung der Kreditwürdigkeit und Festlegung von Kredit-Scores:** Dazu gehören Systeme, die von Finanzinstituten verwendet werden, um das Kreditrisiko von Kreditnehmern zu bewerten und Zinssätze und Kreditbedingungen festzulegen.

- **Risikobewertung und Preisgestaltung in der Lebens- und Krankenversicherung:** Dazu gehören Systeme, die von Versicherungsunternehmen verwendet werden, um Prämien und Deckung auf der Grundlage der Gesundheits- und Risikoprofile der Einzelpersonen festzulegen.

- **Bewertung und Klassifizierung von Notrufen und die Entsendung von Notfalldiensten:** Dazu gehören Systeme, die von Notfalldiensten verwendet werden, um Anrufe zu priorisieren, Einsatzkräfte zu entsenden und Patienten zu triagieren.

Diese Systeme werden als Hochrisiko eingestuft, weil sie einen erheblichen Einfluss auf den Zugang der Menschen zu wesentlichen Dienstleistungen und ihre Fähigkeit, in Würde zu leben und an der Gesellschaft teilzunehmen, haben können. Ein voreingenommenes oder ungenaues KI-System könnte Einzelpersonen unfair den Zugang zu lebenswichtigen Dienstleistungen verweigern, was zu Härten und sozialer Ausgrenzung führt.

**Strafverfolgung: Wahrung des rechtlichen Gehörs und der Grundrechte**

KI-Systeme spielen in der Strafverfolgung eine immer wichtigere Rolle und werden für Aufgaben wie Gesichtserkennung, prädiktive Polizeiarbeit, Identifizierung von Verdächtigen und Kriminalanalyse eingesetzt. Während diese Technologien das Potenzial haben, die öffentliche Sicherheit zu verbessern und Strafverfolgungsbehörden zu helfen, Verbrechen effizienter zu lösen, werfen sie auch ernsthafte Bedenken hinsichtlich Privatsphäre, Diskriminierung, rechtlichem Gehör und Missbrauchspotenzial auf.

Annex III erkennt die Sensibilität des Einsatzes von KI in der Strafverfolgung und die Bedeutung des Schutzes der Grundrechte an. Es stuft eine Vielzahl von KI-Systemen, die im Kontext der Strafverfolgung eingesetzt werden sollen, als Hochrisiko ein, darunter:

- **Systeme zur Bewertung des Risikos, dass Einzelpersonen Opfer von Straftaten werden:** Diese Systeme analysieren Daten, um Einzelpersonen zu identifizieren, die möglicherweise ein höheres Risiko haben, Opfer bestimmter Straftaten zu werden, und werden oft zur Ressourcenzuteilung und zur Zielsetzung von Interventionen verwendet.

- **Polygraphen und ähnliche Werkzeuge:** Diese Systeme analysieren physiologische Reaktionen, wie z.B. Herzfrequenz und Hautleitfähigkeit, um Täuschungen zu erkennen.

- **Systeme zur Bewertung der Zuverlässigkeit von Beweisen:** Diese Systeme analysieren Beweise, wie z.B. Zeugenaussagen oder forensische Daten, um deren Glaubwürdigkeit und Zuverlässigkeit zu bewerten.

- **Systeme zur Bewertung des Risikos, dass Einzelpersonen straffällig werden oder wieder straffällig werden:** Diese Systeme analysieren Daten, um die Wahrscheinlichkeit vorherzusagen, dass Einzelpersonen Straftaten begehen, und werden oft verwendet, um Entscheidungen über Strafmaß und Bewährungsfähigkeit zu informieren.

- **Systeme zur Profilierung von Einzelpersonen im Rahmen von Strafermittlungen:** Diese Systeme analysieren Daten, um Muster und Trends zu identifizieren, die für Strafermittlungen relevant sein könnten.

Diese Systeme werden als Hochrisiko eingestuft, weil sie einen erheblichen Einfluss auf die Freiheit, die Privatsphäre und die Grundrechte der Menschen haben können. Ein Fehler oder eine Voreingenommenheit in diesen Systemen könnte zu einer unrechtmäßigen Verhaftung, einer unfairen Verurteilung oder der Verweigerung des rechtlichen Gehörs führen. Das Gesetz betont, dass KI-Systeme in der Strafverfolgung auf eine Weise eingesetzt werden müssen, die transparent, rechenschaftspflichtig und die Grundrechte respektiert.

**Migration, Asyl und Grenzkontrolle: Sicherstellung einer fairen und humanen Behandlung**

KI-Systeme werden zunehmend im Kontext von Migration, Asyl und Grenzkontrolle für Aufgaben wie die Überprüfung von Reisenden, die Verifizierung von Identitäten, die Risikobewertung und die Entscheidung über Asylanträge eingesetzt. Während diese Technologien Effizienz und Sicherheit bieten können, werfen sie auch Bedenken hinsichtlich Fairness, Voreingenommenheit und der potenziellen Verweigerung der Grundrechte von Einzelpersonen auf.

Annex III erkennt die Verletzlichkeit von Migranten und Asylsuchenden und die Bedeutung, dass KI-Systeme auf eine Weise eingesetzt werden müssen, die fair, human und das Völkerrecht respektiert. Es stuft eine Reihe von KI-Systemen, die in diesem Zusammenhang eingesetzt werden sollen, als Hochrisiko ein, darunter:

- **Polygraphen und ähnliche Werkzeuge:** Diese Systeme analysieren physiologische Reaktionen, um Täuschungen zu erkennen, die oft in Asylinterviews oder Grenzscreenings verwendet werden.

- **Systeme zur Bewertung der Risiken, die von Einzelpersonen ausgehen, die in einen Mitgliedstaat einreisen:** Diese Systeme analysieren Daten, um Einzelpersonen zu identifizieren, die möglicherweise Sicherheitsrisiken, Gesundheitsrisiken oder Risiken irregulärer Migration darstellen.

- **Systeme zur Unterstützung bei der Prüfung von Asyl-, Visa- und Aufenthaltsgenehmigungsanträgen:** Diese Systeme analysieren Daten, um die Berechtigung von Antragstellern und die Zuverlässigkeit von Unterstützungsnachweisen zu bewerten.

- **Systeme zur Erkennung, Identifizierung oder Identifizierung von Einzelpersonen im Rahmen der Grenzkontrolle:** Dazu gehören Systeme, die für Gesichtserkennung, Ganganalyse und andere biometrische Identifikationstechniken verwendet werden.

Diese Systeme werden als Hochrisiko eingestuft, weil sie einen tiefgreifenden Einfluss auf das Leben der Menschen haben können, indem sie bestimmen, ob ihnen Asyl gewährt wird, ob sie in ein Land einreisen dürfen oder ob sie abgeschoben werden. Ein voreingenommenes oder ungenaues KI-System könnte Einzelpersonen unfair ihre Grundrechte verweigern, was zu Inhaftierung, Abschiebung oder sogar Verfolgung führen könnte. Das Gesetz betont, dass KI-Systeme in diesem Zusammenhang auf eine Weise eingesetzt werden müssen, die transparent, rechenschaftspflichtig und das Völkerrecht und die Grundrechte respektiert.

**Verwaltung der Justiz und demokratische Prozesse: Wahrung der Rechtsstaatlichkeit**

KI-Systeme finden auch ihren Weg in die Verwaltung der Justiz und demokratische Prozesse und werden für Aufgaben wie rechtliche Recherche, Fallprognose, Strafempfehlungen und sogar die Beeinflussung des Wahlverhaltens eingesetzt. Während diese Technologien das Potenzial haben, Effizienz und Fairness im Rechtssystem zu verbessern, werfen sie auch Bedenken hinsichtlich Voreingenommenheit, Transparenz und der potenziellen Untergrabung des rechtlichen Gehörs und demokratischer Werte auf.

Annex III erkennt die entscheidende Bedeutung der Wahrung der Rechtsstaatlichkeit und demokratischer Prinzipien im Zeitalter der KI an. Es stuft KI-Systeme, die für die folgenden Zwecke eingesetzt werden sollen, als Hochrisiko ein:

- **Systeme, die Justizbehörden bei der rechtlichen Forschung und Auslegung unterstützen:** Diese Systeme analysieren Rechtstexte und Rechtsprechung, um Richtern und Anwälten bei der Anwendung des Rechts zu helfen.

- **Systeme, die das Ergebnis von Wahlen oder Referenden beeinflussen:** Diese Systeme analysieren Daten, um Wähler anzusprechen, das Wahlverhalten vorherzusagen und sogar die öffentliche Meinung zu manipulieren.

Diese Systeme werden als Hochrisiko eingestuft, weil sie einen erheblichen Einfluss auf die Fairness und Integrität des Rechtssystems und des demokratischen Prozesses haben können. Ein voreingenommenes oder undurchsichtiges KI-System könnte rechtliche Entscheidungen unfair beeinflussen, Wähler manipulieren oder das Vertrauen der Öffentlichkeit in demokratische Institutionen untergraben. Das Gesetz betont, dass

KI-Systeme in diesem Zusammenhang auf eine Weise eingesetzt werden müssen, die transparent, rechenschaftspflichtig und die Grundrechte und demokratischen Werte respektiert.

Annex III bietet einen dynamischen Rahmen für die Identifizierung von Hochrisiko-KI-Systemen. Es handelt sich nicht um eine statische Liste, sondern um ein lebendes Dokument, das regelmäßig von der Kommission aktualisiert wird, um die sich entwickelnde Natur der KI-Technologie und ihre Anwendungen widerzuspiegeln. Die in Annex III dargelegten Kriterien bieten eine klare Roadmap für KI-Entwickler und -Anwender und helfen ihnen zu bestimmen, ob ihre Systeme unter die strengeren regulatorischen Anforderungen des Gesetzes fallen.

# KAPITEL SECHS: Risikomanagement-Systeme: Ein kontinuierlicher Prozess

Wir haben festgestellt, dass der EU-KI-Verordnung einen risikobasierten Ansatz verfolgt, was bedeutet, dass Hochrisiko-KI-Systeme einer größeren Überprüfung und strengeren Anforderungen unterliegen. Aber wie stellen wir sicher, dass diese Systeme verantwortungsvoll entwickelt und eingesetzt werden? Hier kommen Risikomanagement-Systeme ins Spiel.

Stellen Sie sich ein Risikomanagement-System als einen Satz kontinuierlicher Praktiken und Verfahren vor, die uns helfen, potenzielle Probleme zu identifizieren, zu bewerten und zu mindern. Es ist wie ein Sicherheitsnetz, das potenzielle Gefahren auffängt, bevor sie Schaden anrichten können. Genauso wie ein Bauteam kein Hochhaus ohne einen detaillierten Sicherheitsplan bauen würde, sollten KI-Entwickler keine Hochrisiko-KI-Systeme ohne ein umfassendes Risikomanagement-System entwickeln und einsetzen.

Risikomanagement ist keine einmalige Aktivität; es ist ein kontinuierlicher Prozess, der in jede Phase des Lebenszyklus eines KI-Systems integriert werden muss. Es beginnt in dem Moment, in dem Sie das System konzipieren, und setzt sich fort, auch nachdem das System eingesetzt wurde und im realen Einsatz ist.

Schauen wir uns diesen Prozess in seine Kernkomponenten auf:

### 1. Risikoidentifikation: Vorhersehen potenzieller Probleme

Der erste Schritt in jedem Risikomanagement-System besteht darin, potenzielle Gefahren zu identifizieren. Dies beinhaltet, sich selbst zu fragen: "Was könnte mit diesem KI-System schiefgehen?" Dies mag wie eine einfache Frage erscheinen, erfordert jedoch eine sorgfältige Überlegung der beabsichtigten Verwendung des Systems, seiner potenziellen Auswirkungen auf

Einzelpersonen und die Gesellschaft sowie der verschiedenen Arten, wie es fehlschlagen oder missbraucht werden könnte.

Es ist wichtig, über die offensichtlichen Risiken hinauszudenken und weniger wahrscheinliche, aber dennoch plausible Szenarien zu berücksichtigen. Was passiert, wenn das System auf unerwartete Daten stößt? Was, wenn es für einen anderen Zweck als den vorgesehenen verwendet wird? Was, wenn es von bösartigen Akteuren angegriffen wird?

Betrachten Sie das Beispiel eines KI-gestützten medizinischen Diagnosesystems. Einige offensichtliche Risiken könnten sein:

- **Ungenaue Diagnose:** Das System interpretiert medizinische Bilder oder Patientendaten falsch, was zu einer falschen Diagnose führt.

- **Verzögerte Diagnose:** Das System erkennt eine Krankheit in ihren frühen Stadien nicht, was die Behandlung verzögert und den Zustand des Patienten möglicherweise verschlechtert.

- **Behandlungsfehler:** Das System empfiehlt eine Behandlung, die für den Patienten unangemessen ist, was zu unerwünschten Nebenwirkungen oder Komplikationen führt.

Dies sind nur einige Beispiele, und ein gründlicher Risikoidentifikationsprozess müsste eine viel breitere Palette potenzieller Gefahren berücksichtigen, einschließlich:

- **Voreingenommenheit in den Trainingsdaten:** Das System wird mit Daten trainiert, die nicht repräsentativ für die Patientenpopulation sind, bei der es eingesetzt wird, was zu voreingenommenen Diagnosen oder Behandlungsempfehlungen führt.

- **Cybersicherheitslücken:** Das System wird gehackt, wodurch unbefugter Zugriff auf sensible Patientendaten oder Manipulation der Systemausgaben ermöglicht wird.

- **Systemausfall:** Das System erleidet einen technischen Fehler, der verhindert, dass es wie vorgesehen funktioniert.

Durch die systematische Identifikation potenzieller Risiken schaffen Sie eine Grundlage für die nachfolgenden Stufen des Risikomanagementprozesses.

**2. Risikobewertung: Bewertung der Schwere und Wahrscheinlichkeit von Schäden**

Sobald Sie potenzielle Risiken identifiziert haben, besteht der nächste Schritt darin, ihre Schwere und Wahrscheinlichkeit zu bewerten. Dies beinhaltet, sich selbst zwei Schlüsselfragen zu stellen:

- "Wie schwerwiegend wäre der Schaden, wenn dieses Risiko eintritt?"

- "Wie wahrscheinlich ist es, dass dieses Risiko auftritt?"

Die Schwere des Schadens kann von geringfügigen Unannehmlichkeiten bis hin zu lebensbedrohlichen Situationen reichen. Eine Fehldiagnose durch ein KI-gestütztes medizinisches Diagnosesystem könnte beispielsweise zu allem führen, von unnötiger Angst und Unannehmlichkeiten bis hin zu verzögerter Behandlung und potenziell tödlichen Ergebnissen.

Die Wahrscheinlichkeit, dass ein Risiko auftritt, kann je nach Design des Systems, der Qualität der Daten, auf denen es trainiert wird, der Umgebung, in der es eingesetzt wird, und dem Potenzial für Missbrauch stark variieren. Einige Risiken sind sehr wahrscheinlich, während andere relativ selten sind.

Die Risikobewertung beinhaltet die Zuweisung eines Schwere- und Wahrscheinlichkeitsgrades zu jedem identifizierten Risiko.

Dies kann mit einer einfachen Matrix wie der folgenden durchgeführt werden:

| | Geringer Schaden | Mäßiger Schaden | Schwerer Schaden |
|---|---|---|---|
| **Geringe Wahrscheinlichkeit** | Geringes Risiko | Mittleres Risiko | Hohes Risiko |
| **Mittlere Wahrscheinlichkeit** | Mittleres Risiko | Hohes Risiko | Hohes Risiko |
| **Hohe Wahrscheinlichkeit** | Hohes Risiko | Hohes Risiko | Kritisches Risiko |

Diese Matrix hilft, Risiken zu priorisieren und die Aufmerksamkeit auf diejenigen zu lenken, die am wahrscheinlichsten auftreten und das Potenzial haben, den schwersten Schaden zu verursachen.

**3. Risikominderung: Implementierung von Maßnahmen zur Reduzierung oder Eliminierung von Risiken**

Das Ziel der Risikominderung ist es, die Wahrscheinlichkeit des Auftretens von Risiken zu verringern und die Schwere des Schadens zu minimieren, wenn sie auftreten. Dies kann verschiedene Strategien umfassen, je nach Art des Risikos und dem Kontext, in dem das KI-System verwendet wird.

Einige gängige Risikominderungsstrategien sind:

- **Verbesserung der Datenqualität:** Sicherstellen, dass das KI-System mit hochwertigen Daten trainiert wird, die relevant, repräsentativ und frei von Verzerrungen sind. Dies kann Datensäuberung, Datenaugmentation und sorgfältige Auswahl von Datenquellen umfassen.

- **Erhöhung der Systemrobustheit:** Entwerfen des KI-Systems, so dass es gegen Fehler, Ausfälle und unerwartete Eingaben widerstandsfähig ist. Dies kann Techniken wie

Redundanz, Ausfallsicherungsmechanismen und gründliche Tests umfassen.

- **Implementierung menschlicher Überwachung:** Sicherstellen, dass Menschen den Betrieb des Systems überwachen und eingreifen können, wenn nötig. Dies kann das Bereitstellen klarer Informationen für die Benutzer darüber, wie das System funktioniert, das Festlegen klarer Verfahren für menschliche Interventionen und das Schulen der Benutzer im verantwortungsvollen Gebrauch des Systems umfassen.

- **Stärkung der Cybersicherheit:** Schutz des KI-Systems vor Cyberangriffen und anderen Sicherheitsbedrohungen. Dies kann Maßnahmen wie Verschlüsselung, Zugriffskontrolle und regelmäßige Sicherheitsaudits umfassen.

- **Entwicklung klarer Richtlinien und Vorschriften:** Festlegung klarer Richtlinien und Vorschriften für die Nutzung des KI-Systems, einschließlich Richtlinien für akzeptable Nutzung, Datenschutzrichtlinien und Verfahren zur Handhabung von Fehlern und Funktionsstörungen.

Die spezifischen Minderungsstrategien, die am besten geeignet sind, können je nach Art des Risikos und dem Kontext, in dem das KI-System verwendet wird, variieren. Es ist wichtig, die Kosten und Vorteile verschiedener Minderungsstrategien sorgfältig zu berücksichtigen und diejenigen auszuwählen, die am effektivsten und praktikabelsten sind.

### 4. Risikoüberwachung und -überprüfung: Kontinuierliche Wachsamkeit und Anpassung

Risikomanagement ist keine einmalige Aktivität; es ist ein kontinuierlicher Prozess, der eine ständige Überwachung und Überprüfung erfordert. Die KI-Landschaft entwickelt sich ständig weiter, mit neuen Technologien, Anwendungen und Risiken, die ständig auftauchen. Es ist wichtig, wachsam zu bleiben und Ihr

Risikomanagement-System nach Bedarf anzupassen, um diese Veränderungen zu bewältigen.

Die Risikoüberwachung beinhaltet die Verfolgung der Leistung des KI-Systems, die Erhebung von Daten über seinen Betrieb und die Suche nach Anzeichen potenzieller Probleme. Dies kann Folgendes umfassen:

- **Analyse der Systemprotokolle:** Überprüfung der Protokolle des Systembetriebs, um Fehler, Fehlfunktionen oder ungewöhnliche Verhaltensmuster zu identifizieren.

- **Sammeln von Benutzerfeedback:** Erhebung von Benutzerfeedback zu ihren Erfahrungen mit dem System, einschließlich aller Probleme, die sie festgestellt haben, oder aller Bedenken, die sie hinsichtlich seines Betriebs haben.

- **Überwachung externer Faktoren:** Informiert bleiben über Veränderungen in der Umgebung, in der das KI-System betrieben wird, wie neue Vorschriften, aufkommende Technologien oder Veränderungen in den gesellschaftlichen Einstellungen gegenüber KI.

Die Risikoüberprüfung beinhaltet die regelmäßige Bewertung der Wirksamkeit Ihres Risikomanagement-Systems und die Durchführung von Anpassungen nach Bedarf. Dies kann Folgendes umfassen:

- **Neubewertung von Risiken:** Überprüfung Ihrer ursprünglichen Risikobewertung, um zu sehen, ob sich die Schwere oder Wahrscheinlichkeit von Risiken geändert hat.

- **Bewertung von Minderungsstrategien:** Bewertung der Wirksamkeit Ihrer aktuellen Minderungsstrategien und Bestimmung, ob Anpassungen erforderlich sind.

- **Aktualisierung von Richtlinien und Vorschriften:** Überarbeitung Ihrer Richtlinien und Vorschriften, um Veränderungen in der KI-Landschaft und den aus dem Systembetrieb gewonnenen Erkenntnissen Rechnung zu tragen.

Durch die kontinuierliche Überwachung und Überprüfung Ihres Risikomanagement-Systems können Sie sicherstellen, dass es effektiv und relevant bleibt, während sich die KI-Landschaft weiterentwickelt.

Die EU-KI-Verordnung betont die Bedeutung von Risikomanagement-Systemen für Hochrisiko-KI-Systeme. Sie verlangt von den Anbietern dieser Systeme, umfassende Risikomanagement-Systeme zu erstellen und zu implementieren, die alle Phasen des Lebenszyklus des Systems abdecken. Die Verordnung legt auch spezifische Anforderungen an Risikomanagement-Systeme fest, einschließlich:

- **Dokumentation:** Risikomanagement-Systeme müssen klar und umfassend dokumentiert werden, wobei die identifizierten Risiken, die Bewertung ihrer Schwere und Wahrscheinlichkeit, die gewählten Minderungsstrategien und die Verfahren zur Überwachung und Überprüfung dargelegt werden.

- **Regelmäßige Überprüfung und Aktualisierung:** Risikomanagement-Systeme müssen regelmäßig überprüft und aktualisiert werden, um ihre fortgesetzte Wirksamkeit sicherzustellen und alle Veränderungen in der KI-Landschaft oder im Systembetrieb zu berücksichtigen.

- **Verhältnismäßigkeit:** Risikomanagementmaßnahmen müssen im Verhältnis zum Risikograd des KI-Systems stehen. Dies bedeutet, dass die Minderungsstrategien umso robuster sein sollten, je signifikanter der potenzielle Schaden ist.

- **Wirksamkeit:** Risikomanagementmaßnahmen müssen wirksam sein, um die Wahrscheinlichkeit des Auftretens von Risiken zu verringern und die Schwere des Schadens zu minimieren, wenn sie auftreten. Dies bedeutet, dass die gewählten Strategien für die spezifischen identifizierten Risiken geeignet sein und wirksam umgesetzt werden müssen.

Durch das Auferlegen dieser Anforderungen zielt die EU-KI-Verordnung darauf ab, sicherzustellen, dass Hochrisiko-KI-Systeme mit einem starken Fokus auf Sicherheit, Zuverlässigkeit und Vertrauenswürdigkeit entwickelt und eingesetzt werden. Risikomanagement-Systeme sind ein wesentliches Instrument zur Erreichung dieser Ziele und bieten einen Rahmen für die proaktive Identifikation und Minderung potenzieller Probleme, bevor sie Schaden anrichten können.

# KAPITEL SIEBEN: Datengovernance und -qualität: Das Fundament vertrauenswürdiger KI

Wir haben Risikomanagementsysteme und deren Rolle bei der Sicherstellung der verantwortungsvollen Entwicklung und Implementierung von Hochrisiko-KI-Systemen diskutiert. Aber es gibt noch ein weiteres entscheidendes Element, das die Vertrauenswürdigkeit von KI untermauert: die Daten selbst. Sehen Sie, KI-Systeme, insbesondere solche, die maschinelles Lernen verwenden, sind stark von Daten abhängig. Sie lernen aus den Daten, die ihnen zugeführt werden, und ihre Leistung ist direkt an die Qualität dieser Daten gekoppelt. Stellen Sie es sich wie das Backen eines Kuchens vor: Wenn Sie verdorbene Zutaten verwenden, wird der Kuchen schlecht, egal wie gut Sie backen können. Ähnlich wird ein KI-System, das mit voreingenommenen, ungenauen oder unvollständigen Daten trainiert wird, fehlerhafte Ergebnisse liefern, was zu unfairen oder sogar schädlichen Konsequenzen führen kann.

Deshalb legt der EU AI Act großen Wert auf Datengovernance und -qualität. Er legt spezifische Anforderungen für die Daten fest, die zum Trainieren, Validieren und Testen von Hochrisiko-KI-Systemen verwendet werden, und stellt sicher, dass diese Daten hohen Standards der Relevanz, Repräsentativität, Genauigkeit und Freiheit von Voreingenommenheit entsprechen. Diese Anforderungen zielen darauf ab, "Garbage-in, Garbage-out"-Szenarien zu verhindern und sicherzustellen, dass KI-Systeme auf einem soliden Fundament vertrauenswürdiger Daten aufgebaut sind.

Schauen wir uns diese Anforderungen genauer an und untersuchen ihre Implikationen für KI-Entwickler und -Anwender.

**Datengovernance: Ordnung und Verantwortlichkeit herstellen**

Datengovernance bezieht sich auf den Gesamtrahmen für das Management von Daten während ihres gesamten Lebenszyklus. Sie umfasst Richtlinien, Verfahren und organisatorische Strukturen, die sicherstellen, dass Daten verantwortungsvoll, sicher und ethisch gehandhabt werden. Betrachten Sie es als die Straßenregeln für Daten, die leiten, wie sie gesammelt, gespeichert, verarbeitet, geteilt und letztendlich entsorgt werden. Ein robustes Datengovernance-Framework ist entscheidend für den Aufbau von Vertrauen in KI-Systeme, da es ein Engagement für verantwortungsvollen Umgang mit Daten und Verantwortlichkeit demonstriert.

Der AI Act verlangt von Anbietern von Hochrisiko-KI-Systemen, geeignete Datengovernance- und Managementpraktiken für die Datensätze zu implementieren, die zum Trainieren, Validieren und Testen dieser Systeme verwendet werden. Diese Praktiken sollten verschiedene Aspekte des Datenlebenszyklus abdecken, einschließlich:

- **Designentscheidungen:** Dokumentation der Begründung hinter Entscheidungen darüber, welche Daten gesammelt werden sollen, wie sie gesammelt werden sollen und welche Datenvorverarbeitungsschritte notwendig sind. Wenn Sie beispielsweise ein System zur Beurteilung der Kreditwürdigkeit aufbauen, müssen Sie begründen, warum Sie bestimmte Datenpunkte wie Einkommen und Kreditgeschichte und nicht andere wie Rasse oder ethnische Zugehörigkeit erheben.

- **Datenerhebungsprozesse:** Sicherstellen, dass Daten ethisch und rechtlich erhoben werden, die Privatsphäre und Datenschutzrechte der Individuen respektieren. Dies könnte das Einholen der informierten Zustimmung der Datengeber, die Anonymisierung von Daten, wenn möglich, und die Einhaltung von Datensicherheitsstandards beinhalten.

- **Datenvorbereitungsoperationen:** Dokumentation aller Transformationen oder Manipulationen, die an den Daten durchgeführt werden, bevor sie zum Trainieren des KI-Systems verwendet werden. Dies könnte das Bereinigen der Daten zur Entfernung von Fehlern, das Kennzeichnen der Daten zur Bereitstellung von Kontext oder das Aggregieren von Daten zur Erstellung von Zusammenfassungsstatistiken beinhalten.

- **Annahmen und Einschränkungen:** Klare Darlegung aller Annahmen über die Daten und deren Einschränkungen. Dies könnte das Anerkennen beinhalten, dass die Daten möglicherweise nicht perfekt repräsentativ für die reale Welt sind oder dass es Lücken oder Voreingenommenheiten in den Daten geben könnte.

- **Bias-Erkennung und -Minderung:** Implementierung von Maßnahmen zur Erkennung, Prävention und Minderung potenzieller Voreingenommenheiten in den Datensätzen. Dies könnte die Analyse der Daten auf Diskriminierungsmuster, die Verwendung von Techniken wie fairness-aware Maschinenlernen und das aktive Suchen nach diversen Datenquellen zur Ausgleichung bestehender Voreingenommenheiten beinhalten.

Diese Datengovernance-Praktiken sollten proportional zum Risiko sein, das das KI-System darstellt. Das bedeutet, dass Systeme mit einem höheren Schadenspotenzial strengere Datengovernance-Praktiken erfordern.

**Datenqualität: Sicherstellung von Relevanz, Genauigkeit und Repräsentativität**

Die Qualität der Daten, die zum Trainieren von KI-Systemen verwendet werden, ist entscheidend für deren Leistung und Vertrauenswürdigkeit. Wenn die Daten fehlerhaft sind, sind auch die Ausgaben des Systems fehlerhaft. Der AI Act legt spezifische Qualitätskriterien für die Datensätze fest, die in Hochrisiko-KI-Systemen verwendet werden:

**Relevanz:** Die Daten müssen für den beabsichtigten Zweck des Systems relevant sein. Das bedeutet, dass die Daten Informationen enthalten sollten, die für die Aufgabe, die das System ausführen soll, nützlich sind. Wenn Sie beispielsweise ein System zur Diagnose von Hautkrebs aufbauen, sollten die Trainingsdaten Bilder von Hautläsionen enthalten, die als krebsartig oder gutartig bekannt sind. Die Verwendung von Bildern von Katzen oder Autos wäre nicht relevant und würde wahrscheinlich zu einem schlecht funktionierenden System führen.

**Repräsentativität:** Die Daten sollten repräsentativ für die reale Bevölkerung sein, für die das System verwendet wird. Das bedeutet, dass die Daten die Vielfalt der Bevölkerung in Bezug auf Demografie, Verhaltensweisen und andere relevante Merkmale widerspiegeln sollten. Wenn Sie beispielsweise ein Gesichtserkennungssystem aufbauen, das von der Polizei verwendet wird, sollten die Trainingsdaten Gesichter von Menschen aus verschiedenen ethnischen und rassischen Hintergründen, Altersgruppen, Geschlechtern und Gesichtsmerkmalen enthalten. Ein System, das auf einer engen Teilmenge von Gesichtern trainiert wurde, könnte Schwierigkeiten haben, Individuen aus unterrepräsentierten Gruppen genau zu identifizieren.

**Vollständigkeit:** Die Daten sollten so vollständig wie möglich sein und alle relevanten Aspekte des Phänomens erfassen, das das System modellieren soll. Das bedeutet, dass die Daten keine signifikanten Lücken oder fehlenden Werte haben sollten. Natürlich ist perfekte Vollständigkeit selten erreichbar, aber es sollten Anstrengungen unternommen werden, fehlende Daten zu minimieren und ihren potenziellen Einfluss auf die Leistung des Systems zu berücksichtigen. Wenn Sie beispielsweise ein System zur Vorhersage von Kundenabwanderung aufbauen, sollten die Daten Informationen über Kundendemografie, Kaufverhalten, Engagementmuster und idealerweise die Gründe für frühere Abwanderungen enthalten. Fehlende Daten über Abwanderungsgründe könnten die Fähigkeit des Systems einschränken, zukünftige Abwanderungen genau vorherzusagen.

**Genauigkeit:** Die Daten müssen genau und fehlerfrei sein. Das bedeutet, dass die Daten korrekt gekennzeichnet, validiert und bereinigt werden müssen, um alle Inkonsistenzen oder Ungenauigkeiten zu entfernen. Ungenaue Daten können zu fehlerhaften Modellen führen, die unzuverlässige oder sogar schädliche Ausgaben produzieren. Wenn Sie beispielsweise ein System zur Erkennung betrügerischer Transaktionen trainieren, sollten die Daten genau kennzeichnen, welche Transaktionen betrügerisch und welche legitim sind. Falsch gekennzeichnete Transaktionen könnten dem System beibringen, legitime Transaktionen als betrügerisch oder umgekehrt zu identifizieren, was zu finanziellen Verlusten oder Reputationsschäden führen könnte.

**Freiheit von Voreingenommenheit:** Die Daten sollten frei von Voreingenommenheiten sein, die zu Diskriminierung oder unfairen Ergebnissen führen könnten. Dies ist vielleicht der herausforderndste Aspekt der Datenqualität, da Daten oft bestehende gesellschaftliche Voreingenommenheiten widerspiegeln. Die Bekämpfung von Voreingenommenheit erfordert eine sorgfältige Überlegung der Datenquellen, des Erhebungsprozesses und des Potenzials für versteckte Voreingenommenheiten in den Daten selbst. Wenn Sie beispielsweise ein System zur Sichtung von Bewerbungen trainieren, könnten die Daten bestehende Voreingenommenheiten in den Einstellungspraktiken widerspiegeln, wie eine Präferenz für Bewerber von bestimmten Universitäten oder mit spezifischer Berufserfahrung. Die Verwendung dieser voreingenommenen Daten zum Trainieren des Systems könnte diese Voreingenommenheiten perpetuieren und Bewerber aus unterrepräsentierten Gruppen unfair benachteiligen.

Die Erfüllung dieser Datenqualitätskriterien ist entscheidend für den Aufbau vertrauenswürdiger KI-Systeme. Es stellt sicher, dass die Systeme aus zuverlässigen und unvoreingenommenen Informationen lernen, wodurch das Risiko von Diskriminierung, Ungerechtigkeit und Schaden verringert wird.

## Spezifische Herausforderungen bei der Sicherstellung der Datenqualität

Die Sicherstellung der Datenqualität ist nicht immer eine einfache Aufgabe. KI-Entwickler stehen oft vor einer Reihe von Herausforderungen bei der Erfüllung der im AI Act festgelegten Anforderungen:

**Datenknappheit:** Hochwertige Daten können schwer zu beschaffen sein, insbesondere in spezialisierten Bereichen. Wenn Sie beispielsweise ein System zur Diagnose seltener Krankheiten trainieren, könnten die Daten von einer begrenzten Anzahl von Patienten stammen, was es schwierig macht, Repräsentativität zu erreichen.

**Datenvoreingenommenheit:** Wie bereits erwähnt, spiegeln Daten oft bestehende gesellschaftliche Voreingenommenheiten wider, was es schwierig macht, sicherzustellen, dass KI-Systeme auf unvoreingenommenen Daten trainiert werden.

**Datenkomplexität:** Reale Daten können unübersichtlich und komplex sein, Fehler, Inkonsistenzen und fehlende Werte enthalten. Die Bereinigung und Vorverarbeitung von Daten zur Entfernung dieser Mängel kann eine zeitaufwendige und herausfordernde Aufgabe sein.

**Datenschutz:** Die Erhebung und Nutzung von Daten für KI-Systeme muss Datenschutzbestimmungen wie die Datenschutz-Grundverordnung (DSGVO) der EU einhalten. Dies kann die Anonymisierung von Daten, das Einholen der Zustimmung der Datengeber und die Implementierung von Datensicherheitsmaßnahmen beinhalten.

**Daten-Drift:** Die reale Welt verändert sich ständig, und Daten, die einmal genau und repräsentativ waren, können im Laufe der Zeit veraltet sein. Dieses Phänomen, bekannt als Daten-Drift, kann dazu führen, dass KI-Systeme im Laufe der Zeit weniger genau und zuverlässig werden.

Die Bewältigung dieser Herausforderungen erfordert einen proaktiven und vielseitigen Ansatz. KI-Entwickler müssen von Anfang an auf die Datenqualität achten, die Datenquellen, den Erhebungsprozess und das Potenzial für Voreingenommenheit und Fehler sorgfältig berücksichtigen. Sie müssen auch eine kontinuierliche Überwachung und Bewertung implementieren, um sicherzustellen, dass die Daten im Laufe der Zeit relevant und genau bleiben.

## Die Rolle der Drittpartei-Konformitätsbewertung

Der EU AI Act erkennt an, dass nicht alle KI-Entwickler die Expertise oder Ressourcen haben, um die Qualität ihrer Datensätze vollständig zu bewerten und sicherzustellen. Um dies zu adressieren, sieht das Gesetz die Einbeziehung von Drittpartei-Konformitätsbewertungsstellen vor. Diese Stellen sind unabhängige Organisationen, die bewerten können, ob KI-Systeme, einschließlich ihrer Datensätze, den Anforderungen des Gesetzes entsprechen.

Die Konformitätsbewertung kann verschiedene Aktivitäten umfassen, darunter:

- **Dokumentenprüfung:** Prüfung der Dokumentation des KI-Systems, einschließlich seiner Datengovernance- und Managementpraktiken, um zu bewerten, ob sie den Anforderungen des Gesetzes entsprechen.

- **Datenprüfungen:** Untersuchung der Datensätze, die zum Trainieren, Validieren und Testen des KI-Systems verwendet werden, um deren Qualität, Relevanz, Repräsentativität, Genauigkeit und Freiheit von Voreingenommenheit zu bewerten.

- **Tests und Validierung:** Unabhängiges Testen und Validieren des KI-Systems, um dessen Leistung und Einhaltung der Anforderungen des Gesetzes zu bewerten.

Die Einbeziehung von Drittpartei-Konformitätsbewertungsstellen kann helfen, Vertrauen in KI-Systeme aufzubauen, indem sie eine unabhängige und objektive Bewertung ihrer Einhaltung der Anforderungen des Gesetzes bieten. Dies kann besonders hilfreich für KI-Entwickler sein, denen die interne Expertise oder die Ressourcen fehlen, um ihre eigenen Systeme vollständig zu bewerten.

**Die Bedeutung hochwertiger Daten für vertrauenswürdige KI**

Die Qualität der Daten ist grundlegend für die Vertrauenswürdigkeit von KI-Systemen. Hochwertige Datensätze sind entscheidend für:

- **Gen

# KAPITEL ACHT: Transparenz und Information: Deployer ermächtigen

Wir haben gesehen, wie der EU AI Act das Risikomanagement und die Datenqualität als entscheidende Elemente für den Aufbau vertrauenswürdiger KI-Systeme betont. Aber es gibt noch ein weiteres wichtiges Puzzleteil: Transparenz. Transparenz bedeutet, Informationen über ein KI-System klar und zugänglich für diejenigen zu machen, die sie benötigen. Dazu gehören nicht nur die Entwickler und Deployer des Systems, sondern auch die Menschen, die von seinen Entscheidungen betroffen sind.

Transparenz dient im Kontext der KI-Regulierung mehreren entscheidenden Zwecken:

- **Vertrauen aufbauen:** Wenn Menschen verstehen, wie ein KI-System funktioniert, sind sie eher bereit, seinen Entscheidungen zu vertrauen. Transparenz hilft, die KI zu entmystifizieren, sie weniger zu einer Black Box und mehr zu einem Werkzeug zu machen, das Menschen verstehen und mit Vertrauen nutzen können.

- **Verantwortlichkeit ermöglichen:** Transparenz ermöglicht eine größere Verantwortlichkeit. Wenn ein System einen Fehler macht oder sich unerwartet verhält, ermöglicht Transparenz, das Problem zu seinem Ursprung zurückzuverfolgen, sei es ein Designfehler, eine Verzerrung in den Daten oder ein Missbrauch des Systems.

- **Überwachung erleichtern:** Transparenz ist für eine effektive Überwachung unerlässlich. Regulierungsbehörden und andere Interessengruppen benötigen klare Informationen über KI-Systeme, um deren Einhaltung des Gesetzes zu bewerten, deren Leistung zu überwachen und potenzielle Risiken zu identifizieren.

- **Benutzer ermächtigen:** Transparenz ermächtigt die Benutzer von KI-Systemen. Wenn Benutzer die Fähigkeiten und Einschränkungen eines KI-Systems verstehen, können sie fundierte Entscheidungen darüber treffen, ob sie es verwenden, wie sie es verwenden und wann sie seine Ausgaben in Frage stellen.

Der EU AI Act erkennt die Bedeutung der Transparenz an und enthält mehrere Bestimmungen, die darauf abzielen, die Transparenz bei der Entwicklung und dem Einsatz hochriskanter KI-Systeme zu fördern. Diese Bestimmungen konzentrieren sich auf zwei Hauptaspekte: Deployer mit Informationen zu versorgen und Transparenz für Benutzer zu gewährleisten.

**Deployer informieren: Sie für den verantwortungsvollen Einsatz ausstatten**

Deployer sind die Personen oder Organisationen, die KI-Systeme in realen Szenarien implementieren. Sie sind diejenigen, die die Systeme verwenden, um Entscheidungen zu treffen, Dienstleistungen bereitzustellen oder andere Aufgaben zu erledigen. Es ist entscheidend, dass Deployer ein klares Verständnis davon haben, wie die Systeme funktionieren, ihre Fähigkeiten und Einschränkungen sowie die potenziellen Risiken, die mit ihrer Nutzung verbunden sind. Diese Informationen ermöglichen es den Deployern, fundierte Entscheidungen darüber zu treffen, wie die Systeme implementiert werden, deren Leistung zu überwachen und gegebenenfalls Korrekturmaßnahmen zu ergreifen.

Der AI Act verlangt von Anbietern hochriskanter KI-Systeme, den Deployern umfassende und verständliche Informationen über diese Systeme zur Verfügung zu stellen. Diese Informationen werden in der Regel in Form von „Gebrauchsanweisungen" bereitgestellt, die das System begleiten. Diese Anweisungen sollten eine Vielzahl von Themen abdecken, darunter:

- **Systemeigenschaften:** Die Anweisungen sollten den beabsichtigten Zweck des Systems, seine Hauptmerkmale sowie seine Fähigkeiten und Einschränkungen beschreiben. Dazu gehören Details zur Genauigkeit, Robustheit und Cybersicherheit des Systems sowie alle bekannten oder vorhersehbaren Umstände, die seine Leistung beeinflussen könnten.

- **Datenanforderungen:** Die Anweisungen sollten klare Informationen über die Datenanforderungen für das System liefern, einschließlich des Typs, Formats und der Qualität der benötigten Daten. Dies hilft den Deployern sicherzustellen, dass sie das System mit geeigneten Daten versorgen und dass die Daten die im Gesetz festgelegten Qualitätskriterien erfüllen.

- **Maßnahmen zur menschlichen Überwachung:** Die Anweisungen sollten die Maßnahmen zur menschlichen Überwachung beschreiben, die für den sicheren und verantwortungsvollen Einsatz des Systems erforderlich sind. Dazu gehören Details zu den Rollen und Verantwortlichkeiten menschlicher Bediener, den Verfahren zur menschlichen Intervention und der Schulung, die Bediener benötigen, um das System effektiv zu überwachen.

- **Rechnerische und Hardware-Ressourcen:** Die Anweisungen sollten die rechnerischen und Hardware-Ressourcen spezifizieren, die zum Betrieb des Systems erforderlich sind, sowie alle Wartungs- und Pflegemaßnahmen, die für dessen ordnungsgemäßes Funktionieren erforderlich sind.

- **Protokollierungsfähigkeiten:** Die Anweisungen sollten die Protokollierungsfähigkeiten des Systems beschreiben, einschließlich der Arten von Ereignissen, die protokolliert werden, des Formats der Protokolle und wie Deployer auf die Protokolle zugreifen und diese interpretieren können. Protokolle sind für die Überwachung des Systembetriebs, die Identifizierung potenzieller Probleme und die

Bereitstellung von Nachweisen über die Einhaltung der Anforderungen des Gesetzes unerlässlich.

Der AI Act betont, dass Gebrauchsanweisungen klar, prägnant und verständlich geschrieben sein sollten, unter Verwendung einer Sprache, die für die Zielgruppe geeignet ist. Ziel ist es, die Deployer zu ermächtigen, das System verantwortungsvoll und effektiv zu nutzen und das Risiko von Fehlern, Fehlfunktionen und unbeabsichtigten Folgen zu minimieren.

**Transparenz für Benutzer sicherstellen: Verständnis und Vertrauen fördern**

Benutzer sind die Personen oder Organisationen, die mit KI-Systemen interagieren, sei es direkt oder indirekt. Sie können die Empfänger von Dienstleistungen sein, die das System bereitstellt, die Betroffenen von Entscheidungen, die das System trifft, oder einfach Personen, deren Leben vom Betrieb des Systems betroffen ist. Transparenz für Benutzer bedeutet, ihnen klare Informationen über die Rolle des Systems, seine Fähigkeiten und Einschränkungen sowie ihre Rechte in Bezug auf das System zur Verfügung zu stellen.

Der AI Act enthält mehrere Bestimmungen, die darauf abzielen, die Transparenz für Benutzer zu fördern, insbesondere in Situationen, in denen KI-Systeme Entscheidungen treffen, die das Leben der Menschen erheblich beeinflussen. Diese Bestimmungen konzentrieren sich auf drei Hauptbereiche:

**1. Benachrichtigung über KI-Interaktion:**

Das Gesetz verlangt, dass Benutzer darüber informiert werden, wenn sie mit einem KI-System interagieren, es sei denn, dies ist aus dem Kontext offensichtlich. Diese Benachrichtigung soll sicherstellen, dass Benutzer wissen, dass sie nicht mit einem Menschen interagieren, und sie sich der potenziellen Implikationen dieser Interaktion bewusst machen.

Wenn Sie beispielsweise eine Kundenservice-Hotline anrufen und Ihr Anruf von einem KI-betriebenen Chatbot bearbeitet wird, sollte sich das System klar als solches identifizieren. Dies ermöglicht es Ihnen, Ihre Erwartungen und Ihren Kommunikationsstil entsprechend anzupassen. Sie könnten sich entscheiden, Ihre Fragen direkter zu formulieren, die Verwendung von Slang oder Idiomen zu vermeiden oder geduldiger mit den Antworten des Systems zu sein.

Das Gesetz erkennt Ausnahmen von dieser Benachrichtigungspflicht an. Wenn das KI-System beispielsweise für Zwecke der Strafverfolgung eingesetzt wird, wie z.B. zur Identifizierung von Verdächtigen in einer Menschenmenge, könnte die Benachrichtigung der Personen, dass sie mit dem System interagieren, die Ermittlungen gefährden. In solchen Fällen erlaubt das Gesetz Ausnahmen von der Benachrichtigungspflicht, jedoch nur unter strengen Bedingungen und mit angemessenen Schutzmaßnahmen.

## 2. Offenlegung von KI-generiertem Inhalt:

Die Verbreitung von KI-Systemen, die in der Lage sind, realistische synthetische Inhalte wie Text, Bilder, Audio und Video zu erzeugen, wirft Bedenken hinsichtlich der Authentizität und des Potenzials für Täuschung auf. Das Gesetz geht auf diese Bedenken ein, indem es von Anbietern solcher Systeme verlangt, Maßnahmen zu ergreifen, um die Erkennung und Offenlegung von KI-generiertem Inhalt zu ermöglichen.

Das Gesetz verlangt, dass KI-Systeme, die in der Lage sind, synthetische Inhalte zu erzeugen, technische Lösungen einbetten, die es ermöglichen, den Inhalt als künstlich erzeugt zu kennzeichnen. Diese Kennzeichnung sollte in einem maschinenlesbaren Format erfolgen, damit andere Systeme den Inhalt leicht als KI-generiert identifizieren können. Die spezifischen technischen Lösungen variieren je nach Art des Inhalts und den Fähigkeiten des Systems, können jedoch Techniken wie digitale Wasserzeichen, Metadaten-Tags oder kryptografische Signaturen umfassen.

Zusätzlich zur technischen Kennzeichnung verlangt das Gesetz von Deployern von KI-Systemen, die zur Erstellung realistischer synthetischer Inhalte wie „Deep Fakes" verwendet werden, klar offenzulegen, dass der Inhalt künstlich erzeugt wurde. Diese Offenlegung sollte in einer Weise erfolgen, die für Benutzer klar und unterscheidbar ist. Ein Video, das mit KI manipuliert wurde, um den Eindruck zu erwecken, dass jemand etwas sagt oder tut, was er nicht getan hat, sollte beispielsweise als „Deep Fake" gekennzeichnet werden, damit die Zuschauer verstehen, dass der Inhalt nicht authentisch ist.

Das Gesetz erlaubt Ausnahmen von dieser Offenlegungspflicht in Fällen, in denen der Inhalt Teil eines künstlerischen, kreativen, satirischen oder fiktionalen Werks bildet. In diesen Fällen erkennt das Gesetz an, dass die Verwendung von KI zur Erzeugung synthetischer Inhalte ein legitimes künstlerisches Werkzeug sein kann und dass die Offenlegungspflicht den künstlerischen Ausdruck beeinträchtigen könnte. Allerdings betont das Gesetz, dass auch in diesen Fällen angemessene Schutzmaßnahmen vorhanden sein sollten, um die Rechte und Freiheiten Dritter zu schützen. Ein Deep-Fake-Video, das eine öffentliche Person in einem falschen und verleumderischen Licht darstellt, wäre beispielsweise nicht durch diese Ausnahme geschützt, selbst wenn es als satirisches Werk präsentiert wird.

### 3. Recht auf Erklärung:

Einer der herausforderndsten Aspekte von KI-Systemen, insbesondere solchen, die maschinelles Lernen verwenden, ist ihre mangelnde Transparenz. Diese Systeme arbeiten oft als Black Boxes, was es schwierig macht, zu verstehen, wie sie zu ihren Schlussfolgerungen kommen. Dieser Mangel an Erklärbarkeit kann problematisch sein, insbesondere wenn KI-Systeme verwendet werden, um Entscheidungen zu treffen, die das Leben der Menschen erheblich beeinflussen.

Das Gesetz geht auf dieses Problem ein, indem es Einzelpersonen das Recht einräumt, eine Erklärung zu erhalten, wenn eine Entscheidung, die ein Deployer trifft, hauptsächlich auf dem

Output eines hochriskanten KI-Systems basiert. Dieses Recht gilt für Entscheidungen, die rechtliche Wirkungen erzeugen oder die das Leben von Einzelpersonen in ähnlicher Weise erheblich beeinflussen, wie Entscheidungen über Kreditanträge, Jobbewerbungen oder Sozialleistungen.

Das Recht auf Erklärung ist nicht absolut. Es gilt nicht für alle KI-Systeme oder für alle Entscheidungen, die mit KI getroffen werden. Es ist speziell auf hochriskante KI-Systeme und auf Entscheidungen beschränkt, die das Leben von Einzelpersonen erheblich beeinflussen. Darüber hinaus kann das Recht auf Erklärung durch andere Bestimmungen des EU- oder nationalen Rechts eingeschränkt oder außer Kraft gesetzt werden. Wenn beispielsweise die Offenlegung von Informationen über den Betrieb des KI-Systems die nationale Sicherheit oder die öffentliche Sicherheit gefährden könnte, könnte das Recht auf Erklärung eingeschränkt sein.

Wenn das Recht auf Erklärung anwendbar ist, ist der Deployer verpflichtet, der Person eine klare und sinnvolle Erklärung über die Rolle des Systems im Entscheidungsprozess und die Hauptfaktoren, die zur Entscheidung beigetragen haben, zu geben. Diese Erklärung sollte auf das Verständnisniveau der Person zugeschnitten sein und technischen Jargon vermeiden.

Ziel des Rechts auf Erklärung ist es, Einzelpersonen zu ermächtigen, zu verstehen, wie KI-Systeme ihr Leben beeinflussen, und Entscheidungen anzufechten, die sie für unfair oder ungenau halten. Es ist ein wichtiges Werkzeug zur Förderung von Verantwortlichkeit und Vertrauen in KI-Systeme.

**Transparenz jenseits hochriskanter KI-Systeme**

Während sich der EU AI Act hauptsächlich auf hochriskante KI-Systeme konzentriert, erkennt er auch die Bedeutung der Transparenz für andere Arten von KI-Systemen an, insbesondere für solche, die mit Menschen interagieren. Das Gesetz verlangt von Anbietern von KI-Systemen, die dazu bestimmt sind, direkt mit natürlichen Personen zu interagieren, diese Systeme so zu gestalten und zu entwickeln, dass Benutzer darüber informiert werden, dass sie mit einem KI-System interagieren. Diese Benachrichtigung sollte klar und auffällig sein, um sicherzustellen, dass Benutzer wissen, dass sie nicht mit einem Menschen interagieren.

Wenn Sie beispielsweise eine Website oder eine App verwenden, die KI nutzt, um Ihre Erfahrung zu personalisieren, wie z.B. das Empfehlen von Produkten oder Inhalten, sollte sich das System klar als KI-betrieben identifizieren. Dies ermöglicht es Ihnen, fundierte Entscheidungen darüber zu treffen, wie Sie mit dem System interagieren und ob Sie seinen Empfehlungen vertrauen.

Das Gesetz erlaubt Ausnahmen von dieser Benachrichtigungspflicht, wenn es aus dem Kontext offensichtlich ist, dass der Benutzer mit einem KI-System interagiert. Wenn Sie beispielsweise einen Sprachassistenten wie Siri oder Alexa verwenden, ist es allgemein bekannt, dass Sie mit einem KI-System interagieren. In solchen Fällen kann eine explizite Benachrichtigung nicht erforderlich sein.

**Die Bedeutung der Transparenz für vertrauenswürdige KI**

Transparenz ist ein Eckpfeiler der vertrauenswürdigen KI. Sie ermöglicht es uns:

- **Zu verstehen, wie KI-Systeme funktionieren:** Transparenz hilft, die KI zu entmystifizieren und sie weniger zu einer Black Box und mehr zu einem Werkzeug zu machen, das wir verstehen und mit Vertrauen nutzen können.

- **KI-Systeme zur Verantwortung zu ziehen:** Transparenz ermöglicht es uns, Probleme zu ihrem Ursprung zurückzuverfolgen, potenzielle Verzerrungen zu identifizieren und Entwickler und Deployer für die Systeme, die sie schaffen, zur Verantwortung zu ziehen.

- **Faire und unvoreingenommene Ergebnisse sicherzustellen:** Transparenz hilft, Verzerrungen in KI-Systemen zu identifizieren und zu mildern und fördert Fairness und Gleichheit in deren Anwendung.

- **Vertrauen und Zuversicht aufzubauen:** Transparenz fördert das Vertrauen in die KI-Technologie, indem sie verständlicher und verantwortlicher gemacht wird.

Die Transparenzbestimmungen des EU AI Act sind ein wichtiger Schritt, um sicherzustellen, dass KI auf eine Weise entwickelt und eingesetzt wird, die der Gesellschaft nutzt und gleichzeitig individuelle Rechte und Freiheiten schützt. Transparenz ermächtigt Benutzer, stärkt die Verantwortlichkeit und fördert das Vertrauen und ebnet den Weg für eine Zukunft, in der KI eine positive Kraft in der Welt ist.

# KAPITEL NEUN: Menschliche Aufsicht: Die Kontrolle über KI aufrechterhalten

Wir haben über Risikomanagement, Datenqualität und Transparenz gesprochen – alles wesentliche Bestandteile für vertrauenswürdige KI. Aber es gibt einen grundlegenden Aspekt, der all diese zusammenhält: die menschliche Aufsicht. Die EU-KI-Verordnung erkennt an, dass selbst die fortschrittlichsten KI-Systeme nicht vollständig autonom arbeiten sollten. Menschen müssen in den Prozess eingebunden sein, Anleitung geben, die Leistung überwachen und letztendlich die Kontrolle über die Auswirkungen der KI auf unser Leben behalten.

Stellen Sie es sich folgendermaßen vor: Wir würden kein Flugzeug auf Autopilot fliegen lassen, ohne Piloten im Cockpit, selbst wenn das Autopilot-System sehr fortschrittlich ist. Piloten sind da, um den Flug zu überwachen, unerwartete Situationen zu handhaben und die Sicherheit der Passagiere zu gewährleisten. Ähnlich verhält es sich mit KI-Systemen: Obwohl sie beeindruckende Leistungen erbringen können, benötigen sie menschliche Aufsicht, um Fehler zu verhindern, unvorhergesehene Umstände zu bewältigen und ihre Übereinstimmung mit menschlichen Werten sicherzustellen.

Menschliche Aufsicht bedeutet, sicherzustellen, dass KI ein Werkzeug bleibt, das der Menschheit dient, und nicht umgekehrt. Es geht darum, ein wachsames Auge auf diese leistungsstarken Systeme zu haben, bei Bedarf einzugreifen und letztendlich zu bestimmen, wie KI in unser Leben integriert wird.

Die EU-KI-Verordnung schreibt spezifische Maßnahmen zur menschlichen Aufsicht für Hochrisiko-KI-Systeme vor. Diese Maßnahmen zielen darauf ab, sicherzustellen, dass Menschen diese Systeme effektiv überwachen, ihre Ausgaben verstehen, bei Bedarf eingreifen und letztendlich potenzielle Schäden verhindern können. Diese Maßnahmen können auf verschiedene Weise umgesetzt werden, je nach spezifischem KI-System und dessen beabsichtigtem Einsatz, aber das übergreifende Ziel ist es, Menschen die Kontrolle zu erhalten.

**Arten der menschlichen Aufsicht: Vom Design bis zur Implementierung**

Menschliche Aufsicht kann im gesamten Lebenszyklus eines KI-Systems verschiedene Formen annehmen. Die KI-Verordnung unterscheidet zwischen zwei Hauptarten von Aufsichtsmaßnahmen:

- **In das KI-System integrierte Maßnahmen:** Diese sind Designmerkmale, die von Grund auf in das System eingebaut werden, um sicherzustellen, dass menschliche Aufsicht in seinem Kern verankert ist. Diese Maßnahmen werden in der Regel vom Anbieter, dem Unternehmen oder der Organisation, die das KI-System entwickelt, umgesetzt.

- **Vom Implementierer umgesetzte Maßnahmen:** Dies sind betriebliche Praktiken und Verfahren, die von der Organisation oder der Person, die das KI-System in einem realen Umfeld einsetzt, eingeführt werden. Diese Maßnahmen können die Schulung menschlicher Bediener, die Festlegung klarer Protokolle für menschliche Interventionen und die Einrichtung von Überwachungs- und Meldesystemen umfassen.

Schauen wir uns einige Beispiele an, wie diese Aufsichtsmaßnahmen in der Praxis umgesetzt werden können:

**Integrierte Aufsichtsmaßnahmen: Gestaltung des Systems DNA**

Integrierte Aufsichtsmaßnahmen sind wie Leitplanken, die das Verhalten des KI-Systems lenken und verhindern, dass es vom Kurs abkommt. Diese Maßnahmen können auf verschiedene Weisen umgesetzt werden, darunter:

- **Betriebliche Einschränkungen:** Dies sind Grenzen für die Aktionen des Systems, die verhindern, dass es vorbestimmte Grenzen überschreitet. Zum Beispiel könnte ein selbstfahrendes Auto mit betrieblichen Einschränkungen programmiert sein, die verhindern, dass es die Geschwindigkeitsbegrenzung überschreitet oder in bestimmten eingeschränkten Bereichen fährt. Diese Einschränkungen stellen sicher, dass das System innerhalb sicherer Parameter arbeitet, selbst wenn es auf unerwartete Situationen stößt.

- **Reaktionsfähigkeit gegenüber menschlichen Bedienern:** Dies bedeutet, sicherzustellen, dass das System so gestaltet ist, dass es auf menschliche Befehle und Eingriffe reagiert. Beispielsweise sollte ein selbstfahrendes Auto in der Lage sein, die Kontrolle reibungslos an einen menschlichen Fahrer zu übergeben, wenn der Fahrer die Kontrolle übernehmen möchte oder wenn das System auf eine Situation stößt, die es nicht handhaben kann. Ebenso sollte ein KI-gestütztes medizinisches Diagnosesystem Ärzten ermöglichen, seine Empfehlungen zu überstimmen, wenn sie mit seiner Bewertung nicht einverstanden sind. Diese Reaktionsfähigkeit stellt sicher, dass Menschen letztendlich die Aktionen des Systems kontrollieren und potenzielle Schäden verhindern können.

- **Erklärbarkeitsmerkmale:** Dies sind Designelemente, die die Ausgaben des Systems für menschliche Bediener verständlicher machen. Dies kann das Bereitstellen von Erklärungen für die Entscheidungen des Systems, das Hervorheben der Hauptfaktoren, die seine Ausgabe beeinflusst haben, oder das Visualisieren des Denkprozesses des Systems umfassen. Erklärbarkeitsmerkmale helfen Bedienern, die Ausgaben des Systems zu verstehen, potenzielle Fehler oder Verzerrungen zu identifizieren und fundiertere Entscheidungen auf der Grundlage der Empfehlungen des Systems zu treffen.

Durch die Integration dieser eingebauten Aufsichtsmaßnahmen können Anbieter KI-Systeme entwickeln, die von Natur aus kontrollierbarer und rechenschaftspflichtiger sind, das Risiko unbeabsichtigter Folgen verringern und das Vertrauen in ihre Anwendungen fördern.

**Vom Implementierer umgesetzte Aufsichtsmaßnahmen: Die Lücke zwischen Design und Praxis schließen**

Während eingebaute Aufsichtsmaßnahmen entscheidend sind, sind sie allein nicht immer ausreichend. Implementierer spielen ebenfalls eine wichtige Rolle bei der Sicherstellung der menschlichen Aufsicht, indem sie betriebliche Praktiken und Verfahren einführen, die die Lücke zwischen Design und realem Einsatz schließen. Diese Maßnahmen könnten umfassen:

- **Schulung und Kompetenz:** Implementierer sollten sicherstellen, dass die Personen, die für die Überwachung des KI-Systems verantwortlich sind, die notwendige Kompetenz und Schulung haben, um ihre Rollen effektiv auszuführen. Dies könnte die Bereitstellung von Schulungen zur Funktionsweise des Systems, seinen Fähigkeiten und Grenzen, den potenziellen Risiken, die mit seiner Verwendung verbunden sind, und den Verfahren für menschliche Interventionen umfassen. Es ist auch wichtig, sicherzustellen, dass die Bediener ein angemessenes Maß an „KI-Kompetenz" haben, was bedeutet, dass sie die Grundprinzipien der KI und ihre potenziellen Auswirkungen auf ihre Arbeit verstehen.

- **Klare Protokolle für Interventionen:** Implementierer sollten klare Protokolle für menschliche Interventionen festlegen, die die Umstände spezifizieren, unter denen menschliche Bediener in den Betrieb des Systems eingreifen sollten, die Verfahren dafür und die Meldesysteme zur Dokumentation von Interventionen. Diese Protokolle helfen sicherzustellen, dass Interventionen rechtzeitig, angemessen und gut dokumentiert sind, wodurch das Risiko von Schäden minimiert und die Rechenschaftspflicht gefördert wird.

- **Überwachung und Berichterstattung:** Implementierer sollten robuste Überwachungs- und Berichterstattungsmechanismen einführen, um die Leistung des Systems zu verfolgen, potenzielle Probleme zu identifizieren und den Nachweis der Einhaltung der Anforderungen der Verordnung zu erbringen. Dies könnte die Überprüfung von Systemprotokollen, das Sammeln von Benutzerfeedback und die Durchführung regelmäßiger Audits des Systembetriebs umfassen. Die durch Überwachung und Berichterstattung gesammelten Informationen können verwendet werden, um den Betrieb des Systems zu optimieren, menschliche Aufsichtsmaßnahmen anzupassen und aufkommende Risiken zu adressieren.

## Die Bedeutung des menschlichen Urteils: Über die Automatisierungsvoreingenommenheit hinaus

Eine der Hauptanforderungen bei der menschlichen Aufsicht besteht darin, das zu überwinden, was als „Automatisierungsvoreingenommenheit" bekannt ist. Dies bezieht sich auf die Tendenz, sich zu stark auf automatisierte Systeme zu verlassen, selbst wenn deren Ausgaben fragwürdig sind oder im Widerspruch zu menschlichem Urteil stehen. Stellen Sie es sich folgendermaßen vor: Wenn Sie jahrelang ein GPS-Navigationssystem verwendet haben und es Ihnen plötzlich sagt, über eine Klippe zu fahren, würden Sie seinen Anweisungen blind folgen? Wahrscheinlich nicht. Aber in weniger dramatischen Situationen kann es leicht passieren, dass man zu sehr auf automatisierte Systeme vertraut, besonders wenn sie in der Vergangenheit konsequent gut funktioniert haben.

Automatisierungsvoreingenommenheit kann besonders problematisch bei Hochrisiko-KI-Systemen sein, wo die Folgen von Fehlern erheblich sein können. Um dieser Voreingenommenheit entgegenzuwirken, betont die KI-

Verordnung die Bedeutung des menschlichen Urteils und die Notwendigkeit, dass menschliche Bediener:

- **Die Grenzen des Systems verstehen:** Bediener müssen sich bewusst sein, dass KI-Systeme nicht unfehlbar sind und Fehler machen können. Sie sollten die Grenzen des Systems, die Arten von Fehlern, zu denen es neigt, und die Umstände, unter denen seine Ausgaben unzuverlässig sein könnten, verstehen.

- **Die Ausgaben des Systems kritisch bewerten:** Bediener sollten die Ausgaben des Systems nicht blind akzeptieren. Sie sollten die bereitgestellten Informationen kritisch bewerten, ob sie im Kontext ihres eigenen Wissens und ihrer Erfahrung sinnvoll sind und ob sie mit ihrem professionellen Urteil übereinstimmen.

- **Ihr Recht auf Intervention ausüben:** Bediener sollten nicht zögern, in den Betrieb des Systems einzugreifen, wenn sie der Meinung sind, dass seine Ausgaben fragwürdig oder potenziell schädlich sind. Sie sollten ihr professionelles Urteil und die festgelegten Interventionsprotokolle nutzen, um die Entscheidungen des Systems zu überstimmen oder andere geeignete Maßnahmen zu ergreifen, um Risiken zu mindern.

**Verstärkte menschliche Aufsicht für biometrische Identifikation: Ein zweiter Blick**

Die KI-Verordnung erkennt an, dass bestimmte Arten von KI-Systemen aufgrund ihrer potenziellen Auswirkungen auf Grundrechte noch strengere menschliche Aufsichtsmaßnahmen erfordern. Dies gilt insbesondere für Fern-Biometrie-Identifikationssysteme, die Personen aus der Ferne anhand ihrer einzigartigen biologischen Merkmale, wie Gesicht, Iris oder Gang, identifizieren.

Diese Systeme werfen ernsthafte Bedenken hinsichtlich Datenschutz, Diskriminierung und Missbrauchspotenzial auf. Um diese Bedenken zu adressieren, verlangt die Verordnung verstärkte menschliche Aufsichtsmaßnahmen für diese Systeme, einschließlich:

- **Keine Maßnahme oder Entscheidung basierend ausschließlich auf automatisierter Identifikation:** Implementierer von Fern-Biometrie-Identifikationssystemen dürfen keine Maßnahme ergreifen oder Entscheidung treffen, die ausschließlich auf der Ausgabe des Systems basiert. Dies bedeutet, dass ein menschlicher Bediener immer die Identifikation des Systems überprüfen und bestätigen muss, bevor eine Maßnahme ergriffen wird.

- **Bestätigung durch mindestens zwei natürliche Personen:** Die Verordnung verlangt, dass die Identifikation des Systems durch mindestens zwei natürliche Personen mit der notwendigen Kompetenz, Schulung und Autorität bestätigt wird. Diese „zweite Prüfung" stellt sicher, dass mehrere Personen die Ausgabe des Systems bewerten, wodurch das Risiko von Fehlern verringert und die Rechenschaftspflicht gefördert wird.

Diese verstärkte Aufsichtsanforderung für biometrische Identifikationssysteme spiegelt das Engagement der Verordnung für den Schutz der Grundrechte wider und stellt sicher, dass menschliches Urteil eine entscheidende Rolle bei Entscheidungen spielt, die das Leben von Individuen erheblich beeinflussen könnten.

**Menschliche Aufsicht in der KI-Wertschöpfungskette: Gemeinsame Verantwortung**

Menschliche Aufsicht ist nicht nur die Verantwortung des Anbieters oder des Implementierers; es ist eine gemeinsame Verantwortung, die sich durch die gesamte KI-Wertschöpfungskette erstreckt. Dies bedeutet, dass alle, die an der Entwicklung, Implementierung und Nutzung von KI-Systemen beteiligt sind, eine Rolle bei der Sicherstellung der menschlichen Aufsicht spielen.

Beispielsweise müssen auch Drittanbieter, die Komponenten oder Dienstleistungen für KI-Systeme liefern, wie Datenanbieter, Modellentwickler oder Test- und Evaluierungsdienste, die Implikationen ihrer Arbeit für die menschliche Aufsicht berücksichtigen. Sie sollten sicherstellen, dass ihre Produkte und Dienstleistungen so gestaltet sind, dass sie die menschliche Aufsicht erleichtern und dass sie ihren Kunden klare Informationen darüber geben, wie geeignete Aufsichtsmaßnahmen umgesetzt werden können.

Die KI-Verordnung fördert die Zusammenarbeit und den Informationsaustausch in der gesamten KI-Wertschöpfungskette, um die menschliche Aufsicht zu fördern. Sie verlangt von Anbietern, stromabwärts Akteuren, wie Implementierern und anderen Drittparteien, die Informationen und den technischen Zugang zur Verfügung zu stellen, die sie benötigen, um die Anforderungen der Verordnung, einschließlich derjenigen zur menschlichen Aufsicht, zu erfüllen.

Dieser kooperative Ansatz erkennt an, dass menschliche Aufsicht eine komplexe Herausforderung ist, die eine kollektive Anstrengung erfordert, um sie zu bewältigen. Durch Zusammenarbeit und Informationsaustausch können Akteure in der KI-Wertschöpfungskette dazu beitragen, sicherzustellen, dass menschliche Aufsicht im gesamten Lebenszyklus des KI-Systems effektiv umgesetzt wird.

**Menschliche Aufsicht: Ein Eckpfeiler der vertrauenswürdigen KI**

Menschliche Aufsicht ist kein Hindernis für Innovation; sie ist ein wesentlicher Ermöglicher für vertrauenswürdige KI. Durch das Beibehalten von Menschen im Prozess können wir sicherstellen, dass KI-Systeme verantwortungsvoll, ethisch und zum Wohl der Gesellschaft eingesetzt werden. Menschliche Aufsicht ermöglicht es uns:

- **Fehler zu verhindern und Risiken zu mindern:**
  Menschliche Bediener können potenzielle Fehler oder
  Fehlfunktionen erkennen, die von automatisierten
  Systemen möglicherweise nicht erkannt werden, und so
  Schäden verhindern und die Sicherheit fördern.

- **Unvorhergesehene Umstände zu adressieren:** KI-
  Systeme werden oft in komplexen und dynamischen
  Umgebungen eingesetzt. Menschliche Bediener können
  sich an sich ändernde Umstände anpassen und Situationen
  handhaben, für die das System möglicherweise nicht
  konzipiert wurde.

- **Sicherstellen, dass die Ausgaben mit menschlichen
  Werten übereinstimmen:** KI-Systeme werden anhand von
  Daten trainiert und von Algorithmen geleitet. Menschliche
  Bediener können ethische Anleitung geben und
  sicherstellen, dass die Ausgaben des Systems mit
  menschlichen Werten übereinstimmen, unbeabsichtigte
  Folgen verhindern und Fairness fördern.

- **Die Kontrolle über die Auswirkungen der KI
  aufrechterhalten:** Letztendlich geht es bei der
  menschlichen Aufsicht darum, sicherzustellen, dass die KI
  unter menschlicher Kontrolle bleibt und dass ihre
  Entwicklung und Implementierung von menschlichen
  Werten geleitet wird.

Die Bestimmungen der EU-KI-Verordnung zur menschlichen
Aufsicht sind ein wichtiger Schritt, um sicherzustellen, dass KI auf
eine Weise entwickelt und eingesetzt wird, die der Menschheit
dient, die Grundrechte respektiert und Vertrauen fördert. Durch
das Beibehalten von Menschen im Prozess können wir die Macht
der KI nutzen und gleichzeitig vor ihren potenziellen Risiken
schützen.

# KAPITEL ZEHN: Genauigkeit, Robustheit und Cybersicherheit: Wesentliche Anforderungen

Wir haben mehrere Schlüsselpfeiler vertrauenswürdiger KI untersucht: Risikomanagement, Datenqualität, Transparenz und menschliche Aufsicht. Jetzt wollen wir uns drei grundlegenden technischen Anforderungen zuwenden, die entscheidend dafür sind, dass Hochrisiko-KI-Systeme wie beabsichtigt funktionieren und keinen Schaden verursachen: Genauigkeit, Robustheit und Cybersicherheit.

Stellen Sie sich diese Anforderungen als das Fundament vor, auf dem vertrauenswürdige KI aufgebaut wird. Genauso wie ein Haus ein starkes Fundament braucht, um den Elementen standzuhalten, müssen Hochrisiko-KI-Systeme genau, robust und sicher sein, um in komplexen und oft unvorhersehbaren Umgebungen zuverlässig zu funktionieren.

**Genauigkeit: Ziel ist eine zuverlässige und konsistente Leistung**

Genauigkeit im Kontext von KI-Systemen bezieht sich auf die Fähigkeit des Systems, Ausgaben zu produzieren, die korrekt und konsistent mit der realen Welt sind. Es geht darum, Fehler zu minimieren und sicherzustellen, dass die Vorhersagen, Klassifikationen oder Empfehlungen des Systems so nah wie möglich an der Wahrheit sind.

Das erforderliche Maß an Genauigkeit für ein KI-System variiert je nach seiner beabsichtigten Verwendung und den potenziellen Konsequenzen von Fehlern. Zum Beispiel muss ein KI-System, das zur Empfehlung von Filmen verwendet wird, nicht perfekt genau sein, da die Konsequenzen einer schlechten Empfehlung relativ gering sind. Ein KI-System, das zur Diagnose von Krankheiten oder zur Steuerung eines selbstfahrenden Autos verwendet wird, muss jedoch sehr genau sein, da Fehler in diesen Kontexten lebensbedrohliche Konsequenzen haben könnten.

Das EU-KI-Gesetz setzt keine spezifischen Genauigkeitsschwellenwerte für alle Hochrisiko-KI-Systeme fest. Stattdessen verfolgt es einen differenzierteren Ansatz und verlangt von Anbietern:

- **Ein angemessenes Maß an Genauigkeit zu erreichen:** Das Gesetz erkennt an, dass das, was ein „angemessenes" Maß an Genauigkeit ausmacht, vom spezifischen KI-System und seiner beabsichtigten Verwendung abhängt. Es betont, dass das Maß an Genauigkeit ausreichend sein sollte, um das Risiko eines Schadens zu minimieren und sicherzustellen, dass das System seine beabsichtigte Funktion zuverlässig erfüllt.

- **Genauigkeitsniveaus und -metriken zu erklären:** Anbieter müssen die Genauigkeitsniveaus und -metriken klar angeben, gegen die ihre Systeme getestet wurden und die im realen Einsatz erwartet werden können. Dies ermöglicht es den Anwendern und Nutzern, die Grenzen des Systems zu verstehen und fundierte Entscheidungen über dessen Einsatz zu treffen.

- **Genauigkeit über den gesamten Lebenszyklus des Systems aufrechtzuerhalten:** Das Gesetz verlangt von den Anbietern, sicherzustellen, dass ihre Systeme während ihres gesamten Lebenszyklus ein angemessenes Maß an Genauigkeit aufrechterhalten. Dies bedeutet, dass Anbieter eine kontinuierliche Überwachung und Bewertung implementieren müssen, um die Leistung des Systems zu verfolgen, potenzielle Genauigkeitsverschlechterungen zu identifizieren und bei Bedarf Korrekturmaßnahmen zu ergreifen.

**Messung der Genauigkeit: Ein Balanceakt**

Die Messung der Genauigkeit ist nicht immer einfach, insbesondere bei komplexen KI-Systemen. Es beinhaltet oft, Kompromisse zwischen verschiedenen Arten von Fehlern einzugehen und den Kontext zu berücksichtigen, in dem das System eingesetzt wird.

Betrachten wir ein Beispiel aus dem medizinischen Bereich: ein KI-System, das zur Diagnose einer bestimmten Krankheit entwickelt wurde. Die Genauigkeit des Systems kann in Bezug auf seine Sensitivität und Spezifität gemessen werden:

- **Sensitivität:** Dies bezieht sich auf die Fähigkeit des Systems, Personen korrekt zu identifizieren, die die Krankheit haben. Ein hochsensitives System wird die meisten Personen korrekt identifizieren, die die Krankheit haben, und das Risiko von Falsch-Negativen minimieren.

- **Spezifität:** Dies bezieht sich auf die Fähigkeit des Systems, Personen korrekt zu identifizieren, die die Krankheit nicht haben. Ein hochspezifisches System wird die meisten Personen korrekt identifizieren, die die Krankheit nicht haben, und das Risiko von Falsch-Positiven minimieren.

Idealerweise hätte ein KI-System sowohl eine hohe Sensitivität als auch eine hohe Spezifität. Allerdings ist es oft eine Herausforderung, beides zu erreichen, da die Erhöhung des einen oft auf Kosten des anderen geht. Zum Beispiel könnte ein System, das sehr sensitiv ist, viele Personen als potenzielle Krankheitsträger kennzeichnen, selbst wenn sie es nicht sind. Dies könnte zu unnötiger Angst, invasiven Tests und unnötiger Behandlung führen. Andererseits könnte ein System, das sehr spezifisch ist, einige Personen übersehen, die tatsächlich die Krankheit haben, was die Diagnose und Behandlung verzögern könnte.

Das angemessene Gleichgewicht zwischen Sensitivität und Spezifität hängt von der spezifischen Krankheit und den Konsequenzen verschiedener Arten von Fehlern ab. Bei einer leicht behandelbaren Krankheit könnte eine höhere Sensitivität vorzuziehen sein, selbst wenn dies zu mehr Falsch-Positiven führt. Bei einer schwer zu behandelnden Krankheit oder einer Krankheit mit schwerwiegenden Nebenwirkungen könnte jedoch eine höhere Spezifität vorzuziehen sein, selbst wenn dies zu einigen Falsch-Negativen führt.

Das EU-KI-Gesetz erkennt an, dass die Messung der Genauigkeit kein Einheitsansatz ist. Es fördert die Entwicklung standardisierter Benchmarks und Messmethoden für KI-Systeme, überlässt es jedoch den Anbietern, die geeignetsten Metriken für ihre spezifischen Systeme zu bestimmen, wobei die beabsichtigte Verwendung und die potenziellen Konsequenzen von Fehlern berücksichtigt werden.

**Robustheit: Aufbau von Resilienz gegenüber Fehlern und unerwarteten Eingaben**

Robustheit im Kontext von KI-Systemen bezieht sich auf die Fähigkeit des Systems, auch in Anwesenheit von Fehlern, Störungen oder unerwarteten Eingaben zuverlässig zu funktionieren. Es geht darum, Resilienz aufzubauen und sicherzustellen, dass das System nicht zusammenbricht oder unzuverlässige Ausgaben produziert, wenn es mit Herausforderungen oder Abweichungen von seinen normalen Betriebsbedingungen konfrontiert wird.

Die reale Welt ist unübersichtlich und unvorhersehbar. KI-Systeme werden oft in Umgebungen eingesetzt, in denen sie auf verrauschte Daten, unerwartete Ereignisse oder sogar bösartige Versuche stoßen, ihr Verhalten zu manipulieren. Ein robustes KI-System kann diese Herausforderungen elegant meistern, Fehler minimieren und eine zuverlässige Leistung aufrechterhalten.

Das EU-KI-Gesetz verlangt, dass Hochrisiko-KI-Systeme so widerstandsfähig wie möglich gegenüber Fehlern, Störungen oder Inkonsistenzen sind, die im System oder in der Umgebung, in der es betrieben wird, auftreten können. Diese Robustheitsanforderung ist besonders wichtig für Systeme, die:

- **Mit der physischen Welt interagieren:** Systeme, die physische Geräte steuern, wie selbstfahrende Autos oder Roboter, müssen robust sein, um unerwartete Ereignisse zu bewältigen und physischen Schaden zu verhindern.

- **Sensible Daten verarbeiten:** Systeme, die personenbezogene Daten verarbeiten, wie medizinische Unterlagen oder Finanzinformationen, müssen robust sein, um Datenverletzungen zu verhindern und die Privatsphäre der Einzelpersonen zu schützen.

- **Entscheidungen mit erheblichen Konsequenzen treffen:** Systeme, die Entscheidungen treffen, die erhebliche Auswirkungen auf das Leben von Menschen haben, wie Kreditanträge oder Bewährungsentscheidungen, müssen robust sein, um unfaire oder schädliche Ergebnisse zu verhindern.

**Strategien zur Verbesserung der Robustheit: Einbau von Sicherheitsvorkehrungen**

Es gibt mehrere Strategien, die KI-Entwickler anwenden können, um die Robustheit ihrer Systeme zu verbessern:

- **Redundanz:** Dies beinhaltet den Einbau von Backup-Systemen oder -Komponenten, die übernehmen können, wenn ein primäres System oder eine primäre Komponente ausfällt. Zum Beispiel könnte ein selbstfahrendes Auto redundante Sensoren und Steuersysteme haben, die übernehmen, wenn ein primärer Sensor oder ein primäres Steuersystem eine Fehlfunktion hat.

- **Fail-Safe-Mechanismen:** Dies sind Funktionen, die so konzipiert sind, dass sie im Falle eines Fehlers oder einer Fehlfunktion aktiviert werden und das System in einen sicheren Zustand bringen. Zum Beispiel könnte ein Roboter, der in einer Fabrik arbeitet, einen Fail-Safe-Mechanismus haben, der ihn dazu bringt, sich nicht mehr zu bewegen, wenn er ein Hindernis auf seinem Weg erkennt, um Schäden oder Verletzungen zu verhindern.

- **Eingabevalidierung und -bereinigung:** Dies beinhaltet die Überprüfung und Reinigung der Daten, die in das System eingespeist werden, um Fehler, Inkonsistenzen oder bösartige Eingaben zu entfernen. Zum Beispiel könnte ein System, das Online-Formulare verarbeitet, Benutzereingaben validieren, um sicherzustellen, dass sie im richtigen Format sind und keinen schädlichen Code enthalten.

- **Gegnerisches Testen:** Dies beinhaltet die absichtliche Einführung von Fehlern oder gegnerischen Eingaben in das System, um seine Widerstandsfähigkeit zu testen und potenzielle Schwachstellen zu identifizieren. Zum Beispiel könnte ein Gesichtserkennungssystem gegen gegnerische Beispiele getestet werden, wie Bilder, die leicht verändert wurden, um das System zu täuschen.

- **Ensemble-Methoden:** Dies beinhaltet die Kombination der Ausgaben mehrerer KI-Modelle, um Genauigkeit und Robustheit zu verbessern. Zum Beispiel könnte ein medizinisches Diagnosesystem ein Ensemble von Modellen verwenden, von denen jedes auf einer anderen Teilmenge von Daten trainiert wurde, um das Risiko von Voreingenommenheit zu verringern und die Zuverlässigkeit seiner Diagnosen zu verbessern.

Durch die Anwendung dieser Strategien können KI-Entwickler Systeme schaffen, die widerstandsfähiger gegenüber Fehlern und unerwarteten Eingaben sind, das Risiko von Schäden minimieren und Vertrauen in ihre Anwendungen fördern.

### Cybersicherheit: Schutz von KI-Systemen vor Angriffen

Cybersicherheit im Kontext von KI-Systemen bezieht sich auf den Schutz dieser Systeme vor unbefugtem Zugriff, Manipulation oder Unterbrechung. Da KI-Systeme immer häufiger und leistungsfähiger werden, werden sie zu immer attraktiveren Zielen für Cyberangriffe. Ein erfolgreicher Angriff auf ein KI-System könnte schwerwiegende Konsequenzen haben, die zu Datenverletzungen, Systemfehlfunktionen oder sogar zur Manipulation der Systemausgaben führen könnten, um schädliche Ergebnisse zu produzieren.

Das EU-KI-Gesetz erkennt die Bedeutung der Cybersicherheit für Hochrisiko-KI-Systeme an. Es verlangt von den Anbietern, geeignete Cybersicherheitsmaßnahmen zu implementieren, um ihre Systeme vor Angriffen zu schützen. Die spezifischen erforderlichen Maßnahmen variieren je nach Funktionalität des Systems, der Sensibilität der von ihm verarbeiteten Daten und den potenziellen Konsequenzen eines erfolgreichen Angriffs. Sie könnten jedoch Folgendes beinhalten:

- **Zugriffskontrolle:** Begrenzung des Zugriffs auf das System und seine Daten auf autorisierte Benutzer. Dies könnte die Verwendung starker Passwörter, Mehr-Faktor-Authentifizierung und rollenbasierte Zugriffskontrolle beinhalten.

- **Verschlüsselung:** Schutz von Daten im Ruhezustand und im Transit durch Verschlüsselung. Dies macht es für Angreifer schwieriger, die Daten zu stehlen oder zu manipulieren, selbst wenn sie Zugriff auf das System erlangen.

- **Regelmäßige Sicherheitsupdates:** Halten Sie die Software und Firmware des Systems mit den neuesten Sicherheitspatches auf dem neuesten Stand. Dies hilft, bekannte Schwachstellen zu schützen, die von Angreifern ausgenutzt werden könnten.

- **Sicherheitsprüfungen:** Regelmäßige Durchführung von Sicherheitsprüfungen, um potenzielle Schwachstellen zu identifizieren und die Wirksamkeit bestehender Sicherheitsmaßnahmen zu bewerten.

- **Notfallplan:** Entwicklung eines Notfallplans, der die im Falle eines Cybersicherheitsvorfalls zu ergreifenden Schritte umreißt. Dieser Plan sollte Verfahren zur Erkennung und Eindämmung des Vorfalls, zur Wiederherstellung nach dem Vorfall und zur Benachrichtigung betroffener Personen und Behörden enthalten.

## Cybersicherheit in der KI-Wertschöpfungskette: Eine gemeinsame Anstrengung

Cybersicherheit ist nicht nur die Verantwortung des Anbieters; es ist eine gemeinsame Verantwortung, die sich durch die gesamte KI-Wertschöpfungskette erstreckt. Dies bedeutet, dass alle, die an der Entwicklung, Bereitstellung und Nutzung von KI-Systemen beteiligt sind, sich der Cybersicherheitsrisiken bewusst sein und entsprechende Vorsichtsmaßnahmen ergreifen müssen.

Zum Beispiel müssen Datenanbieter ihre Datensätze sichern, Modellentwickler müssen Sicherheit in ihre Modelle einbauen, und Bereitsteller müssen geeignete Sicherheitsmaßnahmen in ihren Betriebsumgebungen implementieren.

Das EU-KI-Gesetz fördert die Zusammenarbeit und den Informationsaustausch in der gesamten KI-Wertschöpfungskette, um die Cybersicherheit zu fördern. Es verlangt von den Anbietern, den nachgelagerten Akteuren die Informationen und den technischen Zugang zur Verfügung zu stellen, die sie benötigen, um geeignete Sicherheitsmaßnahmen zu implementieren.

Dieser kooperative Ansatz erkennt an, dass Cybersicherheit eine komplexe und sich entwickelnde Herausforderung ist, die eine kollektive Anstrengung erfordert, um sie anzugehen. Durch die Zusammenarbeit und den Informationsaustausch über Bedrohungen und Schwachstellen können die Akteure in der KI-Wertschöpfungskette dazu beitragen, ein sichereres und widerstandsfähigeres KI-Ökosystem zu schaffen.

## Genauigkeit, Robustheit und Cybersicherheit: Verknüpfte Anforderungen

Genauigkeit, Robustheit und Cybersicherheit sind keine unabhängigen Anforderungen; sie sind miteinander verbunden und verstärken sich gegenseitig. Ein System, das genau, aber nicht robust ist, könnte unzuverlässige Ausgaben produzieren, wenn es mit Fehlern oder unerwarteten Eingaben konfrontiert wird. Ein System, das robust, aber nicht sicher ist, könnte anfällig für Angriffe sein, die seine Genauigkeit oder Zuverlässigkeit beeinträchtigen könnten. Und ein System, das sicher, aber nicht genau ist, könnte Ausgaben produzieren, die irreführend oder sogar schädlich sind, obwohl es vor Angriffen geschützt ist.

Das EU-KI-Gesetz erkennt diese Interdependenz an und betont, dass Hochrisiko-KI-Systeme alle drei Anforderungen erfüllen müssen, um ihre Vertrauenswürdigkeit zu gewährleisten. Es reicht nicht aus, dass ein System unter idealen Bedingungen genau ist; es muss auch in der Lage sein, reale Herausforderungen zu bewältigen und böswillige Angriffe zu überstehen.

Diese technischen Anforderungen, kombiniert mit den anderen Prinzipien der vertrauenswürdigen KI, die wir besprochen haben, bieten einen umfassenden Rahmen, um sicherzustellen, dass Hochrisiko-KI-Systeme verantwortungsvoll entwickelt und eingesetzt werden. Durch die Erfüllung dieser Anforderungen können KI-Entwickler und -Anwender Vertrauen in die KI-Technologie aufbauen und den Weg für eine Zukunft ebnen, in der KI der Gesellschaft nutzt und gleichzeitig individuelle Rechte und Freiheiten schützt.

# KAPITEL ELF: Die Rolle der Anbieter: Verantwortlichkeiten und Verpflichtungen

Wir haben uns mit den Kernprinzipien des EU-KI-Gesetzes befasst, seine Verbote unzulässiger KI-Praktiken und seine Anforderungen an Hochrisiko-KI-Systeme untersucht. Wenden wir uns nun denjenigen zu, die diese Systeme ins Leben rufen: den Anbietern.

Anbieter sind die Unternehmen oder Einzelpersonen, die KI-Systeme entwickeln und sie auf den Markt bringen oder innerhalb der EU in Betrieb nehmen. Sie sind die Architekten dieser mächtigen Technologien, diejenigen, die die Algorithmen entwickeln, die Modelle trainieren und letztendlich die Fähigkeiten und Grenzen von KI-Systemen gestalten.

Das EU-KI-Gesetz legt Anbietern erhebliche Verantwortlichkeiten auf, da es anerkennt, dass sie eine entscheidende Rolle bei der Sicherstellung der Vertrauenswürdigkeit von KI spielen. Schließlich kann die Art und Weise, wie ein KI-System entwickelt, entwickelt und dokumentiert wird, einen tiefgreifenden Einfluss auf seine Sicherheit, Fairness und den gesamten Einfluss auf die Gesellschaft haben.

Die Anforderungen des Gesetzes an Anbieter zielen darauf ab, sicherzustellen, dass sie einen proaktiven und verantwortungsvollen Ansatz für die KI-Entwicklung verfolgen, Sicherheitsvorkehrungen in ihre Systeme einbetten und den Einsatzkräften und Benutzern die Informationen zur Verfügung stellen, die sie benötigen, um diese Systeme sicher und ethisch zu nutzen.

Lassen Sie uns die wichtigsten Verantwortlichkeiten und Verpflichtungen untersuchen, die das EU-KI-Gesetz den Anbietern auferlegt:

**Einhaltung der Anforderungen an Hochrisiko-KI-Systeme: Den Maßstab für Vertrauenswürdigkeit setzen**

Wie wir in den vorherigen Kapiteln gesehen haben, stellt das EU-KI-Gesetz spezifische Anforderungen an Hochrisiko-KI-Systeme, die Bereiche wie Risikomanagement, Datenqualität, Transparenz, menschliche Aufsicht, Genauigkeit, Robustheit und Cybersicherheit umfassen. Diese Anforderungen zielen darauf ab, die potenziellen Schäden im Zusammenhang mit diesen Systemen zu mildern und sicherzustellen, dass sie verantwortungsvoll entwickelt und eingesetzt werden.

Anbieter von Hochrisiko-KI-Systemen tragen die Hauptverantwortung dafür, dass ihre Systeme diese Anforderungen erfüllen. Das bedeutet, dass sie:

- **Robuste Risikomanagementsysteme implementieren müssen:** Anbieter müssen umfassende Risikomanagementsysteme einrichten und umsetzen, die alle Phasen des Lebenszyklus des KI-Systems abdecken, von Design und Entwicklung bis hin zu Einsatz und Nachmarktüberwachung. Dies umfasst die Identifizierung potenzieller Risiken, die Bewertung ihrer Schwere und Wahrscheinlichkeit, die Implementierung von Minderungsstrategien und die kontinuierliche Überwachung und Überprüfung der Systemleistung.

- **Datenqualität und -governance sicherstellen müssen:** Anbieter müssen sicherstellen, dass die Daten, die zum Trainieren, Validieren und Testen ihrer Hochrisiko-KI-Systeme verwendet werden, hohen Qualitätsstandards entsprechen, relevant, repräsentativ, genau und frei von Verzerrungen sind. Sie müssen auch klare Datengovernance-Richtlinien einrichten, um einen verantwortungsvollen Umgang mit Daten zu gewährleisten und den Datenschutz von Einzelpersonen zu schützen.

- **Transparenz und Erklärbarkeit fördern müssen:** Anbieter müssen ihre Systeme so gestalten, dass sie für

Einsatzkräfte und Benutzer transparent und erklärbar sind. Dies umfasst die Bereitstellung klarer Informationen über die Funktionalität des Systems, seine Fähigkeiten und Grenzen, die Daten, die es verwendet, und die Faktoren, die seine Entscheidungen beeinflussen. In einigen Fällen können Anbieter auch verpflichtet sein, Erklärungen für einzelne Entscheidungen des Systems bereitzustellen.

- **Menschliche Aufsicht ermöglichen müssen:** Anbieter müssen ihre Systeme so gestalten, dass eine effektive menschliche Aufsicht möglich ist. Das bedeutet, sicherzustellen, dass menschliche Bediener den Betrieb des Systems überwachen, seine Ausgaben verstehen, bei Bedarf eingreifen und letztendlich die Kontrolle über die Auswirkungen des Systems behalten können.

- **Genauigkeit, Robustheit und Cybersicherheit gewährleisten müssen:** Anbieter müssen sicherstellen, dass ihre Systeme genau, robust und sicher sind, zuverlässig unter verschiedenen Bedingungen arbeiten und bösartige Angriffe überstehen. Dies umfasst die Implementierung geeigneter Test- und Validierungsverfahren, den Einbau von Redundanz und Failsafe-Mechanismen und die Implementierung robuster Cybersicherheitsmaßnahmen.

Die Erfüllung dieser Anforderungen ist nicht nur eine rechtliche Verpflichtung; es ist auch eine Frage der ethischen Verantwortung. Anbieter haben die Pflicht, KI-Systeme zu entwickeln, die sicher, fair und für die Gesellschaft von Vorteil sind. Durch die Einhaltung der Anforderungen des KI-Gesetzes können Anbieter ihr Engagement für vertrauenswürdige KI demonstrieren und zu einer Zukunft beitragen, in der KI eine Kraft für das Gute ist.

### Bereitstellung klarer Informationen: Einsatzkräfte und Benutzer befähigen

Wie wir im Kapitel über Transparenz und Information gesehen haben, haben Anbieter die Verpflichtung, Einsatzkräften und

Benutzern klare und verständliche Informationen über ihre Hochrisiko-KI-Systeme zur Verfügung zu stellen. Diese Informationen sind entscheidend, um sicherzustellen, dass diese Systeme verantwortungsvoll und ethisch eingesetzt werden, das Risiko von Fehlern, Fehlfunktionen und unbeabsichtigten Folgen zu minimieren.

Das KI-Gesetz verpflichtet Anbieter, diese Informationen auf verschiedene Weise bereitzustellen:

**Gebrauchsanweisungen: Ein umfassender Leitfaden für Einsatzkräfte**

Hochrisiko-KI-Systeme müssen von detaillierten Gebrauchsanweisungen begleitet werden, die Einsatzkräften die Informationen zur Verfügung stellen, die sie benötigen, um das System sicher und effektiv zu implementieren und zu betreiben. Diese Anweisungen sollten eine Vielzahl von Themen abdecken, einschließlich:

- **Systemübersicht:** Eine allgemeine Beschreibung des Systems, seines beabsichtigten Zwecks, seiner Hauptmerkmale sowie seiner Fähigkeiten und Grenzen.

- **Datenanforderungen:** Klare Spezifikationen für die zum Betrieb des Systems erforderlichen Daten, einschließlich Typ, Format, Qualität und Menge der benötigten Daten.

- **Menschliche Aufsichtsmaßnahmen:** Detaillierte Anweisungen zu den Maßnahmen der menschlichen Aufsicht, die für die sichere und verantwortungsvolle Nutzung des Systems erforderlich sind.

- **Installation und Konfiguration:** Anweisungen zur Installation und Konfiguration des Systems, einschließlich aller erforderlichen Hardware- oder Softwareanforderungen.

- **Betrieb und Wartung:** Anweisungen zum Betrieb und zur Wartung des Systems, einschließlich Verfahren zur Behandlung von Fehlern, Fehlfunktionen und Updates.

- **Cybersicherheitsmaßnahmen:** Informationen zu den implementierten Cybersicherheitsmaßnahmen zum Schutz des Systems vor Angriffen.

- **Kontaktinformationen:** Kontaktdaten des Anbieters, einschließlich technischer Support- und Kundenservice-Informationen.

## Transparenz für Benutzer: Förderung von Verständnis und Vertrauen

Anbieter haben auch die Verantwortung, Transparenz für Benutzer ihrer Hochrisiko-KI-Systeme sicherzustellen, insbesondere wenn diese Systeme Entscheidungen treffen, die einen erheblichen Einfluss auf das Leben der Menschen haben. Diese Transparenz kann durch verschiedene Mittel erreicht werden, einschließlich:

- **Bereitstellung klarer Erklärungen:** In Fällen, in denen das Gesetz Einzelpersonen das Recht auf Erklärung gewährt, sollten Anbieter ihre Systeme so gestalten, dass klare und sinnvolle Erklärungen des Entscheidungsprozesses des Systems bereitgestellt werden können. Dies könnte die Bereitstellung von Erklärungen für einzelne Entscheidungen, die Hervorhebung der wichtigsten Faktoren, die die Entscheidung beeinflusst haben, oder die Visualisierung des Denkprozesses des Systems umfassen.

- **Benutzerkontrolle ermöglichen:** Anbieter sollten ihre Systeme so gestalten, dass Benutzer einen gewissen Grad an Kontrolle über den Betrieb des Systems haben. Dies könnte es Benutzern ermöglichen, die Systemeinstellungen anzupassen, Feedback zu seinen Ausgaben zu geben oder bestimmte Funktionen abzulehnen.

- **KI-Beteiligung offenlegen:** Anbieter sollten sicherstellen, dass Benutzer wissen, wann sie mit einem KI-System interagieren, es sei denn, dies ist aus dem Kontext offensichtlich. Dies könnte die Bereitstellung einer klaren Benachrichtigung, wie z. B. „Sie chatten jetzt mit einem KI-Assistenten", oder die Verwendung visueller Hinweise, wie z. B. eines eindeutigen Avatars oder Interface-Designs, um die KI-Beteiligung anzuzeigen.

## Qualitätsmanagementsysteme: Sicherstellung einer konsistenten Einhaltung

Die Entwicklung vertrauenswürdiger KI-Systeme ist keine einmalige Anstrengung; es erfordert ein systematisches und kontinuierliches Engagement für Qualität. Das EU-KI-Gesetz verpflichtet Anbieter von Hochrisiko-KI-Systemen, Qualitätsmanagementsysteme einzurichten und umzusetzen, die eine konsistente Einhaltung der Anforderungen des Gesetzes sicherstellen.

Ein Qualitätsmanagementsystem ist ein Rahmen von Richtlinien, Verfahren und Prozessen, die darauf abzielen, sicherzustellen, dass eine Organisation Produkte oder Dienstleistungen, die bestimmte Qualitätsstandards erfüllen, kontinuierlich liefert. Im Kontext von KI hilft ein Qualitätsmanagementsystem Anbietern:

- **Qualität in den Entwicklungsprozess einzubetten:** Ein Qualitätsmanagementsystem hilft Anbietern, Qualität in ihre KI-Systeme von Grund auf einzubauen, und stellt sicher, dass sie so entwickelt, entwickelt und getestet werden, dass sie den Anforderungen des Gesetzes entsprechen.

- **Systemleistung zu überwachen und zu verbessern:** Ein Qualitätsmanagementsystem bietet einen Rahmen zur Überwachung der Leistung von KI-Systemen nach deren Einsatz, zur Identifizierung von Verbesserungsbereichen und zur Implementierung von Korrekturmaßnahmen.

- **Einhaltung von Vorschriften nachzuweisen:** Ein Qualitätsmanagementsystem liefert Nachweise dafür, dass ein Anbieter einen systematischen und proaktiven Ansatz zur Einhaltung der Anforderungen des KI-Gesetzes verfolgt, was hilfreich sein kann, um die Einhaltung gegenüber Regulierungsbehörden und anderen Interessengruppen nachzuweisen.

Das KI-Gesetz umreißt spezifische Elemente, die in ein Qualitätsmanagementsystem eines Anbieters aufgenommen werden sollten, wie z. B.:

- **Regulierungskonformitätsstrategie:** Ein Plan zur Sicherstellung der Einhaltung der Anforderungen des KI-Gesetzes, einschließlich Verfahren zur Durchführung von Konformitätsbewertungen, zur Handhabung von Nichteinhaltungen und zur Verwaltung von Änderungen am System.

- **Design- und Entwicklungsprozesse:** Dokumentierte Verfahren für das Design, die Entwicklung und das Testen von KI-Systemen, die sicherstellen, dass diese Prozesse robust, wiederholbar und auf die Anforderungen des Gesetzes abgestimmt sind.

- **Datenmanagementverfahren:** Verfahren zur Verwaltung der in KI-Systemen verwendeten Daten, einschließlich Datenerfassung, -speicherung, -verarbeitung, -weitergabe und -löschung.

- **Risikomanagementsystem:** Ein umfassendes Risikomanagementsystem, das alle Phasen des Lebenszyklus des KI-Systems abdeckt, wie in einem vorherigen Kapitel besprochen.

- **Post-Market-Überwachungssystem:** Ein System zur Überwachung der Leistung von KI-Systemen nach deren Einsatz, zur Sammlung von Feedback von Benutzern, zur

Identifizierung potenzieller Probleme und zur Implementierung von Korrekturmaßnahmen.

- **Meldeverfahren:** Verfahren zur Meldung schwerwiegender Vorfälle, Nichteinhaltungen und anderer relevanter Informationen an Regulierungsbehörden und andere Interessengruppen.

## Konformitätsbewertung: Einhaltung gegenüber Regulierungsbehörden nachweisen

Bevor ein Hochrisiko-KI-System auf den Markt gebracht oder innerhalb der EU in Betrieb genommen werden kann, muss es einem Konformitätsbewertungsverfahren unterzogen werden, um nachzuweisen, dass es die Anforderungen des Gesetzes erfüllt. Diese Bewertung kann vom Anbieter selbst oder von einer unabhängigen dritten Konformitätsbewertungsstelle durchgeführt werden.

Die spezifischen Konformitätsbewertungsverfahren variieren je nach Art des KI-Systems und dessen vorgesehenem Einsatz. Sie umfassen jedoch im Allgemeinen:

- **Dokumentenprüfung:** Überprüfung der technischen Dokumentation des Systems, einschließlich seiner Designspezifikationen, Risikobewertung, Datengovernance- und Managementpraktiken sowie Testergebnisse und Validierungen.

- **Tests und Validierung:** Durchführung unabhängiger Tests und Bewertungen des Systems, um seine Leistung und seine Einhaltung der Anforderungen des Gesetzes zu verifizieren.

- **Inspektion:** Überprüfung der Entwicklungs- und Produktionsprozesse des Systems, um sicherzustellen, dass sie mit den Anforderungen des Gesetzes übereinstimmen.

Sobald das Konformitätsbewertungsverfahren abgeschlossen ist, muss der Anbieter eine EU-Konformitätserklärung ausstellen, in der erklärt wird, dass das System die Anforderungen des Gesetzes erfüllt. Das System muss auch mit der CE-Kennzeichnung versehen werden, die ein Symbol ist, das die Einhaltung der EU-Vorschriften anzeigt.

## Post-Market-Überwachung: Kontinuierliche Wachsamkeit und Korrekturmaßnahmen

Die Einhaltung des KI-Gesetzes ist keine einmalige Angelegenheit; es ist eine fortlaufende Verpflichtung. Anbieter sind verpflichtet, die Leistung ihrer Hochrisiko-KI-Systeme nach deren Einsatz zu überwachen und nach Anzeichen von Problemen oder potenziellen Schäden zu suchen. Diese Post-Market-Überwachung hilft Anbietern:

- **Emergierende Risiken zu identifizieren:** Die Post-Market-Überwachung kann Anbietern helfen, Risiken zu identifizieren, die während des Entwicklungsprozesses nicht vorhergesehen wurden oder die durch Änderungen in der Umgebung, in der das System betrieben wird, auftreten.

- **Die Wirksamkeit von Minderungsmaßnahmen zu bewerten:** Die Post-Market-Überwachung ermöglicht es Anbietern, die Wirksamkeit der von ihnen implementierten Risikominderungsmaßnahmen bei der Reduzierung der Wahrscheinlichkeit und Schwere von Schäden zu bewerten.

- **Korrekturmaßnahmen zu ergreifen:** Wenn die Post-Market-Überwachung Probleme oder potenzielle Schäden aufzeigt, sind Anbieter verpflichtet, Korrekturmaßnahmen zu ergreifen, um diese Probleme zu beheben. Dies kann die Aktualisierung der Software des Systems, die Bereitstellung zusätzlicher Schulungen für Einsatzkräfte oder sogar den Rückruf des Systems vom Markt umfassen.

Das KI-Gesetz verpflichtet Anbieter, ein Post-Market-Überwachungssystem einzurichten und umzusetzen, das dem durch das KI-System ausgehenden Risiko angemessen ist. Dieses System sollte Verfahren umfassen für:

- **Informationen sammeln:** Sammlung von Informationen über die Systemleistung aus verschiedenen Quellen, wie Einsatzkräfte, Benutzer und andere Interessengruppen. Dies kann die Sammlung von Benutzerfeedback, die Analyse von Systemprotokollen oder die Durchführung von Umfragen umfassen.

- **Informationen analysieren:** Analyse der gesammelten Informationen, um potenzielle Probleme, Trends oder emergierende Risiken zu identifizieren.

- **Korrekturmaßnahmen ergreifen:** Implementierung von Korrekturmaßnahmen zur Behebung identifizierter Probleme oder Risiken. Dies kann die Aktualisierung der Software des Systems, die Bereitstellung zusätzlicher Schulungen für Einsatzkräfte oder den Rückruf des Systems vom Markt umfassen.

- **Behörden melden:** Meldung schwerwiegender Vorfälle, Nichteinhaltungen und anderer relevanter Informationen an die für die Marktüberwachung zuständigen nationalen Behörden.

**Meldung schwerwiegender Vorfälle: Prompte Benachrichtigung und Untersuchung**

In Fällen, in denen ein Hochrisiko-KI-System einen schwerwiegenden Vorfall verursacht oder dazu beiträgt, sind Anbieter verpflichtet, den Vorfall unverzüglich den nationalen Behörden zu melden. Ein schwerwiegender Vorfall ist definiert als ein Vorfall oder eine Fehlfunktion des Systems, der zu Folgendem führt:

- **Tod oder schwere Verletzung:** Das System verursacht oder trägt zum Tod einer Person oder zu einer schweren Gesundheitsgefährdung bei.

- **Unterbrechung kritischer Infrastrukturen:** Das System verursacht eine schwerwiegende und irreversible Unterbrechung des Managements oder Betriebs kritischer Infrastrukturen, wie Stromnetze, Wasseraufbereitungsanlagen oder Verkehrsnetze.

- **Verletzung von Grundrechten:** Das System verursacht oder trägt zu einer Verletzung von Verpflichtungen aus dem EU-Recht bei, die darauf abzielen, Grundrechte wie das Recht auf Privatsphäre, Nichtdiskriminierung oder rechtliches Gehör zu schützen.

- **Sach- oder Umweltschäden:** Das System verursacht erhebliche Sach- oder Umweltschäden.

Die Meldepflichten für schwerwiegende Vorfälle sind darauf ausgelegt, sicherzustellen, dass die Behörden über potenzielle Probleme mit Hochrisiko-KI-Systemen informiert sind, sodass sie geeignete Maßnahmen zum Schutz der Öffentlichkeit ergreifen können. Wenn ein schwerwiegender Vorfall gemeldet wird, können nationale Behörden den Vorfall untersuchen, den Anbieter auffordern, Korrekturmaßnahmen zu ergreifen, oder das System sogar vom Markt verbieten.

### Die Bedeutung der Anbieterverantwortung: Eine Grundlage für vertrauenswürdige KI

Das EU-KI-Gesetz legt Anbietern erhebliche Verantwortlichkeiten auf, da es anerkennt, dass sie eine zentrale Rolle bei der Gestaltung der Vertrauenswürdigkeit von KI-Systemen spielen. Durch die Einhaltung der Anforderungen des Gesetzes können Anbieter ihr Engagement für die Entwicklung und den Einsatz von KI auf verantwortungsvolle und ethische Weise demonstrieren.

Anbieterverantwortung geht nicht nur darum, rechtliche Strafen zu vermeiden; es geht darum, Vertrauen in die KI-Technologie aufzubauen und den Weg für eine Zukunft zu ebnen, in der KI der Gesellschaft zugutekommt, während sie die Rechte und Freiheiten des Einzelnen schützt.

# KAPITEL ZWÖLF:
## Qualitätsmanagementsysteme: Sicherstellung konsistenter Konformität

Wir haben die spezifischen Anforderungen besprochen, die das EU-KI-Gesetz an Hochrisiko-KI-Systeme stellt, und alles von Risikomanagement und Datenqualität bis hin zu Transparenz und menschlicher Aufsicht abgedeckt. Es handelt sich um einen umfassenden Satz von Regeln, der darauf abzielt, sicherzustellen, dass diese Systeme verantwortungsvoll entwickelt und eingesetzt werden. Aber wie stellen wir sicher, dass diese Anforderungen nicht nur Worte auf Papier sind? Wie stellen wir sicher, dass sie im gesamten Lebenszyklus des KI-Systems konsequent angewendet werden? Hier kommen Qualitätsmanagementsysteme (QMS) ins Spiel.

Stellen Sie sich ein QMS als einen strukturierten Ansatz zur Qualitätskontrolle vor, als einen Satz von Richtlinien und Verfahren, die Organisationen helfen, Qualität in ihre Prozesse und Produkte einzubauen. Es ist wie ein Bauplan für Qualität, der sicherstellt, dass alle Beteiligten im Prozess wissen, was von ihnen erwartet wird und wie sie das gewünschte Qualitätsniveau erreichen können.

Im Kontext des EU-KI-Gesetzes hilft ein QMS Anbietern von Hochrisiko-KI-Systemen, ihr Engagement für die Einhaltung der Vorschriften zu demonstrieren. Es ist eine Möglichkeit zu zeigen, dass sie nicht nur versuchen, das absolute Minimum zu erreichen, sondern aktiv daran arbeiten, sicherzustellen, dass ihre Systeme die hohen Standards des Gesetzes erfüllen. Ein gut implementiertes QMS bietet einen Rahmen für kontinuierliche Verbesserungen und ermöglicht es Anbietern, aus ihren Erfahrungen zu lernen, Bereiche für Verbesserungen zu identifizieren und ihre KI-Systeme letztlich noch vertrauenswürdiger zu machen.

**Wesentliche Bestandteile eines QMS für Hochrisiko-KI-Systeme**

Das EU-KI-Gesetz schreibt kein einheitliches QMS für jeden Anbieter vor. Es erkennt an, dass verschiedene Organisationen unterschiedliche Strukturen, Prozesse und Ressourcen haben. Das Gesetz skizziert jedoch spezifische Elemente, die in ein QMS für Hochrisiko-KI-Systeme aufgenommen werden sollten. Diese Elemente decken verschiedene Aspekte des Lebenszyklus des KI-Systems ab, von Design und Entwicklung bis hin zu Nachmarktüberwachung und Berichterstattung.

Schauen wir uns diese wesentlichen Bestandteile genauer an:

**1. Regulierungskonformitätsstrategie: Ein Leitfaden zur Einhaltung der Vorschriften**

Ein robustes QMS beginnt mit einem klaren Plan für die Einhaltung der Vorschriften. Anbieter benötigen eine dokumentierte Strategie, die darlegt, wie sie die Anforderungen des EU-KI-Gesetzes erfüllen werden. Stellen Sie sich dies als einen Leitfaden zur Navigation durch die regulatorische Landschaft vor, der sicherstellt, dass der Anbieter auf dem richtigen Weg bleibt und nicht in den Bereich der Nichteinhaltung abdriftet.

Diese Strategie sollte verschiedene Aspekte der Einhaltung der Vorschriften umfassen, einschließlich:

- **Verständnis der Anforderungen:** Ein klares Verständnis der spezifischen Anforderungen des KI-Gesetzes für Hochrisikosysteme, angepasst an die speziellen Systeme des Anbieters und deren vorgesehene Verwendung. Dies bedeutet, über ein allgemeines Bewusstsein für das Gesetz hinauszugehen und in die detaillierten Bestimmungen einzutauchen, die auf ihre spezifischen KI-Systeme anwendbar sind.

- **Konformitätsbewertungsverfahren:** Dokumentierte Verfahren zur Durchführung von Konformitätsbewertungen, die zeigen, dass die Systeme die Anforderungen des Gesetzes erfüllen, bevor sie auf den Markt gebracht oder in Betrieb genommen werden. Dazu gehört die Identifizierung der geeigneten Konformitätsbewertungsmodule, die Auswahl qualifizierter Prüfer (ob intern oder extern) und die Einrichtung eines klaren Prozesses zur Dokumentation der Bewertungsergebnisse.

- **Handhabung von Nichteinhaltung:** Verfahren zur Handhabung von Situationen, in denen festgestellt wird, dass ein KI-System die Anforderungen des Gesetzes nicht erfüllt. Dies könnte die Untersuchung der Ursache der Nichteinhaltung, die Umsetzung von Korrekturmaßnahmen und die Benachrichtigung der zuständigen Behörden, falls erforderlich, umfassen.

- **Änderungsmanagement:** Ein System zur Verwaltung von Änderungen am KI-System, das sicherstellt, dass alle Modifikationen hinsichtlich ihrer Auswirkungen auf die Einhaltung der Vorschriften bewertet werden und dass die notwendigen Aktualisierungen der Dokumentation und der Konformitätsbewertungen durchgeführt werden. Dies hilft, eine Situation zu vermeiden, in der ein ursprünglich konformes System nach vorgenommenen Änderungen nicht mehr konform ist.

Eine gut definierte Regulierungskonformitätsstrategie stellt sicher, dass der Anbieter die KI-Entwicklung von Anfang an mit der Einhaltung der Vorschriften im Blick angeht. Es geht darum, potenzielle Konformitätsprobleme proaktiv anzugehen, anstatt auf Probleme zu reagieren, nachdem sie aufgetreten sind.

## 2. Design- und Entwicklungsprozesse: Qualität von Anfang an einbauen

Der Aufbau vertrauenswürdiger KI-Systeme erfordert mehr als nur gute Absichten; es erfordert robuste Design- und Entwicklungsprozesse. Anbieter benötigen dokumentierte Verfahren, die jede Phase der Erstellung des KI-Systems leiten, von der ersten Konzeption bis zum endgültigen Test und zur Validierung. Stellen Sie sich diese Verfahren als die Qualitätskontrollprüfungen im gesamten Entwicklungsprozess des Systems vor, die sicherstellen, dass jede Phase mit Präzision und Detailgenauigkeit durchgeführt wird.

Diese Verfahren sollten verschiedene Aspekte von Design und Entwicklung abdecken, einschließlich:

- **Anforderungserhebung:** Ein Prozess zur klaren Definition der Systemanforderungen unter Berücksichtigung der beabsichtigten Verwendung, der Zielnutzer, der potenziellen Risiken und der relevanten ethischen Überlegungen. Dies stellt sicher, dass das System mit einem klaren Verständnis seines Zwecks und seiner potenziellen Auswirkungen gebaut wird.

- **Designdetails:** Dokumentierte Spezifikationen, die die Architektur, Algorithmen, Datenstrukturen und andere technische Details des Systems umreißen. Diese Spezifikationen bieten einen Bauplan für die Entwicklung des Systems und stellen sicher, dass alle Beteiligten auf ein gemeinsames Ziel hinarbeiten.

- **Codierungsstandards:** Richtlinien für das Schreiben von hochwertigem, wartbarem und sicherem Code. Dies könnte die Verwendung bestimmter Programmiersprachen, die Befolgung etablierter bewährter Verfahren und die Implementierung von Code-Reviews umfassen, um Konsistenz und Qualität sicherzustellen.

- **Testen und Validierung:** Ein umfassender Test- und Validierungsplan, der alle Aspekte der Funktionalität des Systems abdeckt, einschließlich seiner Genauigkeit, Robustheit und Cybersicherheit. Dieser Plan sollte die speziellen durchzuführenden Tests, die Kriterien für das Bestehen oder Nichtbestehen von Tests und die Verfahren zur Dokumentation der Ergebnisse umreißen.

Diese detaillierten Verfahren stellen sicher, dass das KI-System auf einer soliden Basis der Qualität aufgebaut wird, wodurch die Wahrscheinlichkeit von Fehlern, Schwachstellen und unbeabsichtigten Folgen verringert wird.

## 3. Datenmanagementverfahren: Verantwortungsvoller Umgang mit dem KI-Treibstoff

Wie wir gesehen haben, sind Daten das Lebenselixier von KI-Systemen, insbesondere von solchen, die maschinelles Lernen verwenden. Die Qualität, Relevanz und Repräsentativität der Daten beeinflussen direkt die Leistung und Vertrauenswürdigkeit des Systems. Anbieter benötigen robuste Verfahren für das Management dieser Daten während ihres gesamten Lebenszyklus, um sicherzustellen, dass sie verantwortungsvoll, sicher und ethisch gehandhabt werden.

Diese Verfahren sollten verschiedene Aspekte des Datenmanagements abdecken, einschließlich:

- **Datenerfassung:** Ein Prozess zur Erfassung von Daten aus zuverlässigen Quellen, der sicherstellt, dass sie für den beabsichtigten Zweck des Systems relevant sind und die Qualitätskriterien des Gesetzes erfüllen. Dies könnte die Einrichtung von Partnerschaften mit Datenanbietern, die Nutzung öffentlich verfügbarer Datensätze oder die direkte Erfassung von Daten von Nutzern mit deren informierter Zustimmung umfassen.

- **Datenspeicherung:** Sichere Speicherlösungen zum Schutz der Daten vor unbefugtem Zugriff, Verlust oder Beschädigung. Dies könnte die Verwendung von Verschlüsselung, Zugriffskontrollen und Backup-Systemen umfassen.

- **Datenverarbeitung:** Dokumentierte Verfahren zur Verarbeitung der Daten, einschließlich Reinigung, Kennzeichnung, Anonymisierung und Transformation in ein für das KI-System geeignetes Format. Diese Verfahren sollten transparent und prüfbar sein, um Überprüfung und Rechenschaftspflicht zu ermöglichen.

- **Datenfreigabe:** Richtlinien und Verfahren zur Freigabe von Daten an andere Organisationen oder Einzelpersonen, die die Einhaltung der Datenschutzvorschriften und ethischer Überlegungen sicherstellen. Dies könnte die Anonymisierung der Daten, die Einholung der Zustimmung der betroffenen Personen oder die Nutzung sicherer Datenaustauschplattformen umfassen.

- **Datenaufbewahrung und -löschung:** Richtlinien, wie lange Daten aufbewahrt werden und wie sie gelöscht werden, wenn sie nicht mehr benötigt werden, um die Einhaltung der rechtlichen und ethischen Anforderungen sicherzustellen.

Diese Datenmanagementverfahren sind entscheidend, um sicherzustellen, dass das KI-System auf einer Basis vertrauenswürdiger Daten aufgebaut wird, wodurch das Risiko von Verzerrungen, Fehlern und Datenschutzverletzungen verringert wird.

## 4. Risikomanagementsystem: Proaktive Identifizierung und Minderung potenzieller Schäden

Ein zentraler Bestandteil jedes QMS für Hochrisiko-KI-Systeme ist ein umfassendes Risikomanagementsystem. Dieses System bietet einen Rahmen für die proaktive Identifizierung, Bewertung und Minderung potenzieller Risiken im gesamten Lebenszyklus des KI-Systems.

Wie in einem vorherigen Kapitel besprochen, sollte ein Risikomanagementsystem Folgendes umfassen:

- **Risikoerkennung:** Ein Prozess zur systematischen Identifizierung potenzieller Risiken im Zusammenhang mit dem KI-System unter Berücksichtigung seiner beabsichtigten Verwendung, seiner potenziellen Auswirkungen auf Einzelpersonen und die Gesellschaft sowie der verschiedenen Möglichkeiten, wie es fehlfunktionieren oder missbraucht werden könnte.

- **Risikobewertung:** Eine Methode zur Bewertung der Schwere und Wahrscheinlichkeit jedes identifizierten Risikos, wobei diejenigen priorisiert werden, die am wahrscheinlichsten auftreten und die das Potenzial haben, den größten Schaden zu verursachen.

- **Risikominderung:** Ein Plan zur Implementierung von Maßnahmen zur Reduzierung oder Beseitigung der identifizierten Risiken, der auf die spezifischen Risiken und den Kontext, in dem das System verwendet wird, zugeschnitten ist. Dies könnte die Verbesserung der Datenqualität, die Erhöhung der Systemrobustheit, die Implementierung von Maßnahmen zur menschlichen Aufsicht, die Stärkung der Cybersicherheit oder die Entwicklung klarer Richtlinien und Vorschriften für die Nutzung des Systems umfassen.

- **Risikoüberwachung und -prüfung:** Kontinuierliche Wachsamkeit und Anpassung, um die Leistung des Systems zu verfolgen, Daten über seinen Betrieb zu sammeln und nach Anzeichen potenzieller Probleme zu suchen. Dies umfasst die Analyse von Systemprotokollen, das Sammeln von Nutzerfeedback und die Überwachung externer Faktoren, die das Risikoprofil des Systems beeinflussen könnten.

Ein gut gestaltetes Risikomanagementsystem ist ein lebendes Dokument, das sich ständig weiterentwickelt, während sich das KI-System entwickelt, eingesetzt wird und auf reale Herausforderungen stößt. Es ist ein wesentliches Werkzeug, um sicherzustellen, dass das System im gesamten Lebenszyklus sicher, zuverlässig und vertrauenswürdig bleibt.

## 5. Nachmarktüberwachungssystem: Lernen aus realen Erfahrungen

Das EU-KI-Gesetz betont, dass die Einhaltung der Vorschriften keine einmalige Angelegenheit ist; es ist eine fortlaufende Verantwortung. Anbieter müssen die Leistung ihrer Hochrisiko-KI-Systeme überwachen, auch nachdem sie eingesetzt wurden und in der realen Welt betrieben werden. Diese Nachmarktüberwachung ist entscheidend, um aufkommende Risiken zu identifizieren, die Wirksamkeit von Minderungsmaßnahmen zu bewerten und bei Bedarf Korrekturmaßnahmen zu ergreifen.

Ein robustes Nachmarktüberwachungssystem sollte Verfahren für Folgendes umfassen:

- **Datenerfassung:** Sammeln von Informationen über die Leistung des Systems aus verschiedenen Quellen, wie z.B. Einführern, Nutzern und anderen Stakeholdern. Dies könnte das Sammeln von Nutzerfeedback, die Analyse von Systemprotokollen oder die Durchführung von Umfragen umfassen.

- **Datenanalyse:** Analyse der gesammelten Daten zur Identifizierung potenzieller Probleme, Trends oder aufkommender Risiken. Dies könnte die Suche nach Mustern von Fehlern, Fehlfunktionen oder unerwartetem Verhalten sowie die Bewertung der Systemleistung anhand vordefinierter Metriken umfassen.

- **Korrekturmaßnahmen:** Implementierung von Korrekturmaßnahmen zur Behebung identifizierter Probleme oder Risiken. Dies könnte die Aktualisierung der Systemsoftware, die Bereitstellung zusätzlicher Schulungen für Einführer oder sogar den Rückruf des Systems vom Markt umfassen.

- **Berichterstattung an Behörden:** Berichterstattung über schwerwiegende Vorfälle, Nichteinhaltungen und andere relevante Informationen an die nationalen Behörden, die für die Marktüberwachung verantwortlich sind. Dies stellt sicher, dass die Behörden über potenzielle Probleme mit Hochrisiko-KI-Systemen informiert sind und geeignete Maßnahmen zum Schutz der Öffentlichkeit ergreifen können.

## 6. Berichterstattungsverfahren: Transparenz und Rechenschaftspflicht

Transparenz und Rechenschaftspflicht sind entscheidend für den Aufbau von Vertrauen in KI-Systeme. Anbieter benötigen klare Verfahren zur Berichterstattung relevanter Informationen an Regulierungsbehörden und andere Stakeholder. Diese Informationen könnten Folgendes umfassen:

- **Berichte über schwerwiegende Vorfälle:** Unverzügliche Benachrichtigung über alle schwerwiegenden Vorfälle, die auftreten, wie im vorherigen Kapitel besprochen. Diese Berichte sollten eine detaillierte Beschreibung des Vorfalls, die potenziellen Ursachen und die ergriffenen Maßnahmen zur Behebung des Problems enthalten.

- **Berichte über Nichteinhaltung:** Benachrichtigung über alle Situationen, in denen festgestellt wird, dass das KI-System die Anforderungen des Gesetzes nicht erfüllt. Diese Berichte sollten eine Beschreibung der Nichteinhaltung, die potenziellen Ursachen und die ergriffenen Korrekturmaßnahmen enthalten.

- **Periodische Sicherheitsberichte:** Regelmäßige Berichte über die Sicherheitsleistung des Systems, die die durch die Nachmarktüberwachung gesammelten Daten, die Analyse dieser Daten und alle Maßnahmen zur Behebung identifizierter Risiken zusammenfassen.

- **Kommunikation mit Behörden:** Verfahren zur Kommunikation mit den nationalen Behörden, die für die Marktüberwachung verantwortlich sind, zur Beantwortung von Anfragen und zur Bereitstellung der notwendigen Informationen und Dokumentationen, um die Einhaltung der Vorschriften nachzuweisen.

## 7. Ressourcenmanagement: Sicherstellung angemessener Kapazitäten und Expertise

Die Implementierung eines robusten QMS für Hochrisiko-KI-Systeme erfordert mehr als nur Verfahren und Richtlinien; es erfordert angemessene Ressourcen, einschließlich:

- **Personal:** Anbieter benötigen ein Team qualifizierter Personen mit der notwendigen Expertise zur Implementierung und Pflege des QMS. Dies könnte Personen mit Expertise in KI-Entwicklung, Datenmanagement, Risikomanagement, Cybersicherheit und Einhaltung der Vorschriften umfassen.

- **Finanzielle Ressourcen:** Anbieter benötigen angemessene finanzielle Ressourcen zur Unterstützung der Implementierung und Pflege des QMS. Dies könnte Investitionen in Schulungen für das Personal, die Einstellung externer Berater oder den Kauf spezialisierter Software-Tools umfassen.

- **Infrastruktur:** Anbieter benötigen die notwendige Infrastruktur zur Unterstützung des QMS, wie z.B. sichere Datenspeichersysteme, Test- und Validierungsumgebungen sowie Kommunikationskanäle für Berichterstattung und Zusammenarbeit.

### Anpassung des QMS: Verhältnismäßigkeit und Flexibilität

Das EU-KI-Gesetz erkennt an, dass ein einheitlicher Ansatz für das Qualitätsmanagement nicht für alle Anbieter geeignet ist. Es ermöglicht Flexibilität bei der Anpassung des QMS an die spezifischen Bedürfnisse und Ressourcen der Organisation, stellt jedoch sicher, dass die Kernbestandteile eines robusten QMS vorhanden sind.

Diese Flexibilität ermöglicht es Anbietern:

- **Fokus auf die relevantesten Anforderungen:** Anbieter können ihr QMS so anpassen, dass es sich auf die spezifischen Anforderungen des KI-Gesetzes konzentriert, die für ihre Systeme und deren vorgesehene Verwendungen am relevantesten sind.

- **Nutzung bestehender Qualitätsmanagementsysteme:** Anbieter, die bereits etablierte Qualitätsmanagementsysteme für andere Aspekte ihres Geschäfts haben, können die KI-spezifischen Elemente in ihre bestehenden Systeme integrieren und unnötige Doppelarbeit vermeiden.

- **Skalierung des QMS an die Größe der Organisation:** Das Gesetz erkennt an, dass der Grad an Formalität und Dokumentation, der für ein QMS erforderlich ist, im Verhältnis zur Größe der Organisation stehen sollte. Kleinere Organisationen könnten ein einfacheres und weniger formelles QMS implementieren als größere Organisationen.

**Die Vorteile der Implementierung eines QMS: Über die Einhaltung der Vorschriften hinausgehen**

Die Implementierung eines robusten QMS für Hochrisiko-KI-Systeme geht nicht nur darum, Kästchen für die Einhaltung der Vorschriften anzukreuzen; es kann den Anbietern erhebliche Vorteile bringen, einschließlich:

- **Verbesserte Qualität und Zuverlässigkeit:** Ein QMS hilft sicherzustellen, dass KI-Systeme mit einem Fokus auf Qualität entwickelt, entwickelt und eingesetzt werden, was zu zuverlässigeren und vertrauenswürdigeren Systemen führt.

- **Reduziertes Risiko von Fehlern und Fehlfunktionen:** Ein QMS hilft, Fehler und Fehlfunktionen zu vermeiden, indem Qualitätskontrollprüfungen im gesamten Lebenszyklus des Systems eingebettet werden.

- **Verbesserte Kundenzufriedenheit:** Hochwertige KI-Systeme sind wahrscheinlicher, die Bedürfnisse der Nutzer zu erfüllen, was zu größerer Kundenzufriedenheit und -loyalität führt.

- **Verbesserter Ruf:** Ein starkes Engagement für das Qualitätsmanagement kann den Ruf eines Anbieters verbessern, Vertrauen bei Kunden, Regulierungsbehörden und anderen Stakeholdern aufzubauen.

- **Reduzierte Haftung:** Ein QMS kann helfen, das Risiko einer rechtlichen Haftung zu verringern, indem es zeigt, dass ein Anbieter einen systematischen und proaktiven Ansatz zur Einhaltung der Vorschriften und zum Risikomanagement verfolgt.

- **Kontinuierliche Verbesserung:** Ein QMS bietet einen Rahmen für kontinuierliche Verbesserung und ermöglicht es Anbietern, aus ihren Erfahrungen zu lernen, Bereiche für Verbesserungen zu identifizieren und ihre KI-Systeme letztlich noch vertrauenswürdiger zu machen.

### QMS: Eckpfeiler der vertrauenswürdigen KI

Qualitätsmanagementsysteme sind ein wesentliches Werkzeug für den Aufbau vertrauenswürdiger KI-Systeme. Sie bieten einen Rahmen zur Einbettung von Qualität in jede Phase des Lebenszyklus des KI-Systems und stellen sicher, dass Hochrisikosysteme verantwortungsvoll entwickelt und eingesetzt werden.

Die Anforderungen des EU-KI-Gesetzes an QMS gehen nicht nur um die Einhaltung der Vorschriften; es geht darum, eine Qualitätskultur innerhalb von Organisationen zu schaffen, die KI-Systeme entwickeln, und einen proaktiven und systematischen Ansatz zur Risikoverwaltung, Datenverwaltung, Transparenz und Rechenschaftspflicht zu fördern. Durch die Implementierung robuste

# KAPITEL DREIZEHN: Technische Dokumentation und Aufzeichnungspflicht: Ermöglichung der Rückverfolgbarkeit

Wir haben gesehen, wie die EU-KI-Verordnung einen Rahmen für vertrauenswürdige KI schafft, mit einem starken Schwerpunkt auf Risikomanagement, Datenqualität, Transparenz, menschlicher Aufsicht, Genauigkeit, Robustheit und Cybersicherheit. Aber wie stellen wir tatsächlich sicher, dass Hochrisiko-KI-Systeme diese strengen Anforderungen erfüllen? Wie stellen wir sicher, dass die Anbieter die Regeln einhalten und ihre Systeme wie vorgesehen funktionieren?

Hier spielen die technische Dokumentation und die Aufzeichnungspflicht eine entscheidende Rolle. Stellen Sie sich die technische Dokumentation als einen detaillierten Bericht über das Design, die Entwicklung und das Testen des KI-Systems vor. Es ist wie ein umfassendes Handbuch, das erklärt, wie das System funktioniert, welche Daten es verwendet, welche Entscheidungen es trifft und welche Sicherheitsmaßnahmen implementiert wurden, um potenzielle Risiken zu mindern.

Die Aufzeichnungspflicht hingegen umfasst die Führung eines Protokolls über den Betrieb des Systems, das wichtige Ereignisse, Entscheidungen und Leistungsmetriken erfasst. Es ist wie ein Tagebuch, das die Reise des Systems durch die reale Welt chronologisch festhält und eine Spur von Beweisen liefert, die verwendet werden kann, um seine Leistung zu bewerten, potenzielle Probleme zu identifizieren und die Einhaltung der Anforderungen der Verordnung nachzuweisen.

Zusammen ermöglichen die technische Dokumentation und die Aufzeichnungspflicht ein leistungsfähiges Instrument zur Ermöglichung der Rückverfolgbarkeit. Sie ermöglichen es Regulierungsbehörden, Auditoren und anderen Interessengruppen, die Entwicklung, den Einsatz und den Betrieb des Systems nachzuvollziehen und ein klares Bild seiner Funktionalität, seiner

Auswirkungen und seiner Einhaltung der Anforderungen der Verordnung zu liefern.

## Technische Dokumentation: Ein Bauplan für vertrauenswürdige KI

Die EU-KI-Verordnung verpflichtet die Anbieter von Hochrisiko-KI-Systemen, eine umfassende technische Dokumentation zu erstellen, bevor sie diese Systeme auf den Markt bringen oder in Betrieb nehmen. Diese Dokumentation muss während des gesamten Lebenszyklus des Systems aktuell gehalten werden und alle Änderungen oder Updates am System widerspiegeln.

Stellen Sie sich diese Dokumentation als einen Bauplan für vertrauenswürdige KI vor, der einen detaillierten Bericht über das Design, die Entwicklung und das Testen des Systems liefert. Sie dient mehreren entscheidenden Zwecken:

- **Nachweis der Einhaltung:** Die technische Dokumentation liefert den Nachweis, dass der Anbieter einen systematischen und gründlichen Ansatz zur Entwicklung eines vertrauenswürdigen KI-Systems verfolgt hat. Sie zeigt, dass sie die Anforderungen der Verordnung berücksichtigt und geeignete Maßnahmen zur Minderung potenzieller Risiken implementiert haben.

- **Erleichterung von Audits und Inspektionen:** Die technische Dokumentation liefert den Regulierungsbehörden und Auditoren die Informationen, die sie benötigen, um die Einhaltung der Anforderungen der Verordnung zu bewerten. Sie ermöglicht es ihnen, die Funktionalität des Systems, seine Datenhandhabungspraktiken, seine Risikomanagementprozesse und die implementierten Sicherheitsmaßnahmen zu verstehen.

- **Ermöglichung der Rückverfolgbarkeit:** Die technische Dokumentation ermöglicht es den Interessengruppen, die Entwicklung, den Einsatz und den Betrieb des Systems nachzuvollziehen. Dies hilft, die Quelle von Problemen zu identifizieren, die Auswirkungen von Änderungen am System zu bewerten und die Anbieter für ihre Systeme zur Verantwortung zu ziehen.

- **Information der Anwender und Nutzer:** Die technische Dokumentation kann auch verwendet werden, um die Anwender und Nutzer über die Funktionalität des Systems, seine Fähigkeiten und Einschränkungen sowie die Verfahren für seine sichere und verantwortungsvolle Nutzung zu informieren.

**Wesentliche Elemente der technischen Dokumentation: Ein umfassender Bericht**

Die EU-KI-Verordnung skizziert spezifische Elemente, die in der technischen Dokumentation für Hochrisiko-KI-Systeme enthalten sein sollten. Diese Elemente decken eine Vielzahl von Themen ab und liefern einen umfassenden Bericht über die Entwicklung, den Einsatz und den Betrieb des Systems.

Schauen wir uns diese wesentlichen Elemente an:

**1. Allgemeine Beschreibung: Ein Überblick über das System**

Die technische Dokumentation sollte mit einer allgemeinen Beschreibung des KI-Systems beginnen, die einen Überblick über seine wesentlichen Merkmale und seinen vorgesehenen Verwendungszweck gibt. Diese Beschreibung sollte Folgendes enthalten:

- **Vorgesehener Zweck:** Eine klare Aussage über den vorgesehenen Verwendungszweck des Systems, die die Aufgaben, für die es ausgelegt ist, die Zielnutzer und die erwarteten Ergebnisse spezifiziert.

- **Systemname und -version:** Eine eindeutige Kennung für das System, einschließlich der Versionsnummer, um es von anderen Systemen zu unterscheiden und Änderungen im Laufe der Zeit zu verfolgen.

- **Anbieterinformationen:** Der Name und die Kontaktdaten des Anbieters, einschließlich seiner Adresse und etwaiger relevanter Registrierungs- oder Autorisierungsnummern.

- **Hardware- und Softwareanforderungen:** Eine Beschreibung der Hardware und Software, die notwendig ist, um das System zu betreiben, einschließlich des Betriebssystems, der erforderlichen Verarbeitungsleistung und etwaiger spezialisierter Hardwarekomponenten.

- **Systemarchitektur:** Ein Überblick auf hoher Ebene über die Systemarchitektur, der die wichtigsten Komponenten und ihre Interaktionen zeigt.

- **Benutzerschnittstelle:** Eine Beschreibung der Benutzerschnittstelle, einschließlich der Eingaben und Ausgaben des Systems und wie Nutzer damit interagieren.

Diese allgemeine Beschreibung bietet ein Verständnis des Systems auf hoher Ebene und bereitet den Weg für die detaillierteren Informationen, die folgen.

## 2. Detaillierte Beschreibung: Die inneren Abläufe des Systems aufschlüsseln

Die technische Dokumentation sollte auch eine detaillierte Beschreibung des Design- und Entwicklungsprozesses des KI-Systems enthalten. Diese Beschreibung sollte eine tiefgehende Analyse der inneren Abläufe des Systems liefern und erklären, wie es Entscheidungen trifft und welche Faktoren seine Ausgaben beeinflussen.

Dieser Abschnitt sollte verschiedene Aspekte der Systementwicklung abdecken, darunter:

- **Entwicklungsmethoden:** Eine Beschreibung der Methoden und Techniken, die zur Entwicklung des Systems verwendet wurden, einschließlich aller vortrainierten Modelle oder Tools, die verwendet wurden, und wie sie vom Anbieter integriert oder modifiziert wurden. Diese Informationen helfen, die Herkunft des Systems und seine potenziellen Einschränkungen zu verstehen.

- **Designspezifikationen:** Detaillierte Spezifikationen, die die Algorithmen, Datenstrukturen und andere technische Details des Systems umreißen. Diese Spezifikationen bieten einen Bauplan für die Entwicklung des Systems und stellen sicher, dass alle Beteiligten auf ein gemeinsames Ziel hinarbeiten.

- **Trainingsdaten:** Eine detaillierte Beschreibung der Daten, die zum Training des Systems verwendet wurden, einschließlich ihrer Quellen, ihrer Eigenschaften (wie Größe, Format und Qualität) und aller Vorverarbeitungsschritte, die durchgeführt wurden. Diese Informationen sind entscheidend für das Verständnis der Fähigkeiten des Systems und seiner potenziellen Verzerrungen.

- **Validierung und Testen:** Eine Beschreibung der Validierungs- und Testverfahren, die zur Bewertung der Leistung des Systems verwendet wurden, einschließlich der Metriken, die zur Messung seiner Genauigkeit, Robustheit und Fairness verwendet wurden. Diese Informationen liefern den Nachweis, dass das System gründlich bewertet wurde und die Anforderungen der Verordnung erfüllt.

- **Maßnahmen zur menschlichen Aufsicht:** Eine detaillierte Beschreibung der Maßnahmen zur menschlichen Aufsicht, die für die sichere und verantwortungsvolle Nutzung des Systems notwendig sind, einschließlich der Rollen und Verantwortlichkeiten der menschlichen Bediener, der Verfahren zur menschlichen Intervention und der Schulung, die die Bediener benötigen, um das System effektiv zu überwachen.

- **Cybersicherheitsmaßnahmen:** Eine Beschreibung der Cybersicherheitsmaßnahmen, die implementiert wurden, um das System vor Angriffen zu schützen, einschließlich Zugangskontrollmechanismen, Verschlüsselungsprotokollen und Verfahren zur Schwachstellensuche.

Diese detaillierte Beschreibung bietet ein gründliches Verständnis des Designs und der Entwicklung des Systems und ermöglicht es den Regulierungsbehörden und Auditoren, seine Einhaltung der Anforderungen der Verordnung zu bewerten und potenzielle Schwachstellen oder Verzerrungen zu identifizieren.

### 3. Überwachung, Funktion und Kontrolle: Den Betrieb des Systems im Auge behalten

Die technische Dokumentation sollte auch Informationen darüber enthalten, wie das KI-System überwacht wird, wie es in der Praxis funktioniert und welche Mechanismen zur Kontrolle seines Verhaltens vorhanden sind. Dieser Abschnitt sollte Folgendes abdecken:

- **Leistungsmetriken:** Eine Beschreibung der Leistungsmetriken des Systems, einschließlich seiner Genauigkeit, Robustheit und Fairness, und wie diese Metriken im Laufe der Zeit gemessen und überwacht werden. Diese Informationen ermöglichen es den Anwendern und Nutzern, die Fähigkeiten und Einschränkungen des Systems zu verstehen und seine Leistung im realen Einsatz zu verfolgen.

- **Unbeabsichtigte Ergebnisse und Risiken:** Eine Beschreibung aller vorhersehbaren unbeabsichtigten Ergebnisse oder Risiken, die mit der Nutzung des Systems verbunden sind, unter Berücksichtigung seines vorgesehenen Verwendungszwecks, seines potenziellen Einflusses auf Individuen und die Gesellschaft sowie der verschiedenen Möglichkeiten, wie es fehlfunktionieren oder missbraucht werden könnte.

- **Verfahren zur menschlichen Aufsicht:** Detaillierte Verfahren zur Implementierung der menschlichen Aufsicht, einschließlich der Rollen und Verantwortlichkeiten der menschlichen Bediener, der Verfahren zur menschlichen Intervention und der Schulung, die die Bediener benötigen, um das System effektiv zu überwachen. Diese Informationen helfen den Anwendern, wirksame Aufsichtsmechanismen zu implementieren und sicherzustellen, dass Menschen die Kontrolle über den Betrieb des Systems behalten.

- **Eingabedatenspezifikationen:** Klare Spezifikationen für die Eingabedaten, die das System benötigt, um korrekt zu funktionieren, einschließlich des Typs, Formats, der Qualität und der Menge der benötigten Daten. Diese Informationen helfen den Anwendern sicherzustellen, dass sie das System mit geeigneten Daten versorgen und dass die Daten die Qualitätskriterien der Verordnung erfüllen.

Dieser Abschnitt der technischen Dokumentation bietet ein klares Bild davon, wie das System in der Praxis funktioniert, welche Risiken mit seiner Nutzung verbunden sind und welche Mechanismen zur Kontrolle seines Verhaltens vorhanden sind.

## 4. Risikomanagementsystem: Ein detaillierter Bericht über Strategien zur Risikominderung

Die technische Dokumentation sollte auch eine detaillierte Beschreibung des Risikomanagementsystems enthalten, das für das Hochrisiko-KI-System implementiert wurde. Wie in einem vorherigen Kapitel besprochen, sollte dieses System Folgendes umfassen:

- **Risikoidentifikation:** Eine umfassende Liste der potenziellen Risiken, die mit dem System verbunden sind, unter Berücksichtigung seines vorgesehenen Verwendungszwecks, seines potenziellen Einflusses auf Individuen und die Gesellschaft sowie der verschiedenen Möglichkeiten, wie es fehlfunktionieren oder missbraucht werden könnte.

- **Risikobewertung:** Eine detaillierte Bewertung jedes identifizierten Risikos, die seine Schwere und Wahrscheinlichkeit bewertet und diejenigen priorisiert, die am wahrscheinlichsten auftreten und das Potenzial haben, den größten Schaden zu verursachen.

- **Risikominderung:** Eine Beschreibung der spezifischen Maßnahmen, die zur Reduzierung oder Beseitigung der identifizierten Risiken implementiert wurden, die auf die spezifischen Risiken und den Kontext, in dem das System verwendet wird, zugeschnitten sind. Dies könnte die Verbesserung der Datenqualität, die Erhöhung der Systemrobustheit, die Implementierung von Maßnahmen zur menschlichen Aufsicht, die Stärkung der Cybersicherheit oder die Entwicklung klarer Richtlinien und Vorschriften für die Nutzung des Systems umfassen.

- **Risikoüberwachung und -überprüfung:** Eine Beschreibung der Verfahren zur Überwachung und Überprüfung der Wirksamkeit des Risikomanagementsystems, einschließlich der Metriken, die zur Verfolgung der Leistung des Systems verwendet werden, und der Mechanismen zur Identifizierung und Bewältigung auftretender Risiken.

Dieser umfassende Bericht über das Risikomanagementsystem liefert den Nachweis, dass der Anbieter einen proaktiven und systematischen Ansatz zur Minderung potenzieller Schäden im Zusammenhang mit dem KI-System verfolgt hat.

## 5. Normen und Spezifikationen: Sicherstellung der Interoperabilität und Einhaltung

Die technische Dokumentation sollte auch die Normen und Spezifikationen auflisten, die das KI-System einhält. Dazu gehören:

- **Harmonisierte Normen:** Normen, die von europäischen Normungsorganisationen entwickelt und im Amtsblatt der Europäischen Union veröffentlicht wurden. Diese Normen bieten technische Spezifikationen für KI-Systeme, die die Interoperabilität gewährleisten und die Einhaltung der Anforderungen der Verordnung erleichtern.

- **Gemeinsame Spezifikationen:** Technische Spezifikationen, die von der Europäischen Kommission in Fällen festgelegt wurden, in denen harmonisierte Normen nicht existieren oder nicht ausreichen, um den Anforderungen der Verordnung gerecht zu werden.

- **Andere relevante Normen und Spezifikationen:** Alle anderen Normen oder Spezifikationen, die das System einhält, wie z.B. Branchennormen oder bewährte Verfahren.

Diese Informationen helfen sicherzustellen, dass das KI-System mit anderen Systemen kompatibel ist, anerkannte Qualitätsstandards erfüllt und die Anforderungen der Verordnung einhält.

## 6. EU-Konformitätserklärung: Eine formelle Erklärung der Einhaltung

Die technische Dokumentation sollte auch eine Kopie der EU-Konformitätserklärung enthalten. Dies ist ein formelles Dokument, das der Anbieter ausstellt und in dem erklärt wird, dass das Hochrisiko-KI-System die Anforderungen der Verordnung erfüllt. Die Konformitätserklärung enthält:

- **Systemidentifikation:** Eine klare Identifikation des KI-Systems, einschließlich seines Namens, seiner Versionsnummer und aller anderen relevanten Kennungen.

- **Konformitätserklärung:** Eine Erklärung, dass das System die anwendbaren Anforderungen der KI-Verordnung erfüllt.

- **Normen und Spezifikationen:** Eine Liste der harmonisierten Normen, gemeinsamen Spezifikationen und anderer relevanter Normen und Spezifikationen, die das System einhält.

- **Konformitätsbewertungsinformationen:** Informationen über das durchgeführte Konformitätsbewertungsverfahren, einschließlich des Namens und der Identifikationsnummer der benannten Stelle (falls zutreffend) und des Datums der Bewertung.

- **Anbieterinformationen:** Der Name, die Adresse und die Kontaktdaten des Anbieters.

- **Unterschrift:** Die Unterschrift eines autorisierten Vertreters des Anbieters, die dessen Verantwortung für die Konformitätserklärung anzeigt.

Die EU-Konformitätserklärung ist ein entscheidendes Dokument, das die rechtliche Verantwortung des Anbieters für die Einhaltung der Anforderungen der Verordnung durch das System nachweist.

## 7. Nachmarktüberwachungsplan: Sicherstellung der fortlaufenden Sicherheit und Zuverlässigkeit

Die technische Dokumentation sollte auch eine detaillierte Beschreibung des Nachmarktüberwachungsplans enthalten, der für das Hochrisiko-KI-System erstellt wurde. Wie in einem vorherigen Kapitel besprochen, sollte dieser Plan die Verfahren für Folgendes umreißen:

- **Informationssammlung:** Sammeln von Informationen über die Leistung des Systems aus verschiedenen Quellen, wie Anwendern, Nutzern und anderen Interessengruppen. Dies könnte das Sammeln von Nutzerfeedback, die Analyse von Systemprotokollen oder die Durchführung von Umfragen umfassen.

- **Informationsanalyse:** Analyse der gesammelten Informationen zur Identifizierung potenzieller Probleme, Trends oder auftretender Risiken. Dies könnte die Suche nach Mustern von Fehlern, Fehlfunktionen oder unerwartetem Verhalten sowie die Bewertung der Leistung des Systems anhand vordefinierter Metriken umfassen.

- **Korrekturmaßnahmen:** Implementierung von Korrekturmaßnahmen zur Behebung identifizierter Probleme oder Risiken. Dies könnte die Aktualisierung der Software des Systems, die Bereitstellung zusätzlicher Schulungen für Anwender oder den Rückruf des Systems vom Markt umfassen.

- **Berichterstattung an Behörden:** Meldung schwerwiegender Vorfälle, Non-Compliances und anderer relevanter Informationen an die nationalen Behörden, die für die Marktüberwachung verantwortlich sind. Dies stellt sicher, dass die Behörden über potenzielle Probleme mit Hochrisiko-KI-Systemen informiert sind und geeignete Maßnahmen zum Schutz der Öffentlichkeit ergreifen können.

Der Nachmarktüberwachungsplan liefert den Nachweis, dass sich der Anbieter verpflichtet, die fortlaufende Sicherheit und Zuverlässigkeit des KI-Systems nach dessen Einsatz sicherzustellen.

**Vereinfachte technische Dokumentation: Reduzierung der Belastung für KMUs**

Die EU-KI-Verordnung erkennt an, dass die Anforderungen an die technische Dokumentation für kleine und mittlere Unternehmen (KMUs) belastend sein können, die möglicherweise nicht über die gleichen Ressourcen wie größere Organisationen verfügen. Um dieser Bedenken Rechnung zu tragen, ermöglicht es die Verordnung KMUs, die technische Dokumentation in vereinfachter Form bereitzustellen.

Die spezifischen Anforderungen an die vereinfachte technische Dokumentation sind in der Verordnung nicht ausdrücklich festgelegt, aber sie umfassen im Allgemeinen die Bereitstellung der gleichen Informationen wie in der standardmäßigen technischen Dokumentation, jedoch in einer prägnanteren und weniger formellen Form. Zum Beispiel könnte ein KMU einen Überblick auf hoher Ebene über die Systemarchitektur anstelle eines detaillierten Diagramms bereitstellen oder seine Risikomanagementprozesse zusammenfassen, anstatt eine umfassende Liste aller identifizierten Risiken bereitzustellen.

Das Ziel der vereinfachten technischen Dokumentation ist es, die Verwaltungslast für KMUs zu reduzieren, ohne die Kernprinzipien der Transparenz und Verantwortlichkeit zu beeinträchtigen.

**Aufzeichnungspflicht: Chronik der Reise des Systems**

Neben der technischen Dokumentation verpflichtet die EU-KI-Verordnung die Anbieter und Anwender von Hochrisiko-KI-Systemen, detaillierte Aufzeichnungen über den Betrieb des Systems zu führen. Diese Aufzeichnungspflicht ist entscheidend für die Überwachung der Leistung des Systems, die Identifizierung potenzieller Probleme und den Nachweis der Einhaltung der Anforderungen der Verordnung.

**Arten von Aufzeichnungen: Erfassung wichtiger Ereignisse und Metriken**

Die KI-Verordnung schreibt kein spezifisches Format oder spezifische Inhalte für alle Aufzeichnungen vor, betont aber die Bedeutung der Erfassung wichtiger Ereignisse und Metriken im

Zusammenhang mit dem Betrieb des Systems. Diese Aufzeichnungen könnten Folgendes umfassen:

- **Systemprotokolle:** Protokolle sind automatisch generierte Aufzeichnungen, die Ereignisse im Zusammenhang mit dem Betrieb des Systems erfassen, wie z.B. Benutzerinteraktionen, Systemfehler und Änderungen der Systemkonfiguration. Protokolle bieten eine detaillierte chronologische Aufzeichnung der Aktivitäten des Systems, die zur Identifizierung von Mustern, zur Fehlerbehebung und zum Nachweis der Einhaltung verwendet werden können.

- **Eingabedatenaufzeichnungen:** Aufzeichnungen der Eingabedaten, die in das System eingespeist werden, einschließlich ihrer Quelle, ihrer Eigenschaften und aller Vorverarbeitungsschritte, die durchgeführt wurden. Diese Informationen helfen sicherzustellen, dass die Daten die Qualitätskriterien der Verordnung erfüllen und dass sie verantwortungsvoll gehandhabt werden.

- **Ausgabedatenaufzeichnungen:** Aufzeichnungen der Ausgaben des Systems, einschließlich seiner Vorhersagen, Klassifikationen, Empfehlungen und anderer Entscheidungen, die es trifft. Diese Aufzeichnungen können verwendet werden, um die Genauigkeit und Fairness des Systems zu bewerten und potenzielle Verzerrungen zu identifizieren.

- **Aufzeichnungen zur menschlichen Aufsicht:** Aufzeichnungen über alle menschlichen Eingriffe in den Betrieb des Systems, einschließlich der Gründe für den Eingriff, der ergriffenen Maßnahmen und der Ergebnisse. Diese Aufzeichnungen helfen nachzuweisen, dass die menschliche Aufsicht effektiv implementiert wird und dass Menschen die Kontrolle über den Betrieb des Systems behalten.

- **Leistungsmetriken:** Aufzeichnungen der Leistung des Systems anhand vordefinierter Metriken, wie z.B. seiner Genauigkeit, Robustheit und Fairness. Diese Aufzeichnungen ermöglichen es Anwendern und Nutzern, die Leistung des Systems im Laufe der Zeit zu verfolgen und jede Leistungsverschlechterung zu identifizieren.

- **Sicherheitsvorfallprotokolle:** Aufzeichnungen über alle Cybersicherheitsvorfälle, einschließlich versuchter Angriffe, Datenverletzungen und Systemfehlfunktionen. Diese Protokolle liefern eine Spur von Beweisen, die zur Untersuchung des Vorfalls, zur Identifizierung der Fehlerquelle und zur Implementierung von Korrekturmaßnahmen verwendet werden können.

**Datenspeicherung: Ausgewogenheit zwischen Transparenz und Datenschutz**

Die EU-KI-Verordnung verpflichtet Anbieter und Anwender, Aufzeichnungen für einen Zeitraum aufzubewahren, der dem Risiko, das das KI-System darstellt, angemessen ist. Die spezifischen Aufbewahrungsfristen sind in der Verordnung nicht ausdrücklich festgelegt, aber sie sollten lang genug sein, um eine effektive Überwachung, Prüfung und Untersuchung zu ermöglichen, wobei gleichzeitig die Datenschutzanforderungen und die potenziellen Datenschutzimplikationen der Speicherung sensibler Daten berücksichtigt werden.

**Zugänglichkeit und Sicherheit: Sicherstellung der Verfügbarkeit von Aufzeichnungen bei Bedarf**

Aufzeichnungen sollten sicher und zugänglich gespeichert werden, wobei sichergestellt wird, dass sie bei Bedarf für die Überwachung, Prüfung oder Untersuchung verfügbar sind. Dies könnte die Verwendung sicherer Datenspeichersysteme, die Implementierung von Zugangskontrollen und die Erstellung von Backups zur Verhinderung von Datenverlust umfassen.

**Die Bedeutung der Aufzeichnungspflicht: Transparenz, Verantwortlichkeit und kontinuierliche Verbesserung**

Die Aufzeichnungspflicht spielt eine entscheidende Rolle bei der Sicherstellung der Vertrauenswürdigkeit von Hochrisiko-KI-Systemen. Sie ermöglicht:

- **Transparenz:** Aufzeichnungen bieten ein klares Bild des Betriebs des Systems und ermöglichen es Regulierungsbehörden, Auditoren und anderen Interessengruppen, seine Funktionalität, seine Auswirkungen und seine Einhaltung der Anforderungen der Verordnung zu verstehen.

- **Verantwortlichkeit:** Aufzeichnungen liefern eine Spur von Beweisen, die verwendet werden kann, um Anbieter und Anwender für ihre Systeme zur Verantwortung zu ziehen. Dies hilft sicherzustellen, dass sie ihre Verantwortung ernst nehmen und dass sie auftretende Probleme angehen.

- **Kontinuierliche Verbesserung:** Aufzeichnungen können verwendet werden, um Bereiche für Verbesserungen zu identifizieren, wie z.B. Muster von Fehlern, Fehlfunktionen oder unbeabsichtigten Folgen. Diese Informationen können dann verwendet werden, um das Design des Systems zu verfeinern, seine Betriebsparameter anzupassen oder zusätzliche Sicherheitsmaßnahmen zu implementieren.

**Technische Dokumentation und Aufzeichnungspflicht: Gemeinsam zur Ermöglichung der Rückverfolgbarkeit**

Technische Dokumentation und Aufzeichnungspflicht sind komplementäre Elemente eines umfassenden Ansatzes zur Sicherstellung der Vertrauenswürdigkeit von Hochrisiko-KI-Systemen. Die technische Dokumentation bietet einen Bauplan für das Design und die Entwicklung des Systems, während die Aufzeichnungspflicht seine Reise durch die reale Welt chronologisch festhält.

Zusammen bieten sie ein leistungsfähiges Instrument zur Ermöglichung der Rückverfolgbarkeit, das es den Interessengruppen ermöglicht, die Entwicklung, den Einsatz und den Betrieb des Systems nachzuvollziehen. Diese Rückverfolgbarkeit ist entscheidend dafür, sicherzustellen, dass Hochrisiko-KI-Systeme verantwortungsvoll entwickelt und eingesetzt werden, dass sie die strengen Anforderungen der EU-KI-Verordnung erfüllen und dass sie zu einer Zukunft beitragen, in der KI eine Kraft für das Gute ist.

# KAPITEL VIERZEHN: Bevollmächtigte Vertreter: Die Lücke für internationale Anbieter schließen

Das EU-KI-Gesetz zielt darauf ab, einen einheitlichen Markt für vertrauenswürdige KI innerhalb der Europäischen Union zu schaffen. Doch die Welt der KI-Entwicklung hört nicht an den Grenzen der EU auf. Viele Unternehmen, die KI-Systeme entwickeln, haben ihren Sitz außerhalb der EU, in Ländern wie den Vereinigten Staaten, China, Japan und anderen. Wie geht das Gesetz mit diesen internationalen Anbietern um, die ihre KI-Systeme Nutzern innerhalb der EU zur Verfügung stellen möchten?

Die Antwort liegt im Konzept der bevollmächtigten Vertreter. Das KI-Gesetz verlangt von Anbietern mit Sitz außerhalb der EU, einen bevollmächtigten Vertreter innerhalb der EU zu benennen, wenn sie ihre Hochrisiko-KI-Systeme auf den EU-Markt bringen oder für EU-Nutzer in Betrieb nehmen möchten. Stellen Sie sich diesen Vertreter als eine Brücke vor, die den internationalen Anbieter mit dem regulatorischen Rahmen der EU verbindet.

Der bevollmächtigte Vertreter handelt im Namen des Anbieters und stellt sicher, dass die Hochrisiko-KI-Systeme des Anbieters die Anforderungen des Gesetzes erfüllen, und dient als Ansprechpartner für EU-Regulierungsbehörden und andere Interessenvertreter. Es ist eine entscheidende Rolle, die dazu beiträgt, gleiche Wettbewerbsbedingungen zu schaffen und sicherzustellen, dass alle innerhalb der EU verwendeten Hochrisiko-KI-Systeme, unabhängig von ihrem Ursprung, denselben hohen Sicherheits-, Fairness- und Vertrauensstandards unterliegen.

**Die Distanz überbrücken: Warum bevollmächtigte Vertreter unerlässlich sind**

Die Anforderung an bevollmächtigte Vertreter ergibt sich aus mehreren praktischen Überlegungen:

- **Physische Präsenz:** EU-Regulierungsbehörden benötigen eine physische Präsenz innerhalb der EU, um das KI-Gesetz effektiv durchzusetzen. Ein bevollmächtigter Vertreter bietet einen Ansprechpartner innerhalb der EU, mit dem die Regulierungsbehörden interagieren können, und stellt sicher, dass Anbieter außerhalb der EU nicht außerhalb der Reichweite des Gesetzes sind.

- **Sprache und kulturelles Verständnis:** Die Navigation durch das regulatorische Umfeld der EU kann komplex sein, insbesondere für Unternehmen, die mit den Gesetzen und Vorschriften der EU nicht vertraut sind. Ein bevollmächtigter Vertreter mit einem tiefen Verständnis des EU-Rechts und der Verfahren kann internationale Anbieter dabei unterstützen, ihre Verpflichtungen zu verstehen und die Anforderungen des Gesetzes zu erfüllen.

- **Kommunikation und Koordination:** Effektive Kommunikation und Koordination sind entscheidend, um die Einhaltung des KI-Gesetzes sicherzustellen. Ein bevollmächtigter Vertreter kann die Kommunikation zwischen dem internationalen Anbieter und den EU-Regulierungsbehörden erleichtern und sicherstellen, dass Informationen effizient ausgetauscht werden und etwaige Probleme zeitnah angegangen werden.

- **Vertrauen und Verantwortlichkeit:** Die Benennung eines bevollmächtigten Vertreters zeigt das Engagement zur Einhaltung des KI-Gesetzes. Es zeigt, dass der internationale Anbieter seine Verantwortung ernst nimmt und bereit ist, innerhalb des regulatorischen Rahmens der EU zu arbeiten.

**Verantwortlichkeiten der bevollmächtigten Vertreter: Eine vielseitige Rolle**

Der bevollmächtigte Vertreter spielt eine vielseitige Rolle, indem er als Verbindungsperson zwischen dem internationalen Anbieter und den EU-Regulierungsbehörden sowie als Garant für die Einhaltung der Vorschriften fungiert. Ihre Verantwortlichkeiten umfassen verschiedene Aspekte des Lebenszyklus des KI-Systems, von der Konformitätsbewertung vor der Markteinführung bis zur Überwachung und Berichterstattung nach der Markteinführung.

Schauen wir uns diese wichtigen Verantwortlichkeiten genauer an:

## 1. Überprüfung der Konformitätsdokumentation: Sicherstellen, dass die Unterlagen in Ordnung sind

Bevor ein Hochrisiko-KI-System auf den EU-Markt gebracht oder in Betrieb genommen werden kann, muss es ein Konformitätsbewertungsverfahren durchlaufen, um nachzuweisen, dass es die Anforderungen des Gesetzes erfüllt. Der bevollmächtigte Vertreter ist dafür verantwortlich, sicherzustellen, dass der Anbieter das entsprechende Konformitätsbewertungsverfahren durchgeführt hat und dass die erforderlichen Unterlagen in Ordnung sind.

Dies umfasst die Überprüfung der technischen Dokumentation, die, wie wir im vorherigen Kapitel gesehen haben, detaillierte Informationen über das Design, die Entwicklung, das Testen, das Risikomanagement und den Überwachungsplan nach der Markteinführung des Systems enthält. Der bevollmächtigte Vertreter muss sicherstellen, dass diese Dokumentation vollständig, genau und den Anforderungen des Gesetzes entsprechend ist. Sie müssen möglicherweise auch die EU-Konformitätserklärung überprüfen, die eine formelle Erklärung des Anbieters ist, dass das System die Anforderungen des Gesetzes erfüllt.

## 2. Führung von Aufzeichnungen: Bereitstellung von Zugang zu wichtigen Informationen

Der bevollmächtigte Vertreter ist auch dafür verantwortlich, Kopien wichtiger Konformitätsdokumente aufzubewahren und sie den EU-Regulierungsbehörden auf Anfrage zur Verfügung zu stellen. Dazu gehören:

- **Technische Dokumentation:** Der bevollmächtigte Vertreter muss eine Kopie der technischen Dokumentation für das KI-System aufbewahren und sicherstellen, dass sie aktuell ist und alle Änderungen am System widerspiegelt.

- **EU-Konformitätserklärung:** Der bevollmächtigte Vertreter muss eine Kopie der EU-Konformitätserklärung aufbewahren, die eine formelle Erklärung des Anbieters ist, dass das System die Anforderungen des Gesetzes erfüllt.

- **Konformitätsbewertungszertifikate:** Wenn die Konformitätsbewertung von einer dritten benannten Stelle durchgeführt wurde, muss der bevollmächtigte Vertreter eine Kopie der von der benannten Stelle ausgestellten Zertifikate aufbewahren.

Diese Aufzeichnungen bieten eine Beweiskette, die verwendet werden kann, um die Einhaltung des KI-Gesetzes nachzuweisen und die Entwicklung, den Einsatz und den Betrieb des Systems nachzuverfolgen.

### 3. Bereitstellung von Informationen an Behörden: Erleichterung von Kommunikation und Transparenz

Der bevollmächtigte Vertreter fungiert als Ansprechpartner für EU-Regulierungsbehörden und stellt ihnen die Informationen zur Verfügung, die sie benötigen, um die Konformität des KI-Systems zu bewerten und seine Leistung zu überwachen. Dazu gehören:

- **Beantwortung von Anfragen:** Der bevollmächtigte Vertreter muss Anfragen von Regulierungsbehörden bezüglich des KI-Systems unverzüglich beantworten und die erforderlichen Informationen und Dokumentation zur Verfügung stellen, um die Konformität nachzuweisen.

- **Erleichterung von Inspektionen und Audits:** Der bevollmächtigte Vertreter muss möglicherweise Inspektionen oder Audits der Einrichtungen oder Prozesse des Anbieters durch EU-Regulierungsbehörden erleichtern. Dies könnte die Koordination der Logistik der Inspektion, den Zugang zu relevantem Personal und Dokumentation sowie die Übersetzung der Kommunikation zwischen dem Anbieter und den Regulierungsbehörden umfassen.

- **Meldung schwerwiegender Vorfälle:** Der bevollmächtigte Vertreter ist dafür verantwortlich, schwerwiegende Vorfälle, die mit dem KI-System auftreten, den EU-Regulierungsbehörden zu melden. Dies stellt sicher, dass die Behörden über potenzielle Probleme mit dem System informiert sind und geeignete Maßnahmen zum Schutz der Öffentlichkeit ergreifen können.

## 4. Zusammenarbeit mit Behörden: Angehen von Konformitätsproblemen

Der bevollmächtigte Vertreter muss mit den EU-Regulierungsbehörden zusammenarbeiten, um alle Konformitätsprobleme zu lösen, die mit dem KI-System auftreten. Dies könnte Folgendes umfassen:

- **Implementierung von Korrekturmaßnahmen:** Wenn festgestellt wird, dass das KI-System nicht den Anforderungen des Gesetzes entspricht, muss der bevollmächtigte Vertreter mit dem Anbieter zusammenarbeiten, um Korrekturmaßnahmen zu implementieren, um die Probleme zu beheben. Dies könnte die Aktualisierung der Software des Systems, die Bereitstellung zusätzlicher Schulungen für die Anwender oder sogar den Rückruf des Systems vom Markt umfassen.

- **Erleichterung von Untersuchungen:** Der bevollmächtigte Vertreter muss möglicherweise mit den Regulierungsbehörden bei Untersuchungen potenzieller Nichteinhaltungen oder schwerwiegender Vorfälle zusammenarbeiten. Dies könnte den Zugang zu relevantem Personal und Dokumentation, die Erleichterung der Kommunikation zwischen dem Anbieter und den Regulierungsbehörden sowie die Koordination der Logistik der Untersuchung umfassen.

## 5. Kontakt mit dem Anbieter aufrechterhalten: Sicherstellung einer kontinuierlichen Kommunikation und Ausrichtung

Der bevollmächtigte Vertreter muss regelmäßigen Kontakt mit dem internationalen Anbieter halten und sicherstellen, dass sie über alle Änderungen am KI-System, alle aufkommenden Risiken und alle Konformitätsprobleme informiert werden. Diese Kommunikation ist entscheidend, um sicherzustellen, dass der bevollmächtigte Vertreter seine Rolle effektiv ausüben kann und dass die KI-Systeme des Anbieters weiterhin dem KI-Gesetz entsprechen.

### Auswahl eines bevollmächtigten Vertreters: Den richtigen Partner wählen

Die Wahl eines bevollmächtigten Vertreters ist eine wichtige Entscheidung für internationale Anbieter. Sie müssen einen Partner auswählen, der:

- **Expertise im EU-Recht und in den Vorschriften:** Der bevollmächtigte Vertreter muss ein tiefes Verständnis des EU-KI-Gesetzes und anderer relevanter EU-Gesetze und -Vorschriften haben.

- **Erfahrung mit KI-Systemen:** Der bevollmächtigte Vertreter sollte Erfahrung mit KI-Systemen haben, idealerweise im gleichen Sektor oder Bereich wie die Systeme des Anbieters.

- **Starke Kommunikations- und Koordinationsfähigkeiten:** Der bevollmächtigte Vertreter muss in der Lage sein, effektiv sowohl mit dem Anbieter als auch mit den EU-Regulierungsbehörden zu kommunizieren, den Informationsaustausch zu erleichtern und Probleme schnell zu lösen.

- **Verpflichtung zur Einhaltung der Vorschriften:** Der bevollmächtigte Vertreter muss sicherstellen, dass die KI-Systeme des Anbieters den Anforderungen des KI-Gesetzes entsprechen.

**Die Rolle des Mandats: Definition von Verantwortlichkeiten und Befugnissen**

Die Beziehung zwischen dem internationalen Anbieter und dem bevollmächtigten Vertreter wird durch ein schriftliches Mandat formalisiert. Das Mandat legt die spezifischen Verantwortlichkeiten und Befugnisse des bevollmächtigten Vertreters fest und stellt sicher, dass sie die rechtliche Befugnis haben, im Namen des Anbieters in Bezug auf das KI-Gesetz zu handeln.

Das Mandat sollte klar definieren:

- **Den Umfang der Vertretung:** Die spezifischen KI-Systeme, für die der bevollmächtigte Vertreter verantwortlich ist.

- **Die Verantwortlichkeiten des bevollmächtigten Vertreters:** Die spezifischen Aufgaben, die der bevollmächtigte Vertreter ausführen darf, wie z. B. die Überprüfung der Konformitätsdokumentation, die Führung von Aufzeichnungen, die Bereitstellung von Informationen an Behörden, die Zusammenarbeit bei Untersuchungen und die Meldung schwerwiegender Vorfälle.

- **Die Dauer des Mandats:** Den Zeitraum, für den das Mandat gültig ist.

- **Die Beendigung des Mandats:** Die Umstände, unter denen das Mandat beendet werden kann, z. B. wenn der Anbieter die Anforderungen des KI-Gesetzes nicht erfüllt oder wenn der bevollmächtigte Vertreter der Meinung ist, dass sie ihre Rolle nicht mehr effektiv ausüben können.

Das Mandat sollte sowohl vom internationalen Anbieter als auch vom bevollmächtigten Vertreter unterzeichnet werden und den EU-Regulierungsbehörden auf Anfrage zur Verfügung gestellt werden.

**Bevollmächtigte Vertreter: Sicherstellung eines fairen Wettbewerbs für vertrauenswürdige KI**

Die Anforderung an bevollmächtigte Vertreter ist ein wesentliches Element des Rahmens des EU-KI-Gesetzes für vertrauenswürdige KI. Sie hilft sicherzustellen, dass alle innerhalb der EU verwendeten Hochrisiko-KI-Systeme, unabhängig von ihrem Ursprung, denselben hohen Sicherheits-, Fairness- und Vertrauensstandards unterliegen.

Durch die Benennung eines bevollmächtigten Vertreters zeigen internationale Anbieter ihr Engagement für die Einhaltung des KI-Gesetzes und ihren Beitrag zu einem verantwortungsvollen und ethischen KI-Ökosystem innerhalb der EU. Bevollmächtigte Vertreter spielen eine unverzichtbare Rolle bei der Überbrückung der Lücke zwischen internationalen Anbietern und EU-Regulierungsbehörden, erleichtern die Kommunikation, stellen die Einhaltung der Vorschriften sicher und fördern letztlich das Vertrauen in die KI-Technologie.

# KAPITEL FÜNFZEHN: Importeure und Distributoren: Ihre Rolle in der AI-Wertschöpfungskette

Wir haben die entscheidenden Rollen der AI-Anbieter und ihre Verpflichtungen gemäß dem EU-Gesetz zur Künstlichen Intelligenz (AI Act) untersucht. Doch der Weg eines AI-Systems von seiner Entstehung bis zu seiner Nutzung umfasst oft mehr als nur den Anbieter. Stellen Sie es sich wie einen Staffellauf vor: Der Anbieter beginnt das Rennen, indem er das System entwickelt, aber andere Läufer müssen den Stab weitertragen, um es ins Ziel zu bringen. In der Welt der KI sind diese anderen Läufer die Importeure und Distributoren, die Unternehmen, die AI-Systeme von außerhalb der EU in den EU-Markt bringen und sie für Anwender und Nutzer verfügbar machen.

Das EU-Gesetz zur Künstlichen Intelligenz erkennt an, dass Importeure und Distributoren eine bedeutende Rolle dabei spielen, die Vertrauenswürdigkeit von AI-Systemen zu gewährleisten. Sie fungieren als Torwächter und stellen sicher, dass nur konforme Systeme in den EU-Markt gelangen und dass diese Systeme die Anwender mit den notwendigen Informationen erreichen, um sie sicher und ethisch zu nutzen. Das Gesetz verpflichtet Importeure und Distributoren zu spezifischen Verpflichtungen und macht sie für die Systeme verantwortlich, die sie handhaben, wodurch das Engagement der EU für ein sicheres und vertrauenswürdiges AI-Ökosystem verstärkt wird.

Lassen Sie uns die Rollen der Importeure und Distributoren sowie ihre spezifischen Verpflichtungen gemäß dem AI Act untersuchen.

### Importeure: Der erste Eintrittspunkt in den EU-Markt

Importeure sind die Unternehmen, die AI-Systeme von außerhalb der EU in den EU-Markt bringen. Sie sind der erste Eintrittspunkt für diese Systeme, diejenigen, die sie physisch über die Grenzen transportieren und sie Distributoren und Anwendern innerhalb der EU zur Verfügung stellen.

Importeure fungieren als Torwächter und stellen sicher, dass nur konforme AI-Systeme in den EU-Markt gelangen. Dies bedeutet, dass sie die Verantwortung haben, zu überprüfen, dass die Systeme, die sie importieren, die Anforderungen des Gesetzes erfüllen, insbesondere diejenigen, die sich auf Hochrisiko-AI-Systeme beziehen. Sie haben auch die Verpflichtung, relevante Informationen an die Behörden weiterzugeben und bei Bedarf mit Durchsetzungsmaßnahmen zu kooperieren.

## Verpflichtungen der Importeure: Sorgfaltspflicht und Konformitätsprüfung

Das EU-Gesetz zur Künstlichen Intelligenz verpflichtet Importeure von Hochrisiko-AI-Systemen zu mehreren Schlüsselverpflichtungen:

## 1. Vorab-Verifizierung: Sicherstellung der Konformität vor dem Eintritt

Bevor ein Hochrisiko-AI-System auf den EU-Markt gebracht wird, müssen Importeure eine Reihe von Prüfungen durchführen, um sicherzustellen, dass das System die Anforderungen des Gesetzes erfüllt. Diese Prüfungen umfassen:

- **Konformitätsbewertung:** Überprüfung, dass der Anbieter das geeignete Konformitätsbewertungsverfahren für das AI-System durchgeführt hat und dass die notwendigen Dokumente in Ordnung sind. Dies umfasst die Überprüfung der technischen Dokumentation, die detaillierte Informationen über das Design, die Entwicklung, das Testen, das Risikomanagement und den Nachmarktüberwachungsplan des Systems enthält.

- **Technische Dokumentation:** Sicherstellung, dass die technische Dokumentation vollständig, genau und den Anforderungen des Gesetzes entsprechend ist. Dies

134

umfasst die Überprüfung, dass die Dokumentation die notwendigen Informationen bereitstellt, um die Konformität des Systems mit den Anforderungen des Gesetzes zu bewerten.

- **CE-Kennzeichnung:** Überprüfung, dass das AI-System die CE-Kennzeichnung trägt, die die Konformität mit den EU-Vorschriften anzeigt. Die CE-Kennzeichnung zeigt an, dass das System das geeignete Konformitätsbewertungsverfahren durchlaufen hat und die wesentlichen Anforderungen des AI-Gesetzes erfüllt.

- **EU-Konformitätserklärung:** Überprüfung, dass das AI-System von der EU-Konformitätserklärung begleitet wird, die eine formelle Erklärung des Anbieters ist, dass das System die Anforderungen des Gesetzes erfüllt. Die Konformitätserklärung enthält eine Beschreibung des Systems, eine Konformitätserklärung, eine Liste der Standards und Spezifikationen, denen das System entspricht, und Informationen über das Konformitätsbewertungsverfahren.

- **Gebrauchsanweisung:** Sicherstellung, dass das AI-System von einer klaren und verständlichen Gebrauchsanweisung begleitet wird, die in einer Sprache verfasst ist, die von den beabsichtigten Nutzern leicht verstanden wird. Die Gebrauchsanweisung sollte die Informationen bereitstellen, die die Anwender benötigen, um das System sicher und effektiv zu implementieren und zu betreiben.

- **Bevollmächtigter Vertreter:** Wenn der Anbieter außerhalb der EU ansässig ist, Überprüfung, dass der Anbieter einen bevollmächtigten Vertreter innerhalb der EU ernannt hat. Der bevollmächtigte Vertreter handelt im Namen des Anbieters in Bezug auf das AI-Gesetz und stellt sicher, dass die Systeme des Anbieters die Anforderungen des Gesetzes erfüllen und als Ansprechpartner für EU-Regulierungsbehörden fungieren.

Diese Vorab-Verifizierungsschritte sind entscheidend, um sicherzustellen, dass nur konforme AI-Systeme in den EU-Markt gelangen. Importeure sind die erste Verteidigungslinie und schützen die EU vor potenziell schädlichen oder unvertrauenswürdigen Systemen.

**2. Handhabung von Nicht-Konformität: Maßnahmen bei Feststellung von Problemen**

Wenn ein Importeur Grund zu der Annahme hat, dass ein Hochrisiko-AI-System, das er importiert, die Anforderungen des Gesetzes nicht erfüllt, ist er verpflichtet, Maßnahmen zu ergreifen, um das Problem zu beheben. Dies könnte umfassen:

- **Kontaktaufnahme mit dem Anbieter:** Informieren des Anbieters über die potenzielle Nicht-Konformität und Aufforderung, korrigierende Maßnahmen zu ergreifen, um das Problem zu beheben. Dies könnte die Aktualisierung der Software des Systems, die Bereitstellung zusätzlicher Dokumentation oder die Durchführung weiterer Tests und Validierungen umfassen.

- **Verweigerung des Imports des Systems:** Wenn der Anbieter die Nicht-Konformität nicht behebt oder wenn der Importeur der Meinung ist, dass das System ein ernsthaftes Risiko für die Sicherheit oder die Grundrechte darstellt, kann er den Import des Systems in die EU verweigern.

- **Benachrichtigung der Behörden:** In Fällen, in denen der Importeur der Meinung ist, dass das nicht-konforme System ein ernsthaftes Risiko darstellt, ist er verpflichtet, die nationalen Behörden, die für die Marktüberwachung zuständig sind, zu benachrichtigen. Dies stellt sicher, dass die Behörden über das potenzielle Problem informiert sind und geeignete Maßnahmen zum Schutz der Öffentlichkeit ergreifen können.

Importeure spielen eine entscheidende Rolle bei der Identifizierung und Behebung von nicht-konformen AI-Systemen und verhindern, dass potenziell schädliche Systeme den EU-Markt erreichen.

### 3. Aufzeichnungspflicht: Einen Beweispfad aufrechterhalten

Importeure sind verpflichtet, Aufzeichnungen über die Hochrisiko-AI-Systeme, die sie importieren, zu führen, einschließlich:

- **Systemidentifikation:** Eine klare Identifikation des AI-Systems, einschließlich seines Namens, seiner Versionsnummer und anderer relevanter Identifikatoren.

- **Anbieterinformationen:** Der Name und die Kontaktdaten des Anbieters, einschließlich seiner Adresse und eventueller relevanter Registrierungs- oder Autorisierungsnummern.

- **Konformitätsbewertungsdokumentation:** Eine Kopie der technischen Dokumentation, der EU-Konformitätserklärung und etwaiger Konformitätsbewertungszertifikate, die von einer benannten Stelle ausgestellt wurden (falls zutreffend).

- **Importdatum:** Das Datum, an dem das System in die EU importiert wurde.

Diese Aufzeichnungen bieten einen Beweispfad, der verwendet werden kann, um die Einhaltung des AI-Gesetzes zu demonstrieren und den Weg des Systems von seinem Ursprung bis zu seiner Nutzung innerhalb der EU nachzuverfolgen. Der Importeur muss diese Aufzeichnungen für einen Zeitraum von 10 Jahren nach Inverkehrbringen des AI-Systems aufbewahren.

### 4. Bereitstellung von Informationen an Behörden: Erleichterung der Durchsetzung

Importeure müssen mit den nationalen Behörden, die für die Marktüberwachung zuständig sind, zusammenarbeiten und ihnen die Informationen bereitstellen, die sie zur Durchsetzung des AI-Gesetzes benötigen. Dies könnte umfassen:

- **Beantwortung von Anfragen:** Der Importeur muss zeitnah auf Anfragen von Regulierungsbehörden bezüglich der AI-Systeme, die sie importieren, antworten und die notwendigen Informationen und Dokumentationen bereitstellen, um die Einhaltung nachzuweisen.

- **Erleichterung von Inspektionen und Audits:** Der Importeur muss möglicherweise Inspektionen oder Audits seiner Einrichtungen oder Prozesse durch EU-Regulierungsbehörden erleichtern. Dies könnte die Koordination der Logistik der Inspektion, den Zugang zu relevantem Personal und Dokumentationen sowie die Übersetzung der Kommunikation zwischen dem Anbieter und den Regulierungsbehörden umfassen.

- **Bereitstellung von Mustern:** Der Importeur kann verpflichtet sein, Muster der AI-Systeme, die er importiert, den Regulierungsbehörden zur Prüfung und Bewertung bereitzustellen.

## 5. Selbstidentifikation: Transparenz und Verantwortlichkeit

Importeure müssen sich klar auf den AI-Systemen, die sie importieren, identifizieren, indem sie ihren Namen, ihren eingetragenen Handelsnamen oder ihre Marke und ihre Kontaktdaten angeben. Diese Informationen sollten auf dem System selbst oder auf seiner Verpackung oder der begleitenden Dokumentation enthalten sein. Diese Transparenz ermöglicht es Regulierungsbehörden und anderen Interessenvertretern, den Importeur eines bestimmten AI-Systems leicht zu identifizieren, was die Verantwortlichkeit fördert und die Durchsetzung erleichtert.

## Distributoren: Die Verbindung zwischen Importeuren und Anwendern

Distributoren sind die Unternehmen, die AI-Systeme auf dem EU-Markt verfügbar machen. Sie fungieren als Vermittler, kaufen Systeme von Importeuren und verkaufen sie an Anwender oder andere Distributoren. Obwohl Distributoren möglicherweise nicht direkt an der Gestaltung oder Entwicklung der AI-Systeme beteiligt sind, die sie handhaben, spielen sie dennoch eine wichtige Rolle bei der Sicherstellung ihrer Vertrauenswürdigkeit.

Das EU-Gesetz zur Künstlichen Intelligenz erkennt an, dass Distributoren zur Sicherheit und ethischen Nutzung von AI-Systemen beitragen können durch:

- **Überprüfung der Einhaltung:** Sicherstellung, dass die Systeme, die sie handhaben, die Anforderungen des Gesetzes erfüllen.

- **Bereitstellung von Informationen:** Sicherstellung, dass Anwender die notwendigen Informationen über die Systeme erhalten, einschließlich der Gebrauchsanweisung und eventueller relevanter Sicherheitswarnungen.

- **Zusammenarbeit mit Behörden:** Zusammenarbeit mit Regulierungsbehörden zur Behebung von Konformitätsproblemen oder Sicherheitsbedenken.

**Verpflichtungen der Distributoren: Sorgfaltspflicht und Informationsweitergabe**

Das AI-Gesetz verpflichtet Distributoren von Hochrisiko-AI-Systemen zu mehreren Schlüsselverpflichtungen:

**1. Vorab-Verifizierung: Überprüfung der Konformität vor der Verteilung**

Bevor ein Hochrisiko-AI-System auf dem EU-Markt verfügbar gemacht wird, müssen Distributoren eine Reihe von Prüfungen durchführen, um sicherzustellen, dass das System die Anforderungen des Gesetzes erfüllt. Diese Prüfungen sind ähnlich wie die, die von Importeuren verlangt werden, und umfassen:

- **CE-Kennzeichnung:** Überprüfung, dass das AI-System die CE-Kennzeichnung trägt, die die Konformität mit den EU-Vorschriften anzeigt.

- **EU-Konformitätserklärung:** Überprüfung, dass das AI-System von der EU-Konformitätserklärung begleitet wird.

- **Gebrauchsanweisung:** Sicherstellung, dass das AI-System von einer klaren und verständlichen Gebrauchsanweisung begleitet wird.

## 2. Handhabung von Nicht-Konformität: Maßnahmen bei Feststellung von Problemen

Wenn ein Distributor Grund zu der Annahme hat, dass ein Hochrisiko-AI-System, das er handhabt, die Anforderungen des Gesetzes nicht erfüllt, ist er verpflichtet, Maßnahmen zu ergreifen, um das Problem zu beheben. Dies könnte umfassen:

- **Kontaktaufnahme mit dem Importeur oder Anbieter:** Informieren des Importeurs oder Anbieters über die potenzielle Nicht-Konformität und Aufforderung, korrigierende Maßnahmen zu ergreifen, um das Problem zu beheben.

- **Verweigerung der Verteilung des Systems:** Wenn der Importeur oder Anbieter die Nicht-Konformität nicht behebt oder wenn der Distributor der Meinung ist, dass das System ein ernsthaftes Risiko für die Sicherheit oder die Grundrechte darstellt, kann er die Verteilung des Systems verweigern.

- **Benachrichtigung der Behörden:** In Fällen, in denen der Distributor der Meinung ist, dass das nicht-konforme System ein ernsthaftes Risiko darstellt, ist er verpflichtet, die nationalen Behörden, die für die Marktüberwachung zuständig sind, zu benachrichtigen.

## 3. Lagerung und Transport: Aufrechterhaltung der Konformität in der gesamten Lieferkette

Distributoren sind verantwortlich dafür, sicherzustellen, dass die Hochrisiko-AI-Systeme, die sie handhaben, in einer Weise gelagert und transportiert werden, die ihre Konformität mit den Anforderungen des Gesetzes nicht beeinträchtigt. Dies könnte umfassen:

- **Geeignete Lagerbedingungen:** Sicherstellung, dass Systeme unter geeigneten Umweltbedingungen, wie Temperatur und Luftfeuchtigkeit, gelagert werden, um Schäden oder Verschlechterung zu verhindern.

- **Sicherer Transport:** Verwendung sicherer Transportmethoden, um Diebstahl, Beschädigung oder Manipulation während des Transports zu verhindern.

- **Handhabungsverfahren:** Implementierung von Verfahren zur Handhabung der Systeme, um Schäden oder Verunreinigungen zu verhindern.

Diese Maßnahmen helfen sicherzustellen, dass die Systeme die Anwender in einem konformen Zustand erreichen, bereit für eine sichere und ethische Nutzung.

### 4. Bereitstellung von Informationen an Anwender: Weitergabe des Wissensstabes

Distributoren spielen eine entscheidende Rolle bei der Verbreitung von Informationen über Hochrisiko-AI-Systeme an Anwender. Dies umfasst:

- **Gebrauchsanweisung:** Bereitstellung der Gebrauchsanweisung, die das System begleitet, an die Anwender.

- **Sicherheitswarnungen:** Mitteilung relevanter Sicherheitswarnungen oder Vorsichtsmaßnahmen an die Anwender.

- **Updates und Rückrufe:** Information der Anwender über Updates, Patches oder Rückrufe, die vom Anbieter ausgegeben werden.

Dieser Informationsaustausch ist entscheidend, um sicherzustellen, dass die Anwender das Wissen haben, das sie benötigen, um die Systeme sicher und effektiv zu implementieren und zu betreiben.

**5. Zusammenarbeit mit Behörden: Erleichterung der Durchsetzung**

Distributoren müssen mit den nationalen Behörden, die für die Marktüberwachung zuständig sind, zusammenarbeiten und ihnen die Informationen bereitstellen, die sie zur Durchsetzung des AI-Gesetzes benötigen. Dies könnte umfassen:

- **Beantwortung von Anfragen:** Der Distributor muss zeitnah auf Anfragen von Regulierungsbehörden bezüglich der AI-Systeme, die sie handhaben, antworten und die notwendigen Informationen und Dokumentationen bereitstellen, um die Einhaltung nachzuweisen.

- **Erleichterung von Inspektionen und Audits:** Der Distributor muss möglicherweise Inspektionen oder Audits seiner Einrichtungen oder Prozesse durch EU-Regulierungsbehörden erleichtern.

- **Bereitstellung von Mustern:** Der Distributor kann verpflichtet sein, Muster der AI-Systeme, die er handhabt, den Regulierungsbehörden zur Prüfung und Bewertung bereitzustellen.

- **Nachverfolgung der Lieferkette:** Der Distributor kann den Regulierungsbehörden helfen müssen, die Lieferkette eines AI-Systems nachzuverfolgen und den Importeur und den Anbieter des Systems zu identifizieren.

**Importeure und Distributoren: Verantwortung für vertrauenswürdige KI teilen**

Die Verpflichtungen des EU-Gesetzes zur Künstlichen Intelligenz für Importeure und Distributoren verstärken die gemeinsame Verantwortung für den Aufbau eines vertrauenswürdigen AI-

Ökosystems innerhalb der EU. Während Anbieter die Hauptverantwortung dafür tragen, sicherzustellen, dass ihre Systeme die Anforderungen des Gesetzes erfüllen, spielen Importeure und Distributoren eine entscheidende Rolle dabei, diese Standards in der gesamten Lieferkette aufrechtzuerhalten.

Durch die Durchführung von Sorgfaltspflichten, die Überprüfung der Konformität, die Bereitstellung von Informationen und die Zusammenarbeit mit Behörden tragen Importeure und Distributoren dazu bei:

- **Schutz des EU-Marktes:** Sicherstellung, dass nur konforme AI-Systeme in die EU gelangen und potenziell schädliche oder unvertrauenswürdige Systeme ausgeschlossen werden.

- **Förderung der sicheren und ethischen Nutzung:** Sicherstellung, dass Anwender und Nutzer die Informationen haben, die sie benötigen, um AI-Systeme verantwortungsvoll zu implementieren und zu betreiben.

- **Erleichterung der Durchsetzung:** Unterstützung der Regulierungsbehörden bei der Durchsetzung der Anforderungen des Gesetzes und bei der Behebung von Konformitätsproblemen oder Sicherheitsbedenken.

Importeure und Distributoren sind nicht nur passive Teilnehmer in der AI-Wertschöpfungskette; sie sind aktive Mitwirkende an dem Ziel der EU, ein sicheres, zuverlässiges und vertrauenswürdiges AI-Ökosystem zu fördern. Ihre Handlungen helfen, Vertrauen in die KI-Technologie zu schaffen und sicherzustellen, dass sie der Gesellschaft zugutekommt, während sie die individuellen Rechte und Freiheiten schützt.

# KAPITEL SECHZEHN: Verpflichtungen der Anwender: Praktische Umsetzung des KI-Gesetzes

Wir haben viel Zeit damit verbracht, uns auf die Verantwortlichkeiten der KI-Anbieter zu konzentrieren, also die Unternehmen, die diese Systeme entwickeln und auf den Markt bringen. Doch die Reise eines KI-Systems endet nicht dort. Sie setzt sich fort, wenn diese Systeme in realen Umgebungen eingesetzt werden, Entscheidungen treffen, Ergebnisse beeinflussen und mit Menschen interagieren. Hier kommen die Anwender ins Spiel.

Anwender sind die Personen oder Organisationen, die KI-Systeme in praktischen Anwendungen nutzen. Sie sind diejenigen, die diese Systeme in ihre Arbeitsabläufe integrieren, sie zur Entscheidungsfindung nutzen und letztlich deren Auswirkungen auf Individuen und die Gesellschaft gestalten. Stellen Sie sich diese als die Dirigenten eines Orchesters vor, die die Leistung des KI-Systems leiten und sicherstellen, dass es mit dem breiteren Kontext, in dem es operiert, harmoniert.

Das EU-KI-Gesetz erkennt an, dass Anwender eine entscheidende Rolle dabei spielen, die Vertrauenswürdigkeit von KI-Systemen sicherzustellen. Sie sind oft diejenigen, die den direktesten Kontakt zu den von den Entscheidungen des Systems betroffenen Individuen haben, und sie sind am besten positioniert, um die Auswirkungen des Systems in einem spezifischen Kontext zu verstehen.

Während die Anbieter die primäre Verantwortung dafür tragen, dass ihre Systeme den Anforderungen des Gesetzes entsprechen, teilen sich die Anwender diese Verantwortung, indem sie diese Systeme verantwortungsvoll implementieren, deren Leistung überwachen und gegebenenfalls Korrekturmaßnahmen ergreifen. Das Gesetz stellt spezifische Verpflichtungen für Anwender, insbesondere solche, die Hochrisiko-KI-Systeme nutzen, um sicherzustellen, dass diese Systeme sicher, ethisch und auf eine Weise genutzt werden, die die Grundrechte respektiert.

Schauen wir uns diese Verpflichtungen im Detail an und verstehen, wie Anwender zu einem vertrauenswürdigen KI-Ökosystem beitragen können.

**Anleitungsfolgen: Die Gebrauchsanweisung für verantwortungsvolle KI**

Stellen Sie sich vor, Sie kaufen ein neues Gerät, sagen wir eine schicke Espressomaschine. Sie würden sie nicht einfach einstecken und wahllos Knöpfe drücken in der Hoffnung, dass alles gut geht. Sie würden wahrscheinlich zuerst die Gebrauchsanweisung lesen, oder? Die Anleitung sagt Ihnen, wie Sie die Maschine sicher und effektiv verwenden, wie Sie die gewünschten Ergebnisse erzielen und was Sie tun sollen, wenn etwas schiefgeht.

KI-Systeme, insbesondere Hochrisiko-Systeme, sind viel komplexer als Espressomaschinen, aber das Prinzip ist dasselbe. Anbieter sind verpflichtet, den Anwendern klare und umfassende Gebrauchsanweisungen bereitzustellen, die die Fähigkeiten, Grenzen und potenziellen Risiken des Systems sowie die Verfahren für dessen sicheren und verantwortungsvollen Betrieb beschreiben.

Das EU-KI-Gesetz betont, dass Anwender die Verpflichtung haben, diese Anweisungen zu befolgen. Das mag offensichtlich erscheinen, ist aber ein entscheidender Punkt. Anwender müssen sich die Zeit nehmen, das System zu verstehen, das sie verwenden, die Anweisungen sorgfältig zu lesen und den Empfehlungen des Anbieters zu folgen. Eine Nichtbeachtung könnte zu Fehlern, Funktionsstörungen und unbeabsichtigten Folgen führen, die möglicherweise Individuen gefährden oder deren Rechte verletzen.

Die Befolgung der Anweisungen geht nicht nur darum, rechtliche Strafen zu vermeiden; es geht darum, das KI-System verantwortungsvoll zu nutzen und seine potenziellen Vorteile zu maximieren. Die Anweisungen bieten den Anwendern wertvolle

Einblicke in das Design des Systems, seine Grenzen und die potenziellen Fallstricke, die vermieden werden sollten. Sie sind ein Leitfaden für die verantwortungsvolle Implementierung von KI, der Anwender in Richtung sicherer und ethischer Nutzung führt.

**Menschliche Aufsicht: Die Rolle des Dirigenten im KI-Orchester**

Wir haben das Konzept der menschlichen Aufsicht in einem früheren Kapitel untersucht und ihre entscheidende Rolle dabei betont, sicherzustellen, dass KI unter menschlicher Kontrolle bleibt und ihre Entscheidungen mit menschlichen Werten übereinstimmen. Das KI-Gesetz verlangt von Anbietern, ihre Hochrisiko-Systeme so zu gestalten, dass eine effektive menschliche Aufsicht möglich ist, aber es liegt letztlich an den Anwendern, diese Aufsichtsmechanismen in der Praxis umzusetzen.

Anwender müssen sicherstellen, dass menschliche Bediener auf den entsprechenden Ebenen in den Betrieb des Systems involviert sind und dass sie die notwendige Kompetenz, Schulung und Autorität haben, um ihre Rollen effektiv auszuführen. Dies könnte Folgendes umfassen:

- **Auswahl qualifizierter Bediener:** Auswahl von Individuen, die das notwendige Wissen, die Fähigkeiten und das Urteilsvermögen haben, um die Ausgaben des KI-Systems zu verstehen, potenzielle Probleme zu erkennen und einzugreifen, wenn dies erforderlich ist. Dies könnte die Suche nach Personen mit Expertise im relevanten Bereich, die Bereitstellung spezifischer Schulungen zum KI-System und die Sicherstellung umfassen, dass sie ein gutes Verständnis der Anforderungen des Gesetzes und der ethischen Implikationen der KI-Nutzung haben.

- **Bereitstellung adäquater Schulungen:** Sicherstellen, dass Bediener eine adäquate Schulung zur Funktionalität des KI-Systems, seinen Fähigkeiten und Grenzen, den potenziellen Risiken, die mit seiner Nutzung verbunden sind, und den Verfahren für menschliche Interventionen erhalten. Schulungen sollten auf das spezifische System und die Rollen und Verantwortlichkeiten der Bediener zugeschnitten sein.

- **Einrichtung klarer Protokolle für Interventionen:** Entwicklung klarer Protokolle, die die Umstände spezifizieren, unter denen menschliche Bediener in den Betrieb des Systems eingreifen sollten, die Verfahren dafür und die Meldeverfahren zur Dokumentation von Interventionen. Diese Protokolle helfen sicherzustellen, dass Interventionen rechtzeitig, angemessen und gut dokumentiert sind.

- **Überwachung und Bewertung der Leistung der Bediener:** Regelmäßige Überwachung und Bewertung der Leistung menschlicher Bediener, um sicherzustellen, dass sie das KI-System effektiv überwachen und dass sie die festgelegten Protokolle einhalten. Dies könnte die Überprüfung von Aufzeichnungen über Interventionen, die Durchführung von Beobachtungen der Bediener in Aktion und die Bereitstellung von Feedback und zusätzlicher Schulung bei Bedarf umfassen.

**Eingabedatenkontrolle: Füttern des Systems mit qualitativ hochwertigen Zutaten**

Genau wie ein Koch sorgfältig die Zutaten für ein Gericht auswählt, müssen Anwender besonders auf die Daten achten, die sie in ihre KI-Systeme eingeben. Die Qualität der Eingabedaten beeinflusst direkt die Leistung des Systems und die Zuverlässigkeit seiner Ausgaben.

Das EU-KI-Gesetz verlangt von Anwendern, sicherzustellen, dass die Eingabedaten, die sie Hochrisiko-Systemen bereitstellen, relevant und ausreichend repräsentativ sind, unter Berücksichtigung des beabsichtigten Zwecks des Systems. Dies umfasst:

- **Verständnis der Datenerfordernisse:** Anwender müssen die spezifischen Datenerfordernisse des KI-Systems verstehen, das sie nutzen. Diese Informationen sind normalerweise in der Gebrauchsanweisung enthalten und können Spezifikationen für den Typ, das Format, die Qualität und die Menge der benötigten Daten umfassen.

- **Validierung von Datenquellen:** Anwender sollten verifizieren, dass die von ihnen verwendeten Daten aus zuverlässigen Quellen stammen und die Qualitätskriterien des Gesetzes erfüllen. Dies könnte die Bewertung der Genauigkeit, Vollständigkeit, Relevanz, Repräsentativität und Freiheit von Bias der Daten umfassen.

- **Vorverarbeitung von Daten:** Anwender müssen die Eingabedaten möglicherweise vorverarbeiten, bevor sie in das KI-System eingegeben werden. Dies könnte die Bereinigung der Daten zur Entfernung von Fehlern oder Inkonsistenzen, die Transformation in ein Format, das mit dem System kompatibel ist, oder die Anonymisierung zur Wahrung der Privatsphäre der Individuen umfassen.

- **Überwachung der Datenqualität:** Anwender sollten Verfahren zur Überwachung der Qualität der Eingabedaten im Zeitverlauf implementieren und nach Anzeichen von Verschlechterung oder Drift suchen, die die Leistung des Systems beeinträchtigen könnten. Dies könnte das Verfolgen von Daten-Genauigkeitsmetriken, die regelmäßige Überprüfung von Datenquellen und die Implementierung von Mechanismen zur Erkennung und Behebung von Datenqualitätsproblemen umfassen.

### Überwachung der Systemleistung: Ein wachsames Auge auf die KI haben

Anwender haben die Verantwortung, die Leistung ihrer Hochrisiko-KI-Systeme in realen Umgebungen zu überwachen. Diese Überwachung hilft, potenzielle Probleme zu identifizieren, die Wirksamkeit von Abhilfemaßnahmen zu bewerten und sicherzustellen, dass das System sicher, zuverlässig und vertrauenswürdig bleibt.

Das EU-KI-Gesetz legt spezifische Überwachungsverpflichtungen für Anwender fest und verlangt von ihnen:

- **Verfolgung von Leistungskennzahlen:** Anwender sollten die Leistung des Systems anhand vordefinierter Kennzahlen, wie Genauigkeit, Robustheit und Fairness, verfolgen. Dies könnte das Sammeln von Daten zu den Ausgaben des Systems, das Vergleichen seiner Leistung mit Benchmarks und das Analysieren seines Verhaltens im Zeitverlauf umfassen.

- **Sammeln von Nutzerfeedback:** Anwender sollten Mechanismen zur Sammlung von Feedback von Nutzern des KI-Systems einrichten. Dieses Feedback kann wertvolle Einblicke in die Leistung des Systems, seine Benutzerfreundlichkeit und seine Auswirkungen auf Individuen bieten.

- **Identifizierung von Anomalien und Funktionsstörungen:** Anwender sollten wachsam bei der Identifizierung von Anomalien oder Funktionsstörungen im Betrieb des Systems sein. Dies könnte die Überprüfung von Systemprotokollen, die Analyse von Leistungsdaten oder die Untersuchung von Nutzerbeschwerden umfassen.

- **Informieren von Anbietern über potenzielle Probleme:** Wenn Anwender potenzielle Probleme mit dem System identifizieren, haben sie die Verpflichtung, den Anbieter zu informieren. Dies ermöglicht dem Anbieter, das Problem zu untersuchen, Korrekturmaßnahmen zu ergreifen oder das System bei Bedarf vom Markt zurückzurufen.

- **Aussetzung der Systemnutzung, wenn nötig:** In Fällen, in denen der Anwender der Meinung ist, dass die Nutzung des KI-Systems ein ernsthaftes Risiko für die Sicherheit oder die Grundrechte darstellt, sind sie verpflichtet, die

Nutzung des Systems auszusetzen und den Anbieter und die zuständigen Behörden zu benachrichtigen.

## Aufzeichnungspflicht: Dokumentation der realen Reise des Systems

Genau wie Anbieter verpflichtet sind, technische Dokumentationen zu führen, haben Anwender die Verpflichtung, Aufzeichnungen über ihre Nutzung von Hochrisiko-KI-Systemen zu führen. Diese Aufzeichnungen bieten eine Spur von Beweisen, die verwendet werden können, um die Einhaltung des KI-Gesetzes nachzuweisen, den Betrieb des Systems nachzuverfolgen und potenzielle Probleme zu identifizieren.

Das KI-Gesetz schreibt keine spezifische Form oder spezifischen Inhalt für alle Anwenderaufzeichnungen vor, betont jedoch die Bedeutung, wichtige Ereignisse und Kennzahlen im Zusammenhang mit der realen Nutzung des Systems zu erfassen. Diese Aufzeichnungen könnten umfassen:

- **Einsatzdetails:** Eine Aufzeichnung des Systemeinsatzes, einschließlich des Einsatzdatums, des Einsatzortes und der spezifischen Aufgaben, die es ausführt.

- **Eingabedatenaufzeichnungen:** Aufzeichnungen der Eingabedaten, die in das System eingegeben werden, einschließlich ihrer Quelle, ihrer Charakteristika und aller vorverarbeitenden Schritte, die durchgeführt wurden.

- **Ausgabedatenaufzeichnungen:** Aufzeichnungen der Ausgaben des Systems, einschließlich seiner Vorhersagen, Klassifikationen, Empfehlungen und aller anderen Entscheidungen, die es trifft.

- **Aufzeichnungen zur menschlichen Aufsicht:** Aufzeichnungen aller menschlichen Interventionen in den Betrieb des Systems, einschließlich der Gründe für die Intervention, der ergriffenen Maßnahmen und der Ergebnisse.

- **Leistungskennzahlen:** Aufzeichnungen der Leistung des Systems anhand vordefinierter Kennzahlen, wie Genauigkeit, Robustheit und Fairness.

- **Zwischenfallberichte:** Aufzeichnungen aller Vorfälle oder Funktionsstörungen, die auftreten, einschließlich einer Beschreibung des Vorfalls, der potenziellen Ursachen und der Maßnahmen, die ergriffen wurden, um das Problem zu beheben.

- **Nutzerfeedback:** Aufzeichnungen aller Rückmeldungen, die von Nutzern des Systems erhalten wurden, einschließlich Beschwerden, Verbesserungsvorschlägen und Berichten über Probleme oder Bedenken.

**Grundrechtsfolgenabschätzung: Ein proaktiver Ansatz zum Schutz der individuellen Rechte**

Anwender von Hochrisiko-KI-Systemen, insbesondere solche, die im öffentlichen Sektor tätig sind oder öffentliche Dienstleistungen erbringen, haben eine zusätzliche Verpflichtung gemäß dem KI-Gesetz: die Durchführung einer Grundrechtsfolgenabschätzung (FRIA). Diese Bewertung ist eine proaktive Maßnahme, die darauf abzielt, potenzielle Risiken für die Grundrechte zu identifizieren und zu mildern, die aus der Nutzung des KI-Systems entstehen könnten.

Die FRIA ist keine einmalige Aktivität; es ist ein kontinuierlicher Prozess, der vor dem Einsatz des Systems durchgeführt und während seines Lebenszyklus regelmäßig überprüft werden sollte. Dies umfasst:

- **Identifizierung potenzieller Risiken:** Der erste Schritt der FRIA besteht darin, potenzielle Risiken für die Grundrechte zu identifizieren, die aus der Nutzung des KI-Systems entstehen könnten. Dies umfasst die Berücksichtigung der beabsichtigten Nutzung des Systems, der Arten von Daten, die es verarbeitet, der

Entscheidungen, die es trifft, und der potenziellen Auswirkungen auf Individuen und Gruppen.

- **Bewertung der Schwere und Wahrscheinlichkeit von Risiken:** Sobald potenzielle Risiken identifiziert wurden, besteht der nächste Schritt darin, deren Schwere und Wahrscheinlichkeit zu bewerten. Dies umfasst die Berücksichtigung des potenziellen Schadens, der entstehen könnte, wenn das Risiko eintritt, und der Wahrscheinlichkeit, dass das Risiko auftritt.

- **Entwicklung von Minderungsmaßnahmen:** Für jedes identifizierte Risiko sollte der Anwender Minderungsmaßnahmen entwickeln, um dessen Wahrscheinlichkeit oder Schwere zu verringern. Diese Maßnahmen könnten die Anpassung des Systemdesigns, die Implementierung zusätzlicher Sicherheitsvorkehrungen, die Bereitstellung von Schulungen für Bediener oder die Festlegung klarer Verfahren für menschliche Interventionen umfassen.

- **Überwachung und Überprüfung der Wirksamkeit von Minderungsmaßnahmen:** Die FRIA ist ein kontinuierlicher Prozess. Der Anwender sollte die Wirksamkeit der Minderungsmaßnahmen regelmäßig überwachen und überprüfen und gegebenenfalls Anpassungen vornehmen, um aufkommenden Risiken oder sich ändernden Umständen zu begegnen.

**Transparenz gegenüber Individuen: Wissen, wann KI die Entscheidung trifft**

Anwender haben auch die Verpflichtung, gegenüber Individuen transparent zu sein, wenn es um die Nutzung von Hochrisiko-KI-Systemen geht, insbesondere wenn diese Systeme Entscheidungen treffen, die erhebliche Auswirkungen auf ihr Leben haben. Das Gesetz verlangt von Anwendern, Individuen darüber zu informieren, dass sie dem Einsatz des Systems unterliegen, es sei denn, dies ist aus dem Kontext offensichtlich. Diese Informationen sollten umfassen:

- **Der beabsichtigte Zweck des Systems:** Eine klare Erklärung, wofür das System konzipiert ist und wie es im spezifischen Kontext verwendet wird.

- **Die Arten von Entscheidungen, die es trifft:** Eine Beschreibung der Arten von Entscheidungen, die das System trifft, und der potenziellen Konsequenzen dieser Entscheidungen.

- **Das Recht auf Erklärung:** Informationen über das Recht des Individuums, eine Erklärung des Entscheidungsprozesses des Systems zu erhalten, wenn die Entscheidung rechtliche Wirkungen produziert oder das Individuum ähnlich erheblich betrifft.

Diese Transparenz ermächtigt Individuen, zu verstehen, wie KI in ihrem Leben eingesetzt wird, und ihre Rechte in Bezug auf diese Systeme auszuüben. Sie fördert Vertrauen und hilft, Bedenken hinsichtlich des Potenzials für Missbrauch von KI zu mildern.

**Zusammenarbeit mit Behörden: Ein kollaborativer Ansatz zur Durchsetzung**

Anwender von Hochrisiko-KI-Systemen sind verpflichtet, mit den nationalen Behörden zusammenzuarbeiten, die für die Marktüberwachung verantwortlich sind. Diese Zusammenarbeit ist entscheidend, um sicherzustellen, dass die Anforderungen des Gesetzes effektiv durchgesetzt werden und dass potenzielle Probleme mit KI-Systemen rechtzeitig identifiziert und behoben werden.

Diese Zusammenarbeit könnte umfassen:

- **Beantwortung von Anfragen:** Anwender müssen zeitnah auf Anfragen von Regulierungsbehörden bezüglich ihrer Nutzung von KI-Systemen reagieren und die notwendigen

Informationen und Dokumentationen bereitstellen, um die Einhaltung nachzuweisen.

- **Ermöglichung von Inspektionen und Audits:** Anwender könnten Inspektionen oder Audits ihrer Einrichtungen oder Prozesse durch EU-Regulierungsbehörden ermöglichen müssen. Dies könnte die Koordination der Logistik der Inspektion, den Zugang zu relevantem Personal und Dokumentationen und die Übersetzung der Kommunikation zwischen dem Anwender und den Regulierungsbehörden umfassen.

- **Bereitstellung von Proben:** Anwender könnten verpflichtet sein, Proben der von ihnen genutzten KI-Systeme an die Regulierungsbehörden zur Prüfung und Bewertung zu liefern.

- **Berichterstattung über schwerwiegende Vorfälle:** Anwender haben die Verantwortung, schwerwiegende Vorfälle, die mit den von ihnen genutzten KI-Systemen auftreten, den zuständigen Behörden zu melden. Dies hilft sicherzustellen, dass die Behörden über potenzielle Probleme mit den Systemen informiert sind und geeignete Maßnahmen ergreifen können, um die Öffentlichkeit zu schützen.

### Anwender: Das menschliche Gesicht der KI

Anwender sind oft das menschliche Gesicht der KI, diejenigen, die direkt mit Individuen interagieren, die von den Entscheidungen des Systems betroffen sind. Sie spielen eine entscheidende Rolle dabei, das Bild der Öffentlichkeit von KI zu formen und sicherzustellen, dass diese Technologien auf eine Weise genutzt werden, die der Gesellschaft zugutekommt.

Die Verpflichtungen des EU-KI-Gesetzes für Anwender spiegeln die Bedeutung ihrer Rolle wider. Durch die Befolgung der Gebrauchsanweisungen, die Implementierung menschlicher Aufsicht, die Überwachung der Systemleistung, die Führung von

Aufzeichnungen, die Durchführung von Grundrechtsfolgenabschätzungen und die Zusammenarbeit mit Behörden können Anwender zu einem vertrauenswürdigen KI-Ökosystem beitragen.

Ihre Handlungen helfen sicherzustellen, dass KI-Systeme sicher, ethisch und auf eine Weise genutzt werden, die die Grundrechte respektiert, und ebnen den Weg für eine Zukunft, in der KI eine Kraft für das Gute ist.

---

# KAPITEL SIEBZEHN: Grundrechtliche Folgenabschätzung: Schutz individueller Rechte

Wir haben die vielen Facetten des EU-KI-Gesetzes untersucht, von seinen Grundprinzipien bis zu seinen spezifischen Anforderungen für Hochrisiko-KI-Systeme. Wir haben gesehen, wie das Gesetz darauf abzielt, ein vertrauenswürdiges KI-Ökosystem zu fördern, das Innovationen mit Sicherheitsvorkehrungen zum Schutz der Grundrechte in Einklang bringt. Aber wie stellen wir sicher, dass diese Sicherheitsvorkehrungen in der Praxis tatsächlich wirksam sind? Wie können wir sicher sein, dass Hochrisiko-KI-Systeme trotz ihrer potenziellen Vorteile nicht unbeabsichtigt Schaden anrichten oder individuelle Rechte verletzen?

Hier kommt die grundrechtliche Folgenabschätzung (FRIA) ins Spiel. Die FRIA ist ein entscheidendes Instrument im Arsenal des EU-KI-Gesetzes zum Schutz individueller Rechte im Zeitalter der KI. Es handelt sich um einen proaktiven Prozess, der bestimmte Einsatzkräfte von Hochrisiko-KI-Systemen dazu verpflichtet, die potenziellen Auswirkungen dieser Systeme auf die Grundrechte sorgfältig zu bewerten und Maßnahmen zur Minderung der identifizierten Risiken zu implementieren.

Stellen Sie sich die FRIA als eine Sicherheitsprüfung vor, eine Möglichkeit, vor dem Sprung in die Welt des Hochrisiko-KI-Einsatzes zu schauen. Es geht darum, potenzielle Probleme vorherzusehen, die Auswirkungen des Systems auf die Rechte der Individuen sorgfältig zu berücksichtigen und Maßnahmen zu ergreifen, um sicherzustellen, dass das System auf eine Weise verwendet wird, die diese Rechte respektiert.

**Wer muss eine FRIA durchführen? Zielgerichtete Hochrisiko-Einsätze**

Das EU-KI-Gesetz verlangt nicht für jeden Einsatz eines KI-Systems eine FRIA. Es konzentriert sich auf die Einsätze, bei denen die potenzielle Auswirkung auf die Grundrechte am größten ist. Dies bedeutet, dass die Verpflichtung zur Durchführung einer FRIA auf folgende Personen zukommt:

- **Öffentliche Einsatzkräfte:** Öffentliche Behörden, Agenturen und Stellen, die Hochrisiko-KI-Systeme einsetzen, sind zur Durchführung einer FRIA verpflichtet. Dies spiegelt die einzigartige Macht wider, die diese Einheiten besitzen, und das Potenzial, dass ihre Entscheidungen das Leben der Individuen erheblich beeinflussen. Zum Beispiel wäre eine Regierungsbehörde, die ein Hochrisiko-KI-System verwendet, um die Berechtigung für Sozialleistungen festzustellen, verpflichtet, eine FRIA durchzuführen.

- **Private Einrichtungen, die öffentliche Dienstleistungen anbieten:** Private Unternehmen, die öffentliche Dienstleistungen wie Gesundheitsversorgung, Bildung oder Verkehr anbieten, unterliegen ebenfalls der FRIA-Anforderung, wenn sie Hochrisiko-KI-Systeme einsetzen. Dies erkennt an, dass diese Unternehmen, obwohl sie im privaten Sektor tätig sind, Funktionen ausüben, die eine erhebliche öffentliche Wirkung haben. Zum Beispiel wäre ein privates Krankenhaus, das ein Hochrisiko-KI-System zur Diagnose von Krankheiten einsetzt, verpflichtet, eine FRIA durchzuführen.

- **Einsatzkräfte spezifischer Hochrisiko-Systeme:** Das Gesetz verlangt auch eine FRIA für Einsatzkräfte bestimmter Hochrisiko-KI-Systeme, unabhängig davon, ob sie öffentliche oder private Einrichtungen sind. Dazu gehören Systeme, die in sensiblen Bereichen eingesetzt werden, wie z.B.:

  o **Biometrische Identifikation:** Systeme, die Individuen anhand ihrer einzigartigen biologischen Merkmale wie Gesicht, Iris oder Gang identifizieren. Diese Systeme werfen besondere

Bedenken hinsichtlich der Privatsphäre und des Missbrauchspotenzials auf.

- o **Kredit-Scoring:** Systeme, die die Kreditwürdigkeit von Individuen bewerten, was erhebliche Auswirkungen auf ihren Zugang zu Finanzdienstleistungen und anderen Möglichkeiten haben kann.

Diese gezielten Anforderungen an FRIAs stellen sicher, dass die einschneidendsten KI-Einsätze, die das größte Potenzial haben, individuelle Rechte zu beeinflussen, diesem proaktiven Bewertungsprozess unterliegen.

**Der FRIA-Prozess: Ein Fahrplan zum Schutz der Rechte**

Die FRIA ist kein einmaliges Ereignis; es handelt sich um einen laufenden Prozess, der in den Lebenszyklus des KI-Systems integriert werden sollte. Er beginnt, bevor das System eingesetzt wird, und setzt sich während seiner gesamten Betriebszeit fort, wodurch sichergestellt wird, dass die Auswirkungen des Systems auf die Grundrechte kontinuierlich überwacht und die Minderungsmaßnahmen angepasst werden, um aufkommende Risiken oder veränderte Umstände zu bewältigen.

Lassen Sie uns den FRIA-Prozess in seine wesentlichen Phasen unterteilen:

**1. Planung und Abgrenzung: Definition der Bewertungsgrenzen**

Bevor die FRIA in Angriff genommen wird, muss der Einsatzleiter die Bewertung sorgfältig planen und abgrenzen, ihre Grenzen definieren und die wesentlichen Bereiche identifizieren, auf die er sich konzentrieren soll. Dazu gehören:

- • **Definition des KI-Systems:** Klare Definition des zu bewertenden KI-Systems, einschließlich seines beabsichtigten Zwecks, seiner Funktionalität, der Art der

Daten, die es verarbeitet, und der Entscheidungen, die es trifft.

- **Identifizierung der relevanten Grundrechte:** Identifizierung der spezifischen Grundrechte, die durch die Verwendung des KI-Systems beeinträchtigt werden könnten. Dies könnte die Berücksichtigung von Rechten wie dem Recht auf Privatsphäre, Nichtdiskriminierung, rechtlichem Gehör, Meinungsfreiheit und dem Recht auf ein faires Verfahren umfassen. Die spezifischen Rechte, die am relevantesten sind, hängen von der beabsichtigten Verwendung des Systems und seiner potenziellen Auswirkung auf Individuen ab.

- **Definition des Bewertungsumfangs:** Bestimmung des Bewertungsumfangs unter Berücksichtigung von Faktoren wie der beabsichtigten Verwendung des Systems, der Art der verarbeiteten Daten, der Zielpopulation und der potenziellen Folgen von Fehlern oder Missbrauch. Zum Beispiel könnte sich eine FRIA für ein Gesichtserkennungssystem, das von der Strafverfolgung verwendet wird, auf die potenziellen Auswirkungen auf die Privatsphäre und das Recht auf Freizügigkeit konzentrieren, während sich eine FRIA für ein Kredit-Scoring-System auf das Diskriminierungspotenzial und die Auswirkungen auf den Zugang zu Finanzdienstleistungen konzentrieren könnte.

## 2. Datenerhebung und -analyse: Verständnis der Auswirkungen des Systems

Sobald der Bewertungsumfang definiert ist, besteht der nächste Schritt darin, Daten zu erheben und zu analysieren, um die potenziellen Auswirkungen des KI-Systems auf die Grundrechte zu verstehen. Dazu könnte gehören:

- **Überprüfung der Systemdokumentation:** Untersuchung der technischen Dokumentation, die vom Anbieter bereitgestellt wird, einschließlich der

Designspezifikationen des Systems, der Risikobewertung, der Datenverwaltungs- und -managementpraktiken sowie der Testergebnisse und -validierungen.

- **Analyse der Systemausgaben:** Bewertung der Ausgaben des Systems, wie z.B. seiner Vorhersagen, Klassifikationen, Empfehlungen oder Entscheidungen, um mögliche Verzerrungen, Fehler oder unbeabsichtigte Folgen zu identifizieren, die die Grundrechte beeinträchtigen könnten.

- **Nutzerforschung:** Einholung von Feedback von Nutzern des Systems, einschließlich derjenigen, die von seinen Entscheidungen betroffen sind, um ihre Erfahrungen zu verstehen und etwaige Bedenken hinsichtlich der Auswirkungen des Systems auf ihre Rechte zu identifizieren.

- **Konsultation mit Experten:** Einholung von Inputs von Experten auf relevanten Gebieten, wie Datenschutz, Menschenrechte oder Ethik, um Einblicke in die potenziellen Risiken im Zusammenhang mit der Nutzung des Systems zu gewinnen.

## 3. Risikoidentifikation und -bewertung: Erkennung potenzieller Probleme

Das Herzstück der FRIA ist die Phase der Risikoidentifikation und -bewertung. Dazu gehören:

- **Identifizierung potenzieller Risiken:** Systematische Identifizierung potenzieller Risiken für die Grundrechte, die durch die Nutzung des KI-Systems entstehen könnten. Dies könnte das Brainstorming von Szenarien umfassen, in denen das System fehlfunktionieren, missbraucht werden oder voreingenommene oder diskriminierende Ergebnisse produzieren könnte.

- **Bewertung der Schwere und Wahrscheinlichkeit von Risiken:** Bewertung jedes identifizierten Risikos unter Berücksichtigung des potenziellen Schadens, der verursacht werden könnte, wenn das Risiko eintritt, und der Wahrscheinlichkeit, dass das Risiko auftritt. Diese Bewertung sollte auf den erhobenen und analysierten Daten aus der vorherigen Phase basieren.

Die Risikobewertung sollte klar und umfassend dokumentiert werden, wobei eine Aufzeichnung der identifizierten Risiken, ihrer Schwere und Wahrscheinlichkeit sowie der Begründung für die Bewertung erstellt wird.

### 4. Minderungsmaßnahmen: Entwicklung von Lösungen zur Risikominimierung

Sobald potenzielle Risiken für die Grundrechte identifiziert und bewertet wurden, muss der Einsatzleiter Minderungsmaßnahmen entwickeln, um diese Risiken zu minimieren. Diese Maßnahmen sollten auf die spezifischen identifizierten Risiken und den Kontext, in dem das KI-System eingesetzt wird, zugeschnitten sein.

Minderungsmaßnahmen können verschiedene Formen annehmen, darunter:

- **Anpassung des Systemdesigns:** Wenn die Risikobewertung ergibt, dass das Systemdesign selbst ein Risiko für die Grundrechte darstellt, muss der Einsatzleiter möglicherweise mit dem Anbieter zusammenarbeiten, um das Systemdesign anzupassen. Dies könnte die Modifikation der Algorithmen, die Änderung der Datenverarbeitungsmethoden oder die Hinzufügung neuer Funktionen zur Verbesserung der Transparenz, der menschlichen Aufsicht oder der Rechenschaftspflicht umfassen.

- **Implementierung zusätzlicher Sicherheitsvorkehrungen:** Der Einsatzleiter muss möglicherweise zusätzliche Sicherheitsvorkehrungen implementieren, um die Grundrechte zu schützen. Dies könnte die Einrichtung klarer Verfahren für menschliche Interventionen, die Bereitstellung von Schulungen für Bediener, die Implementierung von Datenschutztechniken oder die Entwicklung spezifischer Richtlinien und Leitlinien für die Nutzung des Systems umfassen.

- **Einschränkung der Systemnutzung:** In einigen Fällen könnte die wirksamste Minderungsmaßnahme darin bestehen, die Nutzung des Systems in bestimmten Kontexten oder für bestimmte Zwecke zu beschränken. Dies könnte die Begrenzung des Zugangs des Systems zu sensiblen Daten, das Verbot seiner Nutzung für bestimmte Arten von Entscheidungen oder die Anforderung einer menschlichen Überprüfung seiner Ausgaben in bestimmten Szenarien umfassen.

## 5. Überwachung und Überprüfung: Sicherstellung einer kontinuierlichen Wachsamkeit und Anpassung

Die FRIA ist kein einmaliges Ereignis; es handelt sich um einen laufenden Prozess, der eine kontinuierliche Überwachung und Überprüfung erfordert. Die KI-Landschaft entwickelt sich ständig weiter, wobei ständig neue Technologien, Anwendungen und Risiken auftauchen. Die Einsatzkräfte müssen wachsam bleiben und ihre Minderungsmaßnahmen nach Bedarf anpassen, um diese Veränderungen zu bewältigen.

Die Überwachung umfasst die Verfolgung der Leistung des Systems und seiner Auswirkungen auf die Grundrechte. Dies könnte umfassen:

- **Erhebung von Daten über den Systembetrieb:** Analyse von Systemprotokollen, Sammlung von Nutzerfeedback und Verfolgung von Leistungskennzahlen, um Anzeichen für potenzielle Probleme oder unbeabsichtigte Folgen zu identifizieren.

- **Überprüfung der Systemausgaben:** Regelmäßige Bewertung der Systemausgaben, wie z.B. seiner Vorhersagen, Klassifikationen oder Entscheidungen, um aufkommende Verzerrungen, Fehler oder unbeabsichtigte Folgen zu identifizieren, die die Grundrechte beeinträchtigen könnten.

- **Konsultation mit Interessengruppen:** Einbindung von Interessengruppen wie Nutzern, Experten und Interessensvertretungen, um Feedback einzuholen und mögliche Bedenken hinsichtlich der Auswirkungen des Systems auf die Grundrechte zu identifizieren.

Die Überprüfung umfasst die periodische Bewertung der Wirksamkeit der Minderungsmaßnahmen und die Anpassung nach Bedarf. Dies könnte umfassen:

- **Neubewertung der Risiken:** Überprüfung der ursprünglichen Risikobewertung, um zu sehen, ob sich die Schwere oder Wahrscheinlichkeit der Risiken geändert hat, unter Berücksichtigung neuer Informationen oder Erkenntnisse, die durch die Überwachung gewonnen wurden.

- **Bewertung der Minderungsstrategien:** Bewertung der Wirksamkeit der aktuellen Minderungsmaßnahmen, Feststellung, ob sie die identifizierten Risiken angemessen adressieren und ob Anpassungen erforderlich sind.

- **Aktualisierung von Richtlinien und Verfahren:** Überarbeitung von Richtlinien, Verfahren oder Leitlinien im Zusammenhang mit der Nutzung des Systems, um Veränderungen in der KI-Landschaft, dem Systembetrieb oder den identifizierten Risiken zu berücksichtigen.

**Transparenz und Kommunikation: Weitergabe der FRIA-Ergebnisse**

Das EU-KI-Gesetz betont die Bedeutung der Transparenz im FRIA-Prozess. Die Einsatzkräfte werden ermutigt, die Ergebnisse ihrer FRIAs den Interessengruppen mitzuteilen, einschließlich:

- **Nutzer:** Information der Nutzer des Systems über den FRIA-Prozess, die identifizierten Risiken und die implementierten Minderungsmaßnahmen. Diese Transparenz hilft den Nutzern zu verstehen, wie ihre Rechte geschützt werden, und fundierte Entscheidungen über ihre Interaktionen mit dem System zu treffen.

- **Aufsichtsbehörden:** Bereitstellung von Informationen über den FRIA-Prozess und die identifizierten Risiken an die nationalen Behörden, die für die Marktüberwachung verantwortlich sind, damit sie die Einhaltung der Anforderungen des Gesetzes bewerten und die Auswirkungen des Systems auf die Grundrechte überwachen können.

- **Die Öffentlichkeit:** In einigen Fällen kann es angebracht sein, eine Zusammenfassung der FRIA-Ergebnisse zu veröffentlichen, insbesondere für Systeme, die eine erhebliche öffentliche Wirkung haben. Diese Transparenz fördert das öffentliche Vertrauen in KI und die Rechenschaftspflicht.

**Die Rolle der Datenschutz-Folgenabschätzung: Ein komplementärer Prozess**

Die FRIA ist ein von der Datenschutz-Folgenabschätzung (DPIA) nach der Datenschutz-Grundverordnung (DSGVO) der EU getrennter Prozess. Die DPIA konzentriert sich speziell auf die Risiken für die Privatsphäre von Individuen, die sich aus der Verarbeitung ihrer personenbezogenen Daten ergeben.

Die beiden Prozesse sind jedoch komplementär, und die Ergebnisse der DPIA können hilfreich sein, um die FRIA zu informieren. Wenn beispielsweise die DPIA Risiken für die Privatsphäre von Individuen durch die Nutzung eines KI-Systems identifiziert, sollten diese Risiken auch in der FRIA berücksichtigt werden.

**Die Bedeutung von Expertise und Zusammenarbeit: Einholung von Inputs von anderen**

Die Durchführung einer gründlichen und wirksamen FRIA kann eine komplexe Aufgabe sein, die Expertise in verschiedenen Bereichen erfordert, einschließlich KI, Datenschutz, Menschenrechte und Ethik. Die Einsatzkräfte müssen möglicherweise Inputs einholen von:

- **Interne Experten:** Personen innerhalb der Organisation, die Fachwissen in relevanten Bereichen besitzen, wie Datenwissenschaftler, Rechtsberater oder Ethikexperten.

- **Externe Experten:** Berater oder Akademiker mit spezialisiertem Wissen in KI, Datenschutz, Menschenrechte oder Ethik.

- **Interessengruppen:** Nutzer des Systems, Interessensvertretungen und andere interessierte Parteien, die wertvolle Einblicke in die potenziellen Auswirkungen des Systems auf die Grundrechte geben können.

Zusammenarbeit und Konsultation sind entscheidend, um sicherzustellen, dass die FRIA umfassend und wirksam ist.

**Die FRIA: Ein Eckpfeiler der vertrauenswürdigen KI**

Die grundrechtliche Folgenabschätzung ist ein entscheidendes Instrument im Werkzeugkasten des EU-KI-Gesetzes zur Förderung einer vertrauenswürdigen KI. Es handelt sich um einen proaktiven Prozess, der den Einsatzkräften hilft, potenzielle Risiken für die Grundrechte vorherzusehen und zu mindern und sicherzustellen, dass Hochrisiko-KI-Systeme auf eine Weise verwendet werden, die diese Rechte respektiert.

Die FRIA ist nicht nur eine bürokratische Übung; sie ist eine wertvolle Gelegenheit für die Einsatzkräfte, die ethischen

Implikationen ihrer KI-Einsätze sorgfältig zu berücksichtigen und Sicherheitsvorkehrungen zu implementieren, die die Rechte der Individuen schützen. Durch die Durchführung gründlicher und effektiver FRIAs können die Einsatzkräfte zu einer Zukunft beitragen, in der KI eine Kraft für das Gute ist, die der Gesellschaft nutzt und gleichzeitig die Grundrechte aufrechterhält.

---

## KAPITEL ACHTZEHN: Benannte Stellen: Sicherstellung der unabhängigen Konformitätsbewertung

Wir haben über die spezifischen Anforderungen gesprochen, die das EU-KI-Gesetz an KI-Systeme mit hohem Risiko stellt – alle Elemente, die dazu bestimmt sind, sie sicher, fair und vertrauenswürdig zu machen. Aber wer überprüft tatsächlich, ob diese Anforderungen erfüllt werden? Wer erteilt das Gütesiegel, die Gewissheit, dass diese Systeme wirklich vertrauenswürdig und einsatzbereit sind?

Hier kommen die benannten Stellen ins Spiel. Dies sind unabhängige Organisationen, die von nationalen Behörden akkreditiert werden und als Drittprüfer fungieren, die KI-Systeme mit hohem Risiko genauestens untersuchen, um festzustellen, ob sie die strengen Anforderungen des KI-Gesetzes erfüllen. Stellen Sie sich diese als unabhängige Inspektoren vor, die jedes Detail genauestens prüfen, wie scharfsinnige Qualitätskontrollexperten, die sicherstellen, dass eine Brücke baulich sicher ist, bevor sie für den Verkehr freigegeben wird. Sie spielen eine entscheidende Rolle im Rahmen der EU für vertrauenswürdige KI, indem sie eine objektive und unparteiische Bewertung von Hochrisikosystemen bieten. Ihre Beteiligung trägt dazu bei, Vertrauen in die KI-Technologie zu schaffen und sicherzustellen, dass sie der Gesellschaft nutzt, während sie die Rechte und Freiheiten des Einzelnen schützt.

### Unabhängigkeit und Unparteilichkeit: Die Eckpfeiler der vertrauenswürdigen Bewertung

Benannte Stellen sind weder Teil der Regierung noch der Unternehmen, die die KI-Systeme entwickeln, die sie bewerten. Es handelt sich um unabhängige Einheiten, die auf Armeslänge sowohl von den Regulierungsbehörden als auch von den Anbietern operieren. Diese Unabhängigkeit ist entscheidend, um die Integrität und Objektivität ihrer Bewertungen zu gewährleisten.

Stellen Sie sich vor, ein Brückeninspektor wäre auch der Eigentümer des Bauunternehmens, das die Brücke gebaut hat. Würden Sie seiner Bewertung vertrauen? Wahrscheinlich nicht. Sie würden befürchten, dass er geneigt sein könnte, Mängel zu übersehen oder Risiken herunterzuspielen, um seine eigenen Interessen zu schützen. Ähnlich könnte die Unparteilichkeit einer benannten Stelle gefährdet sein, wenn sie finanziell vom KI-Anbieter abhängig wäre, den sie bewertet.

Das EU-KI-Gesetz betont die Bedeutung von Unabhängigkeit und Unparteilichkeit für benannte Stellen und stellt strenge Anforderungen, um sicherzustellen, dass sie objektiv und ohne Voreingenommenheit arbeiten. Diese Anforderungen umfassen:

- **Organisationsstruktur:** Das Gesetz verlangt, dass benannte Stellen eine Organisationsstruktur haben, die ihre Unabhängigkeit sicherstellt. Dies bedeutet, dass sie klare Verfahren zur Bewältigung von Interessenkonflikten haben müssen, um sicherzustellen, dass ihre Bewertungen nicht durch finanzielle oder andere Anreize beeinflusst werden. Sie müssen auch klare Berichtslinien haben, um sicherzustellen, dass die Prüfer für ihre Entscheidungen verantwortlich sind und dass es einen Mechanismus zur Lösung von Streitigkeiten oder Beschwerden gibt.

- **Finanzielle Unabhängigkeit:** Benannte Stellen dürfen nicht finanziell von den KI-Anbietern abhängig sein, die sie bewerten. Dies bedeutet, dass sie keine Finanzierung von Anbietern erhalten dürfen und auch kein finanzielles Interesse an den Systemen haben dürfen, die sie bewerten. Ihre Finanzierung stammt in der Regel aus Gebühren für ihre Bewertungsdienste, und diese Gebühren müssen so festgelegt werden, dass sie fair und transparent sind und keinen Anreiz für die benannte Stelle schaffen, bestimmte Anbieter zu bevorzugen.

- **Personalqualifikationen:** Das Gesetz verlangt, dass benannte Stellen qualifiziertes Personal mit der notwendigen Expertise zur Bewertung von KI-Systemen mit hohem Risiko haben. Diese Expertise könnte Kenntnisse in der KI-Entwicklung, im Datenmanagement, im Risikomanagement, in der Cybersicherheit, in der regulatorischen Compliance und in ethischen Überlegungen umfassen. Benannte Stellen müssen robuste Rekrutierungs- und Schulungsverfahren haben, um sicherzustellen, dass ihr Personal über die Fähigkeiten und das Wissen verfügt, um ihre Rollen effektiv zu erfüllen.

- **Interessenkonflikte:** Das Gesetz verbietet benannten Stellen und ihrem Personal, an der Gestaltung, Entwicklung, Vermarktung oder Nutzung der KI-Systeme beteiligt zu sein, die sie bewerten. Dies hilft, Situationen zu vermeiden, in denen eine benannte Stelle geneigt sein könnte, ein System zu bevorzugen, an dessen Entwicklung sie beteiligt war, oder Mängel in einem System zu übersehen, an dem sie ein finanzielles Interesse hat. Ihnen ist es auch untersagt, Beratungsdienste für Anbieter zu erbringen, was ihre Unparteilichkeit weiter sicherstellt.

Diese Anforderungen schaffen einen Rahmen, um sicherzustellen, dass benannte Stellen mit dem höchsten Maß an Unabhängigkeit und Unparteilichkeit arbeiten. Ihre Bewertungen sollen objektiv und vertrauenswürdig sein und ein zuverlässiges Gütesiegel für KI-Systeme mit hohem Risiko bieten, die die strengen Anforderungen des Gesetzes erfüllen.

**Kompetenz und Expertise: Sicherstellung, dass benannte Stellen der Aufgabe gewachsen sind**

Die Bewertung von KI-Systemen mit hohem Risiko ist eine komplexe und anspruchsvolle Aufgabe, die ein tiefes Verständnis der KI-Technologie, der relevanten Vorschriften und ethischen Überlegungen erfordert. Das EU-KI-Gesetz erkennt an, dass benannte Stellen die notwendige Kompetenz und Expertise benötigen, um diese Bewertungen effektiv durchzuführen.

Das Gesetz legt spezifische Anforderungen für benannte Stellen fest und stellt sicher, dass sie die Kapazitäten und Fähigkeiten haben, KI-Systeme mit hohem Risiko zu prüfen. Diese Anforderungen umfassen:

- **Technische Expertise:** Benannte Stellen müssen Expertise in den technischen Aspekten von KI-Systemen haben, einschließlich:

  - **KI-Algorithmen und -Modelle:** Verständnis der Prinzipien von KI-Algorithmen und -Modellen, einschließlich maschinellem Lernen, Deep Learning und anderen KI-Techniken. Dieses Wissen ist entscheidend für die Bewertung der Funktionalität des Systems, seiner Fähigkeiten und Grenzen sowie seiner potenziellen Verzerrungen oder Schwachstellen.

  - **Datenmanagement und -verwaltung:** Verständnis der Praktiken im Datenmanagement und in der Datenverwaltung, einschließlich Datenerfassung, -speicherung, -verarbeitung, -weitergabe und -löschung. Dieses Wissen ist entscheidend für die Bewertung der Datenverarbeitungspraktiken des Systems, seiner Einhaltung der Datenschutzvorschriften und seines Potenzials für Verzerrungen oder Diskriminierung.

  - **Risikomanagement und Cybersicherheit:** Verständnis der Prinzipien und Praktiken des Risikomanagements und der Cybersicherheit, einschließlich Risikoidentifikation, -bewertung, -minderung und -überwachung. Dieses Wissen ist entscheidend für die Bewertung der Risikomanagementprozesse des Systems, seiner Sicherheitsmaßnahmen und seiner Widerstandsfähigkeit gegen Fehler, Fehlfunktionen und Angriffe.

- **Regulatorische Expertise:** Benannte Stellen müssen ein tiefes Verständnis des EU-KI-Gesetzes und anderer relevanter EU-Gesetze und -vorschriften haben, einschließlich:

- o **Die spezifischen Anforderungen des KI-Gesetzes:** Ein gründliches Verständnis der Anforderungen des Gesetzes für KI-Systeme mit hohem Risiko, einschließlich der Bestimmungen zum Risikomanagement, zur Datenqualität, zur Transparenz, zur menschlichen Aufsicht, zur Genauigkeit, zur Robustheit und zur Cybersicherheit.

- o **Andere relevante EU-Vorschriften:** Kenntnisse anderer relevanter EU-Vorschriften, wie der Datenschutz-Grundverordnung (DSGVO), die Vorschriften für die Verarbeitung personenbezogener Daten festlegt.

- **Ethische Überlegungen:** Benannte Stellen sollten auch ein Verständnis der ethischen Überlegungen im Zusammenhang mit KI haben, einschließlich:

- o **Fairness und Nichtdiskriminierung:** Die Prinzipien der Fairness und Nichtdiskriminierung, die sicherstellen, dass KI-Systeme nicht auf eine Weise verwendet werden, die Einzelpersonen oder Gruppen unfair benachteiligt.

- o **Transparenz und Erklärbarkeit:** Die Bedeutung von Transparenz und Erklärbarkeit, die sicherstellt, dass Einzelpersonen verstehen, wie KI-Systeme verwendet werden und wie sie Entscheidungen treffen.

- o **Menschliche Aufsicht und Rechenschaftspflicht:** Die Notwendigkeit menschlicher Aufsicht und Rechenschaftspflicht, die sicherstellt, dass Menschen die Kontrolle über KI-Systeme behalten

und dass es Mechanismen zur Behebung von
Fehlern oder Missbrauch gibt.

**Ressourcenanforderungen: Sicherstellung, dass benannte
Stellen das Notwendige haben**

Die Durchführung gründlicher und unparteiischer Bewertungen
von KI-Systemen mit hohem Risiko erfordert mehr als nur
Expertise; es erfordert auch angemessene Ressourcen. Das EU-KI-
Gesetz verlangt, dass benannte Stellen die notwendigen
Ressourcen haben, um ihre Rollen effektiv zu erfüllen. Diese
Ressourcen umfassen:

- **Personal:** Benannte Stellen müssen über eine ausreichende
  Anzahl qualifizierter Mitarbeiter mit der notwendigen
  Expertise zur Bewertung von KI-Systemen mit hohem
  Risiko verfügen. Dies könnte die Rekrutierung von
  Personen mit spezialisierten Fähigkeiten in KI,
  Datenmanagement, Risikomanagement, Cybersicherheit,
  regulatorischer Compliance oder Ethik umfassen. Es
  erfordert auch die Bereitstellung von kontinuierlicher
  Schulung, um ihr Wissen und ihre Fähigkeiten auf dem
  neuesten Stand zu halten.

- **Finanzielle Ressourcen:** Benannte Stellen benötigen
  ausreichende finanzielle Ressourcen, um ihre Operationen
  zu unterstützen, einschließlich der Kosten für die
  Rekrutierung und Schulung von Personal, Investitionen in
  Ausrüstung und Infrastruktur sowie die Aufrechterhaltung
  ihrer Akkreditierung. Ihre Finanzierung stammt in der
  Regel aus Gebühren für ihre Bewertungsdienste, und diese
  Gebühren müssen so festgelegt werden, dass sie fair und
  transparent sind und keinen Anreiz für die benannte Stelle
  schaffen, bestimmte Anbieter zu bevorzugen.

- **Infrastruktur:** Benannte Stellen benötigen eine geeignete
  Infrastruktur, um ihre Bewertungsaktivitäten zu
  unterstützen. Dies könnte sichere Einrichtungen zur
  Speicherung sensibler Daten, spezialisierte Ausrüstung

zum Testen und Bewerten von KI-Systemen und sichere Kommunikationskanäle zur Informationsweitergabe an Anbieter und Regulierungsbehörden umfassen.

- **Qualitätsmanagementsystem:** Benannte Stellen müssen ein robustes Qualitätsmanagementsystem haben, um die Konsistenz und Qualität ihrer Bewertungen sicherzustellen. Dieses System sollte Verfahren zur Bewältigung von Interessenkonflikten, zur Sicherstellung der Unparteilichkeit von Bewertungen, zur Bearbeitung von Beschwerden und zur kontinuierlichen Verbesserung ihrer Prozesse umfassen.

### Der Benachrichtigungsprozess: Zulassung als geprüfte Bewertungsstelle

Bevor eine Konformitätsbewertungsstelle als benannte Stelle nach dem EU-KI-Gesetz tätig werden kann, muss sie ein Benachrichtigungsverfahren durchlaufen, um nachzuweisen, dass sie die strengen Anforderungen des Gesetzes an Unabhängigkeit, Kompetenz und Ressourcen erfüllt. Dieser Prozess umfasst:

- **Antragstellung:** Die Konformitätsbewertungsstelle reicht einen Antrag bei der nationalen Benachrichtigungsbehörde im EU-Mitgliedstaat ein, in dem sie ansässig ist. Der Antrag enthält eine Beschreibung der Bewertungsaktivitäten, die die Stelle durchführen will, die Arten von KI-Systemen, die sie zur Bewertung qualifiziert ist, und Beweise dafür, dass sie die Anforderungen des Gesetzes an Unabhängigkeit, Kompetenz und Ressourcen erfüllt. Diese Beweise könnten Organigramme, Finanzberichte, Personalqualifikationen, Beschreibungen der Bewertungsverfahren und Details zu ihrem Qualitätsmanagementsystem umfassen.

- **Bewertung:** Die nationale Benachrichtigungsbehörde bewertet den Antrag, prüft die eingereichten Unterlagen und führt Vor-Ort-Prüfungen der Einrichtungen und Prozesse der Stelle durch. Die Bewertung konzentriert sich darauf, zu überprüfen, ob die Stelle die Anforderungen des Gesetzes erfüllt und ob sie die notwendige Kompetenz, Expertise und Ressourcen hat, um Bewertungen effektiv und unparteiisch durchzuführen.

- **Benennung:** Wenn die nationale Benachrichtigungsbehörde zufrieden ist, dass die Stelle die Anforderungen erfüllt, benennt sie die Stelle als benannte Stelle für die spezifischen Bewertungsaktivitäten und Arten von KI-Systemen, die sie beantragt hat.

- **Benachrichtigung:** Die nationale Benachrichtigungsbehörde benachrichtigt dann die Europäische Kommission und die anderen EU-Mitgliedstaaten über die Benennung. Diese Benachrichtigung enthält Details über die benannte Stelle, ihren Tätigkeitsbereich und die Arten von KI-Systemen, die sie zur Bewertung qualifiziert ist.

- **Einspruchsfrist:** Es gibt eine zweiwöchige Einspruchsfrist, während der die Europäische Kommission oder andere EU-Mitgliedstaaten Einwände gegen die Benennung erheben können. Wenn keine Einwände erhoben werden, wird die Benennung endgültig, und die Stelle wird berechtigt, als benannte Stelle nach dem KI-Gesetz zu handeln.

- **Veröffentlichung:** Die Europäische Kommission veröffentlicht eine Liste aller benannten Stellen auf ihrer Website, um Transparenz zu gewährleisten und es den Anbietern zu ermöglichen, qualifizierte Bewertungsstellen leicht zu identifizieren.

**Laufende Überwachung und Aufsicht: Sicherstellung der fortgesetzten Kompetenz und Einhaltung**

Der Benachrichtigungsprozess ist kein einmaliges Ereignis; es ist nur der Beginn eines kontinuierlichen Prozesses der Überwachung und Aufsicht. Nationale Benachrichtigungsbehörden sind dafür verantwortlich, die Aktivitäten der benannten Stellen zu überwachen und sicherzustellen, dass sie weiterhin die Anforderungen des Gesetzes erfüllen und ihre Bewertungen mit Kompetenz und Unparteilichkeit durchführen.

Diese laufende Überwachung und Aufsicht könnte umfassen:

- **Regelmäßige Audits:** Durchführung regelmäßiger Vor-Ort-Audits der Einrichtungen und Prozesse der benannten Stelle, um ihre Einhaltung der Anforderungen des Gesetzes zu überprüfen und ihre Kompetenz und Unparteilichkeit zu bewerten.

- **Prüfung von Bewertungsberichten:** Überprüfung einer Stichprobe der von der benannten Stelle ausgestellten Bewertungsberichte, um die Qualität und Konsistenz ihrer Bewertungen zu beurteilen.

- **Bearbeitung von Beschwerden:** Untersuchung aller Beschwerden, die über die Aktivitäten der benannten Stelle eingehen, und Ergreifung geeigneter Maßnahmen zur Behebung etwaiger begründeter Bedenken.

- **Zusammenarbeit mit anderen Behörden:** Koordination mit anderen nationalen Behörden und der Europäischen Kommission, um Informationen über benannte Stellen auszutauschen und etwaige grenzüberschreitende Compliance-Probleme zu behandeln.

Diese laufende Überwachung und Aufsicht hilft sicherzustellen, dass benannte Stellen ihre Kompetenz und Unparteilichkeit aufrechterhalten und einen zuverlässigen und vertrauenswürdigen Mechanismus zur Bewertung von KI-Systemen mit hohem Risiko bieten.

**Auswahl einer benannten Stelle: Den richtigen Partner für Ihr KI-System finden**

Anbieter von KI-Systemen mit hohem Risiko haben die Freiheit, jede benannte Stelle auszuwählen, die für die Bewertung ihres spezifischen Systemtyps qualifiziert ist. Diese Wahl ist wichtig, da die benannte Stelle eine entscheidende Rolle im Konformitätsbewertungsprozess spielt und die Einhaltung der Anforderungen des KI-Gesetzes sicherstellt.

Bei der Auswahl einer benannten Stelle sollten Anbieter Faktoren wie die folgenden berücksichtigen:

- **Expertise:** Die benannte Stelle sollte Expertise in der spezifischen Art des zu bewertenden KI-Systems sowie in den relevanten regulatorischen und ethischen Überlegungen haben.

- **Erfahrung:** Die benannte Stelle sollte eine Erfolgsbilanz bei der Durchführung hochwertiger Bewertungen haben, idealerweise mit Erfahrung bei der Bewertung ähnlicher Arten von KI-Systemen.

- **Reputation:** Die benannte Stelle sollte einen guten Ruf für Unabhängigkeit, Kompetenz und Unparteilichkeit haben.

- **Kommunikation und Zusammenarbeit:** Die benannte Stelle sollte auf die Bedürfnisse des Anbieters reagieren, klar und effizient kommunizieren und engagiert zusammenarbeiten, um alle auftretenden Probleme zu lösen.

- **Gebühren:** Die Gebühren der benannten Stelle sollten angemessen und transparent sein und den Umfang und die Komplexität der Bewertung widerspiegeln.

**Die Bedeutung benannter Stellen: Ein Eckpfeiler des EU-KI-Gesetzes**

Benannte Stellen spielen eine entscheidende Rolle im Rahmen der EU für vertrauenswürdige KI. Ihre unabhängigen und unparteiischen Bewertungen bieten eine wichtige

Sicherheitsschicht und helfen sicherzustellen, dass KI-Systeme mit hohem Risiko die strengen Anforderungen des Gesetzes erfüllen und auf eine Weise verwendet werden, die der Gesellschaft nutzt, während sie die Rechte und Freiheiten des Einzelnen schützt.

Ihre Beteiligung am Konformitätsbewertungsprozess hilft:

- **Vertrauen in die KI-Technologie aufzubauen:** Durch die Bereitstellung einer objektiven und unparteiischen Bewertung von KI-Systemen mit hohem Risiko helfen benannte Stellen, Vertrauen in diese Technologien aufzubauen und Bedenken hinsichtlich ihres Potenzials für Schäden oder Missbrauch zu mindern.

- **Die Einhaltung des KI-Gesetzes sicherzustellen:** Benannte Stellen fungieren als Gatekeeper und stellen sicher, dass nur konforme Systeme auf den EU-Markt gelangen und dass diese Systeme die hohen Standards des Gesetzes für Sicherheit, Fairness und Vertrauenswürdigkeit erfüllen.

- **Ein ebenes Spielfeld zu fördern:** Durch die Anwendung der gleichen Standards auf alle KI-Systeme mit hohem Risiko, unabhängig von ihrer Herkunft, helfen benannte Stellen, ein ebenes Spielfeld für KI-Entwickler zu schaffen und sicherzustellen, dass sowohl EU-basierte als auch internationale Anbieter den gleichen Anforderungen unterliegen.

- **Innovation zu fördern:** Durch die Bereitstellung klarer Anleitungen zu den Compliance-Anforderungen und durch die Zusammenarbeit mit Anbietern können benannte Stellen die Innovation im KI-Sektor fördern und die Entwicklung neuer und nützlicher KI-Anwendungen ermutigen.

- **Grundrechte zu schützen:** Durch die sorgfältige Bewertung der potenziellen Auswirkungen von KI-Systemen mit hohem Risiko auf die Grundrechte helfen benannte Stellen sicherzustellen, dass diese Systeme auf eine Weise verwendet werden, die diese Rechte respektiert und dass alle identifizierten Risiken gemindert werden.

Der Rahmen des EU-KI-Gesetzes für benannte Stellen ist ein Zeugnis für das Engagement der EU beim Aufbau eines vertrauenswürdigen KI-Ökosystems. Ihre unabhängigen und unparteiischen Bewertungen, ihre technische Expertise, ihre strengen Verfahren und ihre laufende Überwachung und Aufsicht bieten einen robusten Mechanismus, um sicherzustellen, dass KI-Systeme mit hohem Risiko die höchsten Standards an Sicherheit, Fairness und Vertrauenswürdigkeit erfüllen.

# KAPITEL NEUNZEHN: Harmonisierte Normen und gemeinsame Spezifikationen: Technische Benchmarks setzen

Wir haben gesehen, wie der EU-KI-Verordnung einen umfassenden Rahmen für vertrauenswürdige KI schafft, mit detaillierten Anforderungen für Hochrisikosysteme, Verpflichtungen für Anbieter und Anwender sowie Mechanismen für unabhängige Konformitätsbewertungen. Es ist ein komplexes Netz von Regeln und Verfahren, das sicherstellen soll, dass KI verantwortungsvoll entwickelt und eingesetzt wird, fundamentale Rechte respektiert und gegen potenzielle Schäden schützt.

Doch inmitten dieser Komplexität stellt sich eine entscheidende Frage: Wie übersetzen wir diese abstrakten Prinzipien und Anforderungen in konkrete, umsetzbare Richtlinien? Wie können KI-Entwickler genau wissen, was sie tun müssen, um der Verordnung zu entsprechen? Wie können Regulierungsbehörden sicherstellen, dass Bewertungen konsistent sind und dass verschiedene KI-Systeme nach denselben Standards bewertet werden?

Hier spielen harmonisierte Normen und gemeinsame Spezifikationen eine entscheidende Rolle. Sie bieten die technischen Blaupausen, die Schrauben und Muttern, die die breiten Prinzipien der Verordnung in spezifische, messbare Kriterien übersetzen. Stellen Sie sich diese als die Bauvorschriften für vertrauenswürdige KI vor, die die detaillierten Spezifikationen bereitstellen, die sicherstellen, dass eine Struktur sicher, zuverlässig ist und den erforderlichen Standards entspricht.

### Harmonisierte Normen: Benchmarks für vertrauenswürdige KI setzen

Harmonisierte Normen sind technische Spezifikationen, die von europäischen Normungsorganisationen wie CEN (Europäisches Komitee für Normung), CENELEC (Europäisches Komitee für

179

elektrotechnische Normung) und ETSI (Europäisches Institut für Telekommunikationsnormen) auf Anfrage der Europäischen Kommission entwickelt wurden.

Diese Normen sind freiwillig, was bedeutet, dass KI-Entwickler nicht gesetzlich verpflichtet sind, ihnen zu entsprechen. Sie bieten jedoch ein mächtiges Werkzeug, um die Einhaltung der KI-Verordnung nachzuweisen. Wenn ein KI-System einer relevanten harmonisierten Norm entspricht, wird angenommen, dass es den entsprechenden Anforderungen der Verordnung entspricht. Diese Konformitätsvermutung vereinfacht den Einhaltungsprozess für Entwickler und bietet den Regulierungsbehörden eine klare Benchmark für die Bewertung von KI-Systemen.

Harmonisierte Normen bieten zahlreiche Vorteile für das KI-Ökosystem:

- **Klarheit und Spezifität:** Harmonisierte Normen übersetzen die breiten Prinzipien und Anforderungen der Verordnung in spezifische, messbare Kriterien. Diese Klarheit hilft Entwicklern zu verstehen, was sie genau tun müssen, um der Verordnung zu entsprechen, reduziert Unsicherheiten und erleichtert die Entwicklung vertrauenswürdiger KI-Systeme.

- **Konsistenz und Interoperabilität:** Harmonisierte Normen stellen sicher, dass verschiedene KI-Systeme nach denselben Kriterien entwickelt und bewertet werden. Diese Konsistenz fördert die Interoperabilität, ermöglicht verschiedenen Systemen, nahtlos zusammenzuarbeiten, und erleichtert die Schaffung eines einheitlichen KI-Marktes innerhalb der EU.

- **Reduzierte Einhaltungskosten:** Die Einhaltung harmonisierter Normen kann die Einhaltungskosten für Entwickler reduzieren. Die Konformitätsvermutung bedeutet, dass Entwickler die Einhaltung der Anforderungen der Verordnung nicht separat nachweisen müssen, wenn ihr System bereits einer relevanten harmonisierten Norm entspricht. Dies kann Zeit, Aufwand und Ressourcen sparen.

- **Erhöhtes Vertrauen und Vertrauen:** Die Einhaltung harmonisierter Normen kann das Vertrauen und Vertrauen in KI-Systeme erhöhen. Die Verwendung anerkannter Normen zeigt ein Engagement für Qualität und Sicherheit und bietet Sicherheit für Nutzer, Regulierungsbehörden und andere Stakeholder, dass das System festgelegte Benchmarks erfüllt.

- **Förderung von Innovation:** Harmonisierte Normen können auch Innovationen im KI-Sektor fördern. Durch die Bereitstellung klarer Anleitungen zu technischen Anforderungen und bewährten Verfahren können sie die Entwicklung neuer und nützlicher KI-Anwendungen fördern.

**Entwicklung harmonisierter Normen: Ein kooperativer Prozess**

Die Entwicklung harmonisierter Normen ist ein kooperativer Prozess, an dem verschiedene Stakeholder beteiligt sind, darunter:

- **Die Europäische Kommission:** Die Europäische Kommission leitet den Prozess ein, indem sie einen Normungsauftrag an europäische Normungsorganisationen erteilt. Dieser Auftrag skizziert die spezifischen Anforderungen der KI-Verordnung, die die Norm adressieren soll.

- **Europäische Normungsorganisationen:** Europäische Normungsorganisationen wie CEN, CENELEC und ETSI entwickeln die Normen, basierend auf ihrer Expertise in der Normung und ihrem Wissen über die relevanten Technologien und Industrien.

- **Stakeholder:** Der Normungsprozess umfasst die Konsultation einer breiten Palette von Stakeholdern, einschließlich KI-Entwicklern, Anwendern, Nutzern, Experten und Interessengruppen. Dies stellt sicher, dass die Normen die Bedürfnisse und Bedenken aller im KI-Ökosystem Beteiligten widerspiegeln.

Die Entwicklung harmonisierter Normen ist ein iterativer Prozess, der Entwürfe, Überprüfungen und Überarbeitungen umfasst, bevor die endgültige Norm angenommen wird. Sobald sie angenommen ist, wird die Norm im Amtsblatt der Europäischen Union veröffentlicht, wodurch sie offiziell als Mittel zum Nachweis der Einhaltung der KI-Verordnung anerkannt wird.

**Gemeinsame Spezifikationen: Lücken schließen, wenn Normen nicht ausreichen**

Während harmonisierte Normen ein mächtiges Werkzeug zum Nachweis der Einhaltung der KI-Verordnung bieten, gibt es Situationen, in denen sie möglicherweise nicht ausreichen. Zum Beispiel:

- **Es existiert keine harmonisierte Norm:** Es könnte keine harmonisierte Norm geben, die die spezifischen Anforderungen der KI-Verordnung für einen bestimmten Typ von KI-System adressiert.

- **Harmonisierte Normen sind unvollständig:** Vorhandene harmonisierte Normen könnten nicht alle Anforderungen der Verordnung vollständig abdecken, wodurch Lücken in der Abdeckung entstehen.

- **Harmonisierte Normen sind veraltet:** Normen könnten veraltet sein und die neuesten Entwicklungen in der KI-Technologie oder das sich entwickelnde Verständnis von Risiken und ethischen Überlegungen nicht widerspiegeln.

In diesen Fällen kann die Europäische Kommission gemeinsame Spezifikationen einführen, um die Lücken zu schließen. Gemeinsame Spezifikationen sind technische Spezifikationen, die eine alternative Möglichkeit bieten, die Einhaltung der KI-

Verordnung nachzuweisen, wenn harmonisierte Normen nicht verfügbar oder nicht ausreichend sind.

Die Entwicklung gemeinsamer Spezifikationen folgt einem ähnlichen Prozess wie die Entwicklung harmonisierter Normen und umfasst Eingaben von der Europäischen Kommission, Normungsorganisationen und Stakeholdern. Gemeinsame Spezifikationen werden jedoch von der Kommission selbst festgelegt, nicht von Normungsorganisationen.

**Nutzung harmonisierter Normen und gemeinsamer Spezifikationen: Ein Weg zur Einhaltung**

KI-Entwickler können harmonisierte Normen und gemeinsame Spezifikationen als Leitfaden für die Entwicklung und Bewertung ihrer Hochrisiko-KI-Systeme verwenden. Die Einhaltung einer relevanten harmonisierten Norm oder gemeinsamen Spezifikation bietet eine Konformitätsvermutung mit den entsprechenden Anforderungen der KI-Verordnung und vereinfacht den Einhaltungsprozess.

Hier ist, wie Entwickler diese Normen und Spezifikationen nutzen können:

- **Design und Entwicklung:** Harmonisierte Normen und gemeinsame Spezifikationen bieten detaillierte technische Anleitungen, wie vertrauenswürdige KI-Systeme entwickelt und gestaltet werden können. Sie skizzieren bewährte Verfahren, empfohlene Prozeduren und spezifische technische Anforderungen, die Entwicklern helfen können, Systeme zu erstellen, die den Standards der Verordnung für Sicherheit, Fairness und Zuverlässigkeit entsprechen.

- **Konformitätsbewertung:** Die Einhaltung einer relevanten harmonisierten Norm oder gemeinsamen Spezifikation kann den Konformitätsbewertungsprozess vereinfachen. Benannte Stellen, die für die Bewertung der Einhaltung von Hochrisiko-KI-Systemen verantwortlich sind, berücksichtigen in der Regel die Einhaltung von Normen bei der Bewertung eines Systems.

- **Dokumentation:** Harmonisierte Normen und gemeinsame Spezifikationen können auch bei der Erstellung der technischen Dokumentation für Hochrisiko-KI-Systeme hilfreich sein. Die Dokumentation sollte eine Liste der Normen und Spezifikationen enthalten, denen das System entspricht, und so Nachweise der Einhaltung liefern und die Prüfung durch Regulierungsbehörden und andere Stakeholder erleichtern.

**Beispiele für harmonisierte Normen und gemeinsame Spezifikationen für KI**

Die Entwicklung harmonisierter Normen und gemeinsamer Spezifikationen für KI befindet sich noch in einem frühen Stadium. Es gibt jedoch bereits einige bestehende Normen und laufende Initiativen, die für die EU-KI-Verordnung relevant sind.

Hier sind einige Beispiele:

- **ISO/IEC 22989:2022 - Künstliche Intelligenz — Bias in AI systems and AI aided decision making:** Diese Norm bietet Anleitungen zur Identifizierung, Bewertung und Minderung von Bias in KI-Systemen, einem zentralen Anliegen, das die KI-Verordnung adressiert. Sie deckt verschiedene Arten von Bias ab, einschließlich Datenbias, Algorithmenbias und menschlichem Bias, und bietet Empfehlungen für die Entwicklung fairer und unvoreingenommener KI-Systeme.

- **ISO/IEC 42001:2021 - Künstliche Intelligenz — Management system — Requirements:** Diese Norm bietet einen Rahmen für die Einrichtung, Implementierung, Aufrechterhaltung und kontinuierliche Verbesserung eines KI-Managementsystems. Sie adressiert verschiedene Aspekte der KI-Entwicklung und -Einführung, einschließlich Risikomanagement, Daten-Governance,

Transparenz und Rechenschaftspflicht. Obwohl diese Norm nicht spezifisch für Hochrisiko-KI-Systeme ist, bietet sie einen wertvollen Rahmen, der angepasst werden kann, um den Anforderungen der KI-Verordnung zu entsprechen.

- **CEN-CENELEC KI-Normungs-Roadmap:** CEN und CENELEC haben eine gemeinsame Roadmap für die KI-Normung entwickelt, die Prioritätsbereiche für die Entwicklung harmonisierter Normen skizziert. Diese Prioritätsbereiche umfassen:

  - **Vertrauenswürdigkeit:** Adressierung der Kernprinzipien vertrauenswürdiger KI, wie Fairness, Transparenz, Rechenschaftspflicht und menschliche Aufsicht.

  - **Risikomanagement:** Entwicklung von Normen für das Risikomanagement in der KI, das Risikoidentifikation, -bewertung, -minderung und -überwachung abdeckt.

  - **Datenqualität:** Festlegung von Normen für die Datenqualität in der KI, die Probleme wie Relevanz, Repräsentativität, Genauigkeit und Freiheit von Bias adressieren.

  - **Spezifische KI-Anwendungen:** Entwicklung von Normen für spezifische KI-Anwendungen wie Medizinprodukte, autonome Fahrzeuge und Gesichtserkennungssysteme.

**Die Zukunft der harmonisierten Normen und gemeinsamen Spezifikationen: Ein sich entwickelndes Landschaftsbild**

Die Landschaft der harmonisierten Normen und gemeinsamen Spezifikationen für KI entwickelt sich ständig weiter, da neue Technologien entstehen, unser Verständnis von Risiken und ethischen Überlegungen sich entwickelt und die KI-Verordnung selbst implementiert und verfeinert wird.

Die Europäische Kommission wird voraussichtlich weitere Normungsaufträge an europäische Normungsorganisationen erteilen, die spezifische Anforderungen der KI-Verordnung adressieren und die Entwicklung neuer Normen in Prioritätsbereichen fördern. Normungsorganisationen werden weiterhin neue Normen entwickeln und bestehende überarbeiten, um sicherzustellen, dass sie die neuesten Entwicklungen in der KI-Technologie und das sich entwickelnde Verständnis von Risiken und ethischen Überlegungen widerspiegeln.

Stakeholder, einschließlich KI-Entwicklern, Anwendern, Nutzern, Experten und Interessengruppen, werden weiterhin eine entscheidende Rolle im Normungsprozess spielen, indem sie Eingaben liefern, Fachwissen teilen und sicherstellen, dass die Normen die Bedürfnisse und Bedenken aller im KI-Ökosystem Beteiligten erfüllen.

Dieser dynamische Prozess der Normung und die Entwicklung gemeinsamer Spezifikationen sind entscheidend, um sicherzustellen, dass die Vision der EU-KI-Verordnung von einem vertrauenswürdigen KI-Ökosystem Realität wird. Durch die Bereitstellung konkreter, umsetzbarer Richtlinien helfen harmonisierte Normen und gemeinsame Spezifikationen, die breiten Prinzipien der Verordnung in spezifische technische Anforderungen zu übersetzen und die Entwicklung sicherer, fairer und zuverlässiger KI-Systeme zu fördern, die der Gesellschaft zugutekommen.

# KAPITEL ZWANZIG:
# Konformitätsbewertungsverfahren:
# Nachweis der Einhaltung

Wir haben die detaillierten Anforderungen des EU-KI-Gesetzes
für Hochrisiko-KI-Systeme, die Verpflichtungen für Anbieter und
Nutzer sowie die Rolle der benannten Stellen bei der
Sicherstellung einer unabhängigen Konformitätsbewertung
untersucht. Es handelt sich um einen umfassenden Rahmen, der
darauf abzielt, ein vertrauenswürdiges KI-Ökosystem zu fördern,
Innovationen zu fördern und gleichzeitig die Grundrechte zu
schützen. Doch eine entscheidende Frage bleibt: Wie können wir
tatsächlich nachweisen, dass ein Hochrisiko-KI-System diese
strengen Anforderungen erfüllt? Wie können wir die Beweise, den
Nachweis erbringen, dass ein System tatsächlich vertrauenswürdig
und einsatzbereit ist? Hier kommen die
Konformitätsbewertungsverfahren ins Spiel.

Stellen Sie sich die Konformitätsbewertung als einen strengen
Prüfprozess vor, eine Methode, ein Hochrisiko-KI-System auf
Herz und Nieren zu prüfen, um sicherzustellen, dass es den hohen
Standards des Gesetzes entspricht. Es ist wie eine Reihe von Tests
und Bewertungen, die ein Auto bestehen muss, bevor es als
verkehrssicher gilt und auf öffentlichen Straßen gefahren werden
darf. Diese Verfahren bieten einen strukturierten Rahmen zur
Überprüfung, ob ein System so konzipiert, entwickelt und
eingesetzt wird, dass Risiken minimiert und individuelle Rechte
geschützt werden. Sie sind ein Eckpfeiler des EU-Ansatzes zur
Regulierung von KI und bieten einen Mechanismus zur
Überprüfung der Einhaltung und zum Aufbau von Vertrauen in die
KI-Technologie.

**Ein risikobasierter Ansatz: Anpassung der Bewertungen an
das Risikoniveau**

Das EU-KI-Gesetz schreibt kein einheitliches
Konformitätsbewertungsverfahren für alle Hochrisiko-KI-Systeme

vor. Es verfolgt einen differenzierteren Ansatz und passt die Bewertungsverfahren an das Risikoniveau des Systems an. Das bedeutet, dass Systeme mit einem höheren Schadenspotenzial oder einem größeren Einfluss auf die Grundrechte strengeren Bewertungsverfahren unterzogen werden.

Das Gesetz unterscheidet zwischen zwei Hauptkategorien der Konformitätsbewertung:

- **Konformitätsbewertung durch Dritte:** Hierbei handelt es sich um eine unabhängige Bewertung durch eine benannte Stelle, eine akkreditierte Organisation, die auf die Bewertung von KI-Systemen spezialisiert ist. Die Konformitätsbewertung durch Dritte bietet ein höheres Maß an Sicherheit, da sie eine objektive und unparteiische Perspektive in den Bewertungsprozess einbringt.

- **Selbstbewertung:** Hierbei bewertet der Anbieter des KI-Systems das System selbst. Die Selbstbewertung ist in der Regel für Systeme zulässig, die ein geringeres Risiko darstellen, bei denen die potenziellen Folgen von Fehlern oder Missbrauch weniger schwerwiegend sind.

Die spezifischen Konformitätsbewertungsverfahren, die für ein bestimmtes KI-System anwendbar sind, hängen von dessen vorgesehenem Einsatz und dessen Einstufung als Hochrisiko-System nach dem Gesetz ab. Schauen wir uns die verschiedenen Verfahren im Detail an.

### Konformitätsbewertung für in Produkte eingebettete KI-Systeme: Nutzung bestehender Rahmenwerke

Für Hochrisiko-KI-Systeme, die in Produkte eingebettet sind, die bereits von bestehender EU-Harmonisierungsgesetzgebung abgedeckt sind, wie z.B. Medizinprodukte, Maschinen oder Spielzeug, wird das Konformitätsbewertungsverfahren in die bestehenden Rahmenwerke für diese Produkte integriert. Dieser vereinfachte Ansatz vermeidet unnötige Doppelarbeit und stellt die Konsistenz im Bewertungsprozess sicher.

Das KI-Gesetz verlangt, dass die spezifischen Anforderungen für Hochrisiko-KI-Systeme während der Konformitätsbewertung dieser Produkte berücksichtigt werden. Das bedeutet, dass die benannten Stellen, die für die Bewertung dieser Produkte verantwortlich sind, auch die Kompetenz und das Fachwissen haben müssen, die KI-Komponenten zu bewerten.

Ein Medizinprodukt, das beispielsweise ein Hochrisiko-KI-System enthält, wie ein diagnostisches Werkzeug, das medizinische Bilder analysiert, würde den in der EU-Medizinprodukteverordnung (MDR) festgelegten Konformitätsbewertungsverfahren unterliegen. Die benannte Stelle, die für die Bewertung des Geräts verantwortlich ist, müsste überprüfen, ob das KI-System die Anforderungen des KI-Gesetzes in Bezug auf Risikomanagement, Datenqualität, Transparenz, menschliche Aufsicht, Genauigkeit, Robustheit und Cybersicherheit erfüllt, zusätzlich zu den spezifischen Anforderungen der MDR für Medizinprodukte.

Diese Integration von KI-spezifischen Anforderungen in bestehende Produktkonformitätsbewertungsrahmen stellt einen ganzheitlichen Ansatz sicher, der sowohl das Produkt als Ganzes als auch seine KI-Komponenten bewertet, um Sicherheit, Zuverlässigkeit und Vertrauenswürdigkeit zu gewährleisten.

**Konformitätsbewertung für eigenständige KI-Systeme: Ein zweistufiger Ansatz**

Für Hochrisiko-KI-Systeme, die nicht in Produkte eingebettet sind und nicht von bestehender EU-Harmonisierungsgesetzgebung abgedeckt werden, sieht das KI-Gesetz einen zweistufigen Ansatz für die Konformitätsbewertung vor, der zwischen Systemen unterscheidet, die eine Bewertung durch Dritte erfordern, und solchen, die selbst bewertet werden können.

**Stufe 1: Konformitätsbewertung durch Dritte für Hochrisiko-Systeme**

Die Konformitätsbewertung durch Dritte, die von einer unabhängigen benannten Stelle durchgeführt wird, ist für bestimmte Kategorien eigenständiger Hochrisiko-KI-Systeme obligatorisch. Diese höhere Überprüfungsstufe ist Systemen vorbehalten, die ein größeres Schadenspotenzial aufweisen oder einen erheblicheren Einfluss auf die Grundrechte haben.

Das KI-Gesetz schreibt die Konformitätsbewertung durch Dritte speziell für die folgenden Arten von eigenständigen Hochrisiko-KI-Systemen vor:

- **Systeme zur ferngesteuerten biometrischen Identifizierung:** Diese Systeme identifizieren Personen aus der Ferne anhand ihrer biometrischen Daten, wie Gesicht, Iris oder Gang. Sie werfen besondere Bedenken hinsichtlich Datenschutz, Diskriminierung und Missbrauchspotenzial auf, was eine unabhängige Bewertung unerlässlich macht.

- **KI-Systeme, die für den Einsatz im Bereich Strafverfolgung, Migration, Grenzkontrolle oder Asyl vorgesehen sind:** Diese Systeme werden in Kontexten eingesetzt, in denen die Einsätze hoch sind und die potenziellen Folgen von Fehlern oder Missbrauch schwerwiegend sein können. Die unabhängige Bewertung hilft sicherzustellen, dass diese Systeme verantwortungsvoll und ethisch eingesetzt werden und die Grundrechte respektiert werden.

**Der Prozess der Konformitätsbewertung durch Dritte: Eine detaillierte Untersuchung**

Der Prozess der Konformitätsbewertung durch Dritte für eigenständige Hochrisiko-KI-Systeme umfasst eine detaillierte Untersuchung des Designs, der Entwicklung und der Tests des Systems sowie dessen Einhaltung der spezifischen Anforderungen des Gesetzes. Die benannte Stelle folgt in der Regel einem mehrstufigen Verfahren:

- **Antragstellung:** Der Anbieter des KI-Systems reicht einen Antrag bei einer benannten Stelle ein, die befugt ist, seine

Art von System zu bewerten. Der Antrag enthält die technische Dokumentation des Systems, die, wie wir gesehen haben, eine umfassende Aufzeichnung des Designs, der Entwicklung und der Tests des Systems sowie dessen Einhaltung der gesetzlichen Anforderungen bietet.

- **Dokumentenprüfung:** Die benannte Stelle prüft die technische Dokumentation und bewertet deren Vollständigkeit, Genauigkeit und Übereinstimmung mit den gesetzlichen Anforderungen. Diese Prüfung konzentriert sich auf das Verständnis der Funktionalität des Systems, seiner Datenverarbeitungspraktiken, seiner Risikomanagementprozesse und der implementierten Sicherheitsmaßnahmen.

- **Tests und Bewertungen:** Die benannte Stelle kann unabhängige Tests und Bewertungen des KI-Systems durchführen, um dessen Leistung und Einhaltung der gesetzlichen Anforderungen zu überprüfen. Dies könnte die Prüfung der Genauigkeit, Robustheit und Fairness des Systems sowie die Bewertung seiner Datenverarbeitungspraktiken und seiner Sicherheitsmaßnahmen umfassen. Die spezifischen durchgeführten Tests und Bewertungen hängen von der Art des KI-Systems und seinem vorgesehenen Einsatz ab.

- **Vor-Ort-Inspektion:** Die benannte Stelle kann eine Vor-Ort-Inspektion der Einrichtungen oder Prozesse des Anbieters durchführen, um zu überprüfen, ob das System gemäß den gesetzlichen Anforderungen entwickelt und eingesetzt wird. Dies könnte die Inspektion der Datenmanagementverfahren, der Risikomanagementprozesse, des Qualitätsmanagementsystems und der Cybersicherheitspraktiken des Anbieters umfassen.

- **Entscheidung:** Auf der Grundlage der Prüfung der technischen Dokumentation, der Ergebnisse der Tests und Bewertungen und der Erkenntnisse der Vor-Ort-Inspektion trifft die benannte Stelle eine Entscheidung darüber, ob das KI-System den Anforderungen des KI-Gesetzes entspricht.

- o **Wenn das System als konform eingestuft wird:** Die benannte Stelle stellt dem Anbieter ein Konformitätszertifikat aus. Dieses Zertifikat ist ein formelles Dokument, das die Konformität des Systems bestätigt und dem Anbieter erlaubt, das System auf den EU-Markt zu bringen oder in Betrieb zu nehmen.

- o **Wenn das System als nicht konform eingestuft wird:** Die benannte Stelle stellt dem Anbieter einen Nichtkonformitätsbericht aus, in dem die spezifischen Bereiche aufgeführt sind, in denen das System die gesetzlichen Anforderungen nicht erfüllt. Der Anbieter ist dann verpflichtet, die festgestellten Nichtkonformitäten zu beheben, bevor das System auf den Markt gebracht oder in Betrieb genommen werden kann.

**Stufe 2: Selbstbewertung für Systeme mit geringerem Risiko**

Für andere Kategorien von eigenständigen Hochrisiko-KI-Systemen sieht das KI-Gesetz die Selbstbewertung durch den Anbieter vor. Dieser weniger strenge Ansatz ist für Systeme zulässig, bei denen die potenziellen Folgen von Fehlern oder Missbrauch weniger schwerwiegend sind und der Einfluss auf die Grundrechte weniger erheblich ist.

Obwohl die Selbstbewertung keine unabhängige Prüfung durch Dritte umfasst, erfordert sie dennoch, dass Anbieter einen systematischen und gründlichen Ansatz zur Nachweisführung der Konformität verfolgen. Anbieter müssen:

- **Dem relevanten Konformitätsbewertungsmodul folgen:** Das KI-Gesetz legt spezifische Konformitätsbewertungsmodule für verschiedene Arten von Hochrisiko-KI-Systemen fest. Diese Module spezifizieren die Schritte, die Anbieter unternehmen müssen, um die Konformität nachzuweisen, wie z.B. die Prüfung der technischen Dokumentation, die Durchführung von Tests und Bewertungen und die Implementierung eines Qualitätsmanagementsystems.

- **Technische Dokumentation erstellen:** Anbieter müssen eine umfassende technische Dokumentation für ihre KI-Systeme erstellen, die den im Gesetz festgelegten Richtlinien entspricht. Diese Dokumentation bietet eine detaillierte Aufzeichnung des Designs, der Entwicklung, der Tests und des Risikomanagements des Systems und dient als Nachweis der Konformität und erleichtert die Überprüfung durch die Aufsichtsbehörden.

- **Eine EU-Konformitätserklärung ausstellen:** Sobald die Selbstbewertung abgeschlossen ist, muss der Anbieter eine EU-Konformitätserklärung ausstellen, in der bestätigt wird, dass das System den gesetzlichen Anforderungen entspricht. Die Konformitätserklärung ist ein rechtlich verbindliches Dokument, das den Anbieter für die Konformität des Systems verantwortlich macht.

- **Die CE-Kennzeichnung anbringen:** Das System muss mit der CE-Kennzeichnung versehen werden, die die Einhaltung der EU-Vorschriften anzeigt. Die CE-Kennzeichnung ermöglicht die freie Zirkulation des Systems innerhalb des EU-Marktes.

- **Das System registrieren:** Anbieter von Hochrisiko-KI-Systemen, einschließlich derjenigen, die selbst bewertet werden, sind verpflichtet, ihre Systeme in der EU-Datenbank für Hochrisiko-KI-Systeme zu registrieren. Diese Datenbank bietet Transparenz und ermöglicht es den Aufsichtsbehörden, die auf den Markt gebrachten Systeme zu überwachen.

**Konformitätsbewertung für allgemeine KI-Systeme: Ein neues Gebiet**

Das EU-KI-Gesetz befasst sich auch mit einem neuen Bereich der KI-Technologie: allgemeine KI-Systeme. Diese Systeme sind darauf ausgelegt, eine Vielzahl von Aufgaben zu erledigen und können für verschiedene Anwendungen angepasst werden. Sie verfügen oft über hohe Fähigkeiten, verarbeiten große Datenmengen und treffen komplexe Entscheidungen.

Obwohl das Gesetz nicht alle allgemeinen KI-Systeme als Hochrisiko einstuft, erkennt es an, dass diese Systeme erhebliche Risiken bergen können, insbesondere wenn sie in Hochrisiko-Anwendungen eingesetzt werden oder wenn sie systemische Risiken aufweisen. Systemische Risiken sind solche, die weitreichende und potenziell katastrophale Folgen haben könnten, wie z.B. die Unterbrechung kritischer Infrastrukturen oder die Untergrabung demokratischer Prozesse.

Das Gesetz stellt spezifische Anforderungen an die Anbieter allgemeiner KI-Systeme, die sich auf folgende Aspekte konzentrieren:

- **Transparenz:** Anbieter müssen detaillierte Informationen über ihre Systeme bereitstellen, einschließlich deren Fähigkeiten, Grenzen und potenziellen Risiken. Sie müssen auch Richtlinien einführen, um das EU-Urheberrecht einzuhalten, insbesondere wenn ihre Systeme mit urheberrechtlich geschütztem Material trainiert werden.

- **Risikominderung:** Anbieter von allgemeinen KI-Systemen, die systemische Risiken aufweisen, müssen Maßnahmen ergreifen, um diese Risiken zu bewerten und zu mindern. Dies könnte die Durchführung von adversarischen Tests ihrer Systeme, die Implementierung robuster Cybersicherheitsmaßnahmen und die Festlegung klarer Richtlinien für deren Nutzung umfassen.

- **Zusammenarbeit mit den Behörden:** Anbieter müssen mit dem KI-Büro zusammenarbeiten, einer neuen Behörde, die vom Gesetz eingerichtet wurde, um die Umsetzung der

KI-Regulierungen zu überwachen, und Informationen bereitstellen und Untersuchungen erleichtern.

## Konformitätsbewertung und die KI-Wertschöpfungskette: Eine gemeinsame Verantwortung

Obwohl die Hauptverantwortung für die Konformitätsbewertung beim Anbieter des KI-Systems liegt, haben auch andere Akteure in der KI-Wertschöpfungskette eine Rolle zu spielen.

- **Importeure und Vertriebshändler:** Wie wir gesehen haben, sind Importeure und Vertriebshändler dafür verantwortlich zu überprüfen, dass die von ihnen gehandelten Systeme den gesetzlichen Anforderungen entsprechen, einschließlich derjenigen in Bezug auf die Konformitätsbewertung.

- **Einsetzer:** Einsetzer sind dafür verantwortlich, Hochrisiko-KI-Systeme gemäß den gesetzlichen Anforderungen zu implementieren und zu betreiben. Sie haben auch die Verantwortung, die Leistung des Systems zu überwachen und schwerwiegende Vorfälle dem Anbieter und den zuständigen Behörden zu melden.

- **Benannte Stellen:** Benannte Stellen spielen eine entscheidende Rolle im Konformitätsbewertungsprozess, indem sie unabhängige und unparteiische Bewertungen von Hochrisiko-KI-Systemen durchführen. Ihre Expertise und strengen Verfahren helfen sicherzustellen, dass diese Systeme den hohen Standards des Gesetzes entsprechen.

Diese gemeinsame Verantwortung spiegelt die komplexe und vernetzte Natur des KI-Ökosystems wider. Die Sicherstellung der Vertrauenswürdigkeit von KI erfordert Zusammenarbeit und Kooperation aller Akteure, die an der Entwicklung, dem Einsatz und der Nutzung dieser Systeme beteiligt sind.

## Konformitätsbewertung: Ein dynamischer und sich entwickelnder Prozess

Das Konformitätsbewertungslandschaft für KI-Systeme ist dynamisch und entwickelt sich weiter, da neue Technologien auftauchen, unser Verständnis von Risiken und ethischen Überlegungen sich entwickelt und das KI-Gesetz selbst umgesetzt und verfeinert wird.

Die Europäische Kommission hat die Befugnis, die Konformitätsbewertungsmodule und -verfahren sowie die Liste der Hochrisiko-KI-Systeme, die eine Bewertung durch Dritte erfordern, zu aktualisieren. Normungsorganisationen werden weiterhin neue harmonisierte Standards entwickeln und bestehende überarbeiten, die einen wichtigen Referenzpunkt für die Nachweisführung der Konformität bieten.

Stakeholder, einschließlich KI-Entwickler, Einsetzer, Nutzer, Experten und Interessengruppen, werden weiterhin eine wichtige Rolle bei der Gestaltung der Konformitätsbewertungslandschaft spielen, indem sie Input geben, Fachwissen teilen und sicherstellen, dass die Verfahren wirksam sind, um vertrauenswürdige KI zu fördern.

Dieser laufende Anpassungs- und Entwicklungsprozess ist entscheidend, um sicherzustellen, dass das EU-KI-Gesetz relevant und wirksam bleibt, um die Herausforderungen und Chancen der KI-Technologie zu bewältigen. Konformitätsbewertungsverfahren, die einen Mechanismus zur Überprüfung der Einhaltung und zum Aufbau von Vertrauen bieten, sind ein Eckpfeiler der EU-Vision für eine Zukunft, in der KI der Gesellschaft nutzt und gleichzeitig individuelle Rechte und Freiheiten schützt.

# KAPITEL EINUNDZWANZIG: CE-Kennzeichnung und Registrierung: Förderung des freien Verkehrs im Binnenmarkt

Wir haben die komplexe Landschaft des EU-KI-Gesetzes durchquert, seine Prinzipien, Anforderungen und die Rollen der verschiedenen Akteure bei der Gestaltung eines vertrauenswürdigen KI-Ökosystems untersucht. Wir haben gesehen, wie das Gesetz Risikomanagement, Datenqualität, Transparenz, menschliche Aufsicht und robuste technische Standards betont. Ein entscheidender Aspekt der Vision des Gesetzes ist jedoch die Schaffung eines einheitlichen Marktes für vertrauenswürdige KI innerhalb der Europäischen Union, der es konformen KI-Systemen ermöglicht, sich frei über Grenzen hinweg zu bewegen, Innovationen zu fördern und einheitliche Wettbewerbsbedingungen für KI-Entwickler zu schaffen.

Denken Sie an die EU als einen einzigen, vernetzten Raum, in dem Waren, Dienstleistungen und Menschen sich frei bewegen können, ohne auf Barrieren oder Beschränkungen zu stoßen. Dieser freie Verkehr ist ein Eckpfeiler der Identität der EU, der wirtschaftliches Wachstum ermöglicht, die Zusammenarbeit fördert und die Bindungen zwischen den Mitgliedstaaten stärkt.

Das EU-KI-Gesetz zielt darauf ab, dieses Prinzip des freien Verkehrs auf vertrauenswürdige KI-Systeme auszudehnen. Es möchte eine Umgebung schaffen, in der konforme Systeme, die die hohen Standards des Gesetzes erfüllen, leicht innerhalb der gesamten EU gehandelt und eingesetzt werden können, unabhängig davon, wo sie entwickelt wurden. Dieser freie Verkehr vertrauenswürdiger KI ist entscheidend für:

- **Förderung von Innovationen:** Durch die Ermöglichung des freien Verkehrs von KI-Systemen über Grenzen hinweg fördert das Gesetz Innovationen und Wettbewerb und fördert die Entwicklung neuer und nützlicher KI-Anwendungen, die der gesamten Gesellschaft zugutekommen. Es verhindert die Fragmentierung des Marktes, bei der verschiedene Mitgliedstaaten ihre eigenen, widersprüchlichen Regeln aufstellen könnten, die Handelsbarrieren schaffen und die Einführung von KI behindern.

- **Einheitliche Wettbewerbsbedingungen schaffen:** Das Gesetz stellt sicher, dass alle KI-Systeme, unabhängig davon, ob sie innerhalb der EU entwickelt oder aus anderen Ländern importiert wurden, denselben hohen Standards unterliegen. Dies schafft einheitliche Wettbewerbsbedingungen und verhindert, dass Unternehmen die Regeln umgehen, indem sie von außerhalb der EU operieren, und stellt sicher, dass alle Nutzer innerhalb der EU von den Sicherheitsvorkehrungen des Gesetzes profitieren.

- **Marktzugang erweitern:** Der freie Verkehr erweitert den Marktzugang für KI-Entwickler und ermöglicht es ihnen, ein breiteres Publikum potenzieller Kunden in der gesamten EU zu erreichen. Dies kann besonders vorteilhaft für kleinere Unternehmen und Start-ups sein, da es ihnen ermöglicht, mit größeren Akteuren zu konkurrieren und ihre innovativen KI-Lösungen einem breiteren Markt zugänglich zu machen.

- **Vereinfachung der Konformität:** Das Gesetz vereinfacht die Konformität für KI-Entwickler, indem es ihnen ermöglicht, die Konformität einmal nachzuweisen und ihre Systeme dann frei in der gesamten EU zu verbreiten. Dies reduziert den Verwaltungsaufwand und die Kosten und setzt Ressourcen für Innovation und Entwicklung frei.

Um diesen freien Verkehr vertrauenswürdiger KI zu erleichtern, stützt sich das KI-Gesetz auf zwei zentrale Mechanismen: CE-Kennzeichnung und Registrierung.

## CE-Kennzeichnung: Das Symbol für vertrauenswürdige KI

Stellen Sie sich vor, Sie gehen durch einen Supermarkt und stöbern in den Regalen nach Produkten. Sie sehen eine Vielzahl von Waren, von Lebensmitteln und Getränken bis hin zu Elektronik und Haushaltsgeräten. Woher wissen Sie, welche Produkte sicher zu verwenden sind, welche die Qualitätsstandards erfüllen und welche den EU-Vorschriften entsprechen?

Sie suchen natürlich nach der CE-Kennzeichnung. Die CE-Kennzeichnung ist ein Symbol, das an Produkten angebracht wird, die den relevanten EU-Richtlinien und -Verordnungen entsprechen. Es ist ein Gütesiegel, ein sichtbares Zeichen dafür, dass das Produkt die entsprechenden Konformitätsbewertungsverfahren durchlaufen hat und dass es die wesentlichen Anforderungen der EU für Sicherheit, Gesundheit und Umweltschutz erfüllt.

Die CE-Kennzeichnung ist nicht nur eine bürokratische Formalität; sie ist ein starkes Symbol für Vertrauen und Zuversicht. Sie sagt den Verbrauchern, dass das Produkt, das sie kaufen, festgelegte Standards erfüllt und sicher zu verwenden ist. Sie ermöglicht es auch, dass Produkte sich frei innerhalb des EU-Marktes bewegen, den Handel erleichtern und den Wettbewerb fördern.

Das EU-KI-Gesetz erweitert dieses gut etablierte System der CE-Kennzeichnung auf Hochrisiko-KI-Systeme. Es verlangt von den Anbietern, die CE-Kennzeichnung an ihren konformen Systemen anzubringen, um anzuzeigen, dass sie die entsprechenden Konformitätsbewertungsverfahren durchlaufen haben und die spezifischen Anforderungen des Gesetzes erfüllen. Diese Kennzeichnung dient mehreren wichtigen Zwecken:

- **Nachweis der Konformität:** Die CE-Kennzeichnung ist ein sichtbares und erkennbares Symbol für die Konformität mit dem KI-Gesetz. Sie zeigt den Anwendern, Nutzern und Aufsichtsbehörden, dass das System bewertet wurde und die hohen Standards des Gesetzes für Sicherheit, Fairness und Vertrauenswürdigkeit erfüllt.

- **Förderung des freien Verkehrs:** Die CE-Kennzeichnung ermöglicht es Hochrisiko-KI-Systemen, sich frei innerhalb des EU-Marktes zu bewegen. Sobald ein System bewertet und die CE-Kennzeichnung angebracht wurde, kann es in jedem EU-Mitgliedstaat verkauft und eingesetzt werden, ohne dass eine weitere Bewertung oder Genehmigung erforderlich ist.

- **Einheitliche Wettbewerbsbedingungen schaffen:** Die CE-Kennzeichnung stellt sicher, dass alle Hochrisiko-KI-Systeme, unabhängig von ihrer Herkunft, denselben hohen Standards unterliegen. Dies verhindert, dass Unternehmen die Regeln umgehen, indem sie von außerhalb der EU operieren, und stellt sicher, dass alle Nutzer innerhalb der EU von den Sicherheitsvorkehrungen des Gesetzes profitieren.

- **Vertrauen und Zuversicht stärken:** Die CE-Kennzeichnung kann das Vertrauen und die Zuversicht in KI-Systeme stärken. Sie bietet Anwendern und Nutzern die Gewissheit, dass das System festgelegte Standards erfüllt und sicher und zuverlässig zu verwenden ist.

**Anbringen der CE-Kennzeichnung: Ein sichtbares Symbol der Konformität**

Die CE-Kennzeichnung muss an Hochrisiko-KI-Systemen in einer sichtbaren, lesbaren und unverwischbaren Weise angebracht werden. Das bedeutet, dass sie:

- **Sichtbar:** Die Kennzeichnung sollte leicht zu sehen und zu identifizieren sein, nicht versteckt oder verdeckt.

- **Lesbar:** Die Kennzeichnung sollte klar und leicht zu lesen sein, mit deutlichen und gut geformten Buchstaben "CE".

- **Unverwischbar:** Die Kennzeichnung sollte dauerhaft und resistent gegen Verblassen, Verschmieren oder Entfernen sein.

Die spezifische Methode zur Anbringung der CE-Kennzeichnung variiert je nach Art des KI-Systems.

- **Für physische KI-Systeme:** Die CE-Kennzeichnung kann direkt am System selbst angebracht werden, z.B. auf einem Etikett oder einer Plakette. Ein Roboter könnte beispielsweise die CE-Kennzeichnung auf seinem Gehäuse eingraviert haben.

- **Für Software-KI-Systeme:** Die CE-Kennzeichnung kann in der Benutzeroberfläche der Software, in der zugehörigen Dokumentation oder auf einem Etikett, das auf dem physischen Medium angebracht ist, auf dem die Software verteilt wird, enthalten sein. Eine medizinische Diagnosesoftware könnte beispielsweise die CE-Kennzeichnung in ihrem Hauptmenü oder auf der Installations-CD angezeigt haben.

- **Für digital bereitgestellte KI-Systeme:** Die CE-Kennzeichnung kann auf der Website oder Plattform angezeigt werden, von der aus auf das System zugegriffen wird. Ein cloudbasierter KI-Dienst könnte beispielsweise die CE-Kennzeichnung auf seiner Login-Seite anzeigen.

**Zusätzliche Informationen, die die CE-Kennzeichnung begleiten: Kontext und Rückverfolgbarkeit bieten**

Zusätzlich zur CE-Kennzeichnung selbst verlangt das KI-Gesetz von den Anbietern, zusätzliche Informationen bereitzustellen, um Kontext und Rückverfolgbarkeit zu bieten. Diese Informationen umfassen in der Regel:

- **Die Identifikationsnummer des Anbieters:** Dies ist eine eindeutige Nummer, die dem Anbieter von der nationalen Benachrichtigungsbehörde zugewiesen wird. Diese

Nummer hilft, den Anbieter des KI-Systems zu identifizieren, die Verantwortlichkeit zu fördern und die Rückverfolgbarkeit zu ermöglichen.

- **Die Identifikationsnummer der benannten Stelle (falls zutreffend):** Wenn die Konformitätsbewertung von einer dritten benannten Stelle durchgeführt wurde, sollte auch die Identifikationsnummer der benannten Stelle enthalten sein. Diese Nummer hilft, die Stelle zu identifizieren, die das System bewertet hat, und ermöglicht es Nutzern und Aufsichtsbehörden, die Gültigkeit der Bewertung zu überprüfen.

- **Eine URL zu weiteren Informationen (optional):** Der Anbieter kann auch eine URL angeben, die zu einer Website oder Plattform führt, auf der Nutzer weitere Informationen über das KI-System finden können, wie z.B. seine technischen Spezifikationen, seine Risikobewertung oder sein Plan zur Marktüberwachung.

Diese zusätzlichen Informationen helfen Nutzern, Anwendern und Aufsichtsbehörden, den Kontext der CE-Kennzeichnung zu verstehen, ihre Authentizität zu überprüfen und detailliertere Informationen über das KI-System zu erhalten.

### Registrierung: Transparenz schaffen und Aufsicht ermöglichen

Die CE-Kennzeichnung ist ein starkes Symbol für Konformität, aber sie ist nur ein Teil der Geschichte. Das EU-KI-Gesetz verlangt auch von den Anbietern von Hochrisiko-KI-Systemen, einschließlich der selbstbewerteten, ihre Systeme in einer zentralen EU-Datenbank zu registrieren. Diese Datenbank bietet Transparenz und ermöglicht es den Aufsichtsbehörden, die Systeme zu überwachen, die auf dem Markt platziert und innerhalb der EU in Betrieb genommen werden.

Die Registrierungsanforderung dient mehreren wichtigen Zwecken:

- **Ein zentrales Informationsarchiv schaffen:** Die Datenbank bietet ein zentrales Informationsarchiv über Hochrisiko-KI-Systeme, die in der EU verfügbar sind. Diese Informationen umfassen Details über den beabsichtigten Zweck des Systems, seine Funktionalität, seine Risikobewertung, seinen Konformitätsbewertungsstatus und die Kontaktinformationen des Anbieters. Dieses zentrale Archiv ermöglicht es den Aufsichtsbehörden, leicht auf Informationen über Hochrisiko-Systeme zuzugreifen, die Marktüberwachung und -durchsetzung zu erleichtern.

- **Marktüberwachung und -durchsetzung ermöglichen:** Die Datenbank hilft den Aufsichtsbehörden, Hochrisiko-KI-Systeme zu identifizieren, die auf dem Markt platziert werden, und ihre Einhaltung der Anforderungen des Gesetzes zu überwachen. Sie ermöglicht es ihnen, schnell Anbieter zu identifizieren, die die Regeln nicht einhalten, Ermittlungen einzuleiten und bei Bedarf Korrekturmaßnahmen zu ergreifen.

- **Transparenz und Verantwortlichkeit fördern:** Die Datenbank bietet Transparenz und ermöglicht es der Öffentlichkeit, zu sehen, welche Hochrisiko-KI-Systeme in der EU verfügbar sind und auf Informationen über diese Systeme zuzugreifen. Diese Transparenz fördert die Verantwortlichkeit und ermutigt die Anbieter, die Anforderungen des Gesetzes einzuhalten und Systeme zu entwickeln, die sicher, fair und vertrauenswürdig sind.

- **Forschung und Analyse erleichtern:** Die Datenbank kann auch eine wertvolle Ressource für Forscher und Analysten sein, die ihnen eine umfassende Übersicht über die Hochrisiko-KI-Systeme bietet, die in der EU verwendet werden. Diese Informationen können verwendet werden, um die Auswirkungen von KI auf die Gesellschaft zu untersuchen, aufkommende Trends zu identifizieren und Empfehlungen für Politik und Regulierung zu entwickeln.

**Der Registrierungsprozess: Ein einfaches Verfahren**

Der Registrierungsprozess für Hochrisiko-KI-Systeme ist so gestaltet, dass er einfach und effizient ist. Anbieter müssen in der Regel die folgenden Informationen bereitstellen:

- **Anbieterinformationen:** Name, Adresse, Kontaktdaten und alle relevanten Registrierungs- oder Genehmigungsnummern des Anbieters.

- **Systemidentifikation:** Eine klare Identifikation des KI-Systems, einschließlich seines Namens, seiner Versionsnummer und aller anderen relevanten Kennungen.

- **Beabsichtigter Zweck:** Eine Beschreibung des beabsichtigten Zwecks des Systems, spezifizierend die Aufgaben, die es durchführen soll, die Zielnutzer und die erwarteten Ergebnisse.

- **Funktionalität:** Eine Beschreibung der Funktionalität des Systems, einschließlich der Arten von Daten, die es verarbeitet, der Algorithmen, die es verwendet, und der Entscheidungen, die es trifft.

- **Risikobewertung:** Eine Zusammenfassung der Risikobewertung des Systems, die die identifizierten Risiken, ihre Schwere und Wahrscheinlichkeit sowie die implementierten Minderungsmaßnahmen beschreibt.

- **Konformitätsbewertungsinformationen:** Details über das durchgeführte Konformitätsbewertungsverfahren, einschließlich des Namens und der Identifikationsnummer der benannten Stelle (falls zutreffend), des Datums der Bewertung und des Status der Bewertung (konform oder nicht konform).

- **CE-Kennzeichnungsinformationen:** Bestätigung, dass das System die CE-Kennzeichnung trägt, und Details darüber, wo die Kennzeichnung angebracht ist (z.B. am

System selbst, an seiner Verpackung oder in seiner Dokumentation).

- **Gebrauchsanweisung:** Eine Kopie der Gebrauchsanweisung, die dem System beiliegt.

- **Zusätzliche Informationen:** Alle anderen relevanten Informationen, wie z.B. eine URL zu einer Website oder Plattform, auf der Nutzer detailliertere Informationen über das KI-System finden können.

Sobald der Anbieter diese Informationen eingereicht hat, überprüft die KI-Behörde, die für die Verwaltung der Datenbank verantwortlich ist, die Informationen und fügt das System der Datenbank hinzu.

**Spezifische Überlegungen für bestimmte Hochrisiko-Systeme: Ausgewogenheit zwischen Transparenz und Sicherheit**

Das EU-KI-Gesetz erkennt an, dass für bestimmte Hochrisiko-KI-Systeme, wie z.B. diejenigen, die in der Strafverfolgung oder Migration verwendet werden, die öffentliche Verfügbarkeit aller Informationen die Sicherheit oder laufende Ermittlungen gefährden könnte.

Für diese Systeme ermöglicht das Gesetz die Registrierung in einem Bereich der Datenbank mit eingeschränktem Zugang, in dem die Informationen nur für autorisiertes Personal, wie z.B. Aufsichtsbehörden und Strafverfolgungsbehörden, zugänglich sind. Dieser ausgewogene Ansatz stellt sicher, dass Transparenz und Verantwortlichkeit gewahrt bleiben, während sensible Informationen geschützt werden.

**CE-Kennzeichnung und Registrierung: Zusammenarbeit zur Förderung des freien Verkehrs und des Vertrauens**

CE-Kennzeichnung und Registrierung sind komplementäre Mechanismen, die zusammenarbeiten, um den freien Verkehr vertrauenswürdiger KI-Systeme innerhalb der EU zu erleichtern. Sie bieten einen Rahmen für:

- **Nachweis der Konformität:** Die CE-Kennzeichnung bietet ein sichtbares Symbol für die Konformität mit dem KI-Gesetz, während die Registrierung in der EU-Datenbank eine detailliertere Aufzeichnung des Konformitätsstatus und der wesentlichen Merkmale des Systems bietet.

- **Marktüberwachung erleichtern:** Die CE-Kennzeichnung ermöglicht es den Aufsichtsbehörden, konforme Systeme leicht zu identifizieren, während die Datenbank ihnen ein zentrales Informationsarchiv über alle Hochrisiko-KI-Systeme bietet und es ihnen ermöglicht, den Markt zu überwachen und bei Bedarf Durchsetzungsmaßnahmen zu ergreifen.

- **Transparenz und Verantwortlichkeit fördern:** Die CE-Kennzeichnung bietet ein sichtbares Zeichen der Vertrauenswürdigkeit, während die Datenbank es der Öffentlichkeit ermöglicht, auf Informationen über Hochrisiko-Systeme zuzugreifen, die Verantwortlichkeit zu fördern und die Einhaltung zu ermutigen.

Diese Mechanismen tragen durch die Förderung einheitlicher Wettbewerbsbedingungen, die Vereinfachung der Konformität und die Stärkung des Vertrauens eine entscheidende Rolle bei der Verwirklichung der Vision des EU-KI-Gesetzes eines einheitlichen Marktes für vertrauenswürdige KI. Sie fördern Innovationen, erweitern den Marktzugang und schützen die Grundrechte, ebnen den Weg für eine Zukunft, in der KI der Gesellschaft zugutekommt, während ethische Prinzipien gewahrt bleiben.

# KAPITEL ZWEIUNDZWANZIG:
## Allgemeine KI-Modelle: Verständnis ihres Umfangs und ihrer Auswirkungen

Bis jetzt haben wir hauptsächlich über KI-Systeme gesprochen, die einen spezifischen Zweck haben. Denken Sie an ein KI-System, das Ärzten hilft, Krebs zu diagnostizieren, oder an eine KI, die betrügerische Kreditkartentransaktionen markiert. Diese Systeme sind für eine bestimmte Aufgabe konzipiert. Aber die Welt der KI verändert sich schnell, und eine neue Art von KI entsteht: allgemeine KI-Modelle.

Diese Modelle sind wie die Taschenmesser der KI. Sie sind nicht für eine spezifische Aufgabe konzipiert, sondern können für eine Vielzahl von Anwendungen angepasst werden. Sie basieren auf riesigen Datenmengen und haben bemerkenswerte Fähigkeiten, von der Erstellung verschiedener Arten kreativer Inhalte und der Beantwortung Ihrer Fragen auf informative Weise, selbst wenn sie offen, herausfordernd oder seltsam sind, bis hin zur Übersetzung von Sprachen und der Erstellung verschiedener kreativer Textformate wie Gedichte, Code, Skripte, Musikstücke, E-Mails, Briefe usw.

Stellen Sie sie sich als das KI-Äquivalent eines vielseitigen Individuums vor, jemand, der einen Roman schreiben, eine Sinfonie komponieren und komplexe mathematische Gleichungen lösen kann, alles mit bemerkenswerter Kompetenz. Diese allgemeinen KI-Modelle verändern die KI-Landschaft, eröffnen aufregende Möglichkeiten, stellen aber auch neue Herausforderungen für Regulierungsbehörden und politische Entscheidungsträger dar.

Der EU-KI-Akt, der darauf abzielt, ein vertrauenswürdiges KI-Ökosystem zu fördern, erkennt die einzigartige Natur dieser Modelle an und stellt spezifische Regeln auf, um ihre Entwicklung, Implementierung und Nutzung zu regeln. Dieses Kapitel taucht in die Welt der allgemeinen KI-Modelle ein, erforscht ihre Fähigkeiten, ihre potenziellen Auswirkungen und den Ansatz des KI-Akts zur Regulierung dieser Modelle.

**Vom Speziellen zum Allgemeinen: Ein Paradigmenwechsel in der KI**

Traditionell wurden KI-Systeme für spezifische Zwecke entwickelt, um bestimmte Probleme oder Aufgaben zu lösen. Dieser "schmale KI"-Ansatz führte zu bemerkenswerten Durchbrüchen in verschiedenen Bereichen, von der Bilderkennung und der Verarbeitung natürlicher Sprache bis hin zur Betrugserkennung und der medizinischen Diagnose.

Dieser Fokus auf spezifische Aufgaben hat jedoch Grenzen. Jedes schmale KI-System ist wie ein Spezialist, der in seinem speziellen Bereich hochqualifiziert ist, aber keine Aufgaben außerhalb seines Fachgebiets ausführen kann. Dies erfordert die Entwicklung separater KI-Systeme für verschiedene Aufgaben, ein zeitaufwändiger und ressourcenintensiver Prozess.

Allgemeine KI-Modelle stellen einen Paradigmenwechsel in der KI dar, weg von diesem engen Fokus und hin zu Systemen mit breiteren Fähigkeiten. Diese Modelle werden anhand riesiger Datenmengen trainiert, die oft verschiedene Arten von Informationen umfassen, wie Text, Bilder, Audio und Code. Dieses breite Training ermöglicht es ihnen, ein allgemeineres Verständnis der Welt zu entwickeln, wodurch sie sich an eine Vielzahl von Aufgaben anpassen können, ohne dass eine umfangreiche Nachschulung oder Neuprogrammierung erforderlich ist.

**Fähigkeiten und Anwendungen: Eine vielseitige KI-Arbeitskraft**

Die Fähigkeiten allgemeiner KI-Modelle erweitern sich ständig, während die Forschung voranschreitet und die Modelle an immer größeren Datensätzen trainiert werden. Diese Modelle zeigen bereits Kompetenz in verschiedenen Aufgaben, einschließlich:

- **Verarbeitung natürlicher Sprache:** Allgemeine KI-Modelle können menschliche Sprache mit bemerkenswerter Flüssigkeit verstehen und generieren, was ihnen ermöglicht, Aufgaben wie Übersetzung, Textzusammenfassung, Fragebeantwortung und sogar kreatives Schreiben auszuführen.

- **Computer Vision:** Diese Modelle können Bilder und Videos analysieren und interpretieren, was ihnen ermöglicht, Aufgaben wie die Objekterkennung, Bildklassifizierung und Szenenverständnis auszuführen.

- **Codegenerierung:** Einige allgemeine KI-Modelle können Computercode in verschiedenen Programmiersprachen generieren und Softwareentwicklern helfen, Aufgaben zu automatisieren und neue Anwendungen zu erstellen.

- **Datenanalyse und Vorhersage:** Diese Modelle können komplexe Datensätze analysieren, Muster erkennen und Vorhersagen treffen, was bei Aufgaben wie der Prognose von Markttrends, der Vorhersage von Kundenverhalten oder der Identifizierung potenzieller Risiken hilft.

- **Inhaltsgenerierung:** Allgemeine KI-Modelle werden verwendet, um verschiedene Arten von Inhalten zu erstellen, wie das Schreiben von Artikeln, Komponieren von Musik, Generieren von Bildern und sogar das Erstellen von Videos.

Diese breite Palette von Fähigkeiten eröffnet ein breites Spektrum potenzieller Anwendungen in verschiedenen Sektoren:

- **Gesundheitswesen:** Unterstützung von Ärzten bei der Diagnose von Krankheiten, Entwicklung personalisierter Behandlungspläne und Beschleunigung der Arzneimittelforschung.

- **Bildung:** Personalisierung von Lernerfahrungen für Schüler, Bereitstellung automatisierter Nachhilfe und Erstellung adaptiver Bildungsinhalte.

- **Finanzen:** Automatisierung von Finanzaufgaben, Betrugserkennung und Bereitstellung personalisierter Anlageberatung.

- **Kundenservice:** Bereitstellung eines 24/7-Kundenservice durch KI-gesteuerte Chatbots, Beantwortung von Fragen, Lösung von Problemen und Personalisierung von Interaktionen.

- **Fertigung:** Optimierung von Produktionsprozessen, Vorhersage von Ausfällen von Geräten und Verbesserung der Qualitätskontrolle.

- **Forschung und Entwicklung:** Beschleunigung wissenschaftlicher Entdeckungen, Analyse komplexer Datensätze und Generierung neuer Hypothesen.

## Die Auswirkungen allgemeiner KI: Umgestaltung von Industrien und Gesellschaft

Das Aufkommen allgemeiner KI-Modelle wird voraussichtlich einen tiefgreifenden Einfluss auf Industrien und die Gesellschaft als Ganzes haben.

- **Erhöhte Automatisierung:** Diese Modelle können eine Vielzahl von Aufgaben automatisieren, was potenziell zu erhöhter Effizienz, reduzierten Kosten und Veränderungen auf dem Arbeitsmarkt führt. Einige Arbeitsplätze könnten automatisiert werden, während wahrscheinlich neue Arbeitsplätze entstehen, die Fähigkeiten in der KI-Entwicklung, -Implementierung und -Überwachung erfordern.

- **Erhöhte Kreativität und Innovation:** Allgemeine KI-Modelle können die menschliche Kreativität erweitern und

neue Tools für künstlerischen Ausdruck,
Inhaltsgenerierung und wissenschaftliche Entdeckungen
bereitstellen.

- **Personalisierte Erfahrungen:** Diese Modelle können
verwendet werden, um hochgradig personalisierte
Erfahrungen zu schaffen, Produkte, Dienstleistungen und
Informationen an individuelle Bedürfnisse und Vorlieben
anzupassen.

- **Verbesserte Entscheidungsfindung:** Allgemeine KI-
Modelle können Menschen helfen, bessere Entscheidungen
zu treffen, indem sie komplexe Daten analysieren, Muster
erkennen und Einblicke liefern, die für Menschen
möglicherweise nicht sofort ersichtlich sind.

## Der EU-KI-Akt und allgemeine KI: Ausbalancieren von Innovation mit Sicherheitsvorkehrungen

Der EU-KI-Akt, der sich auf vertrauenswürdige KI konzentriert,
erkennt sowohl die potenziellen Vorteile als auch die potenziellen
Risiken an, die mit allgemeinen KI-Modellen verbunden sind. Der
Akt zielt darauf ab, die Entwicklung und Implementierung dieser
Modelle zu fördern, während sichergestellt wird, dass sie
verantwortungsvoll und ethisch genutzt werden, fundamentale
Rechte respektiert werden und potenzielle Schäden gemindert
werden.

Der Ansatz des Akts zur Regulierung allgemeiner KI-Modelle
basiert auf mehreren Schlüsselprinzipien:

## 1. Flexibilität und Proportionalität: Anpassung an die sich entwickelnde KI-Landschaft

Der Akt erkennt an, dass allgemeine KI-Modelle eine sich schnell
entwickelnde Technologie sind, bei der ständig neue Fähigkeiten
und Anwendungen entstehen. Um Innovationen nicht zu ersticken,
verfolgt der Akt einen flexiblen und proportionalen Ansatz zur
Regulierung und vermeidet übermäßig vorschreibende Regeln, die

schnell veraltet sein könnten oder die Entwicklung nützlicher KI-Anwendungen behindern könnten.

Statt alle allgemeinen KI-Modelle als hochriskant einzustufen, konzentriert sich der Akt auf solche Modelle, die spezifische Risiken aufweisen, wie solche, die in hochriskanten Anwendungen verwendet werden oder systemische Risiken darstellen. Dieser risikobasierte Ansatz ermöglicht eine gezieltere und effektivere regulatorische Antwort, die sich auf die wirkungsvollsten KI-Einsätze konzentriert.

## 2. Transparenz: KI verständlich und verantwortlich machen

Der Akt betont die Bedeutung der Transparenz für allgemeine KI-Modelle. Er verlangt von den Anbietern dieser Modelle:

- **Detaillierte technische Dokumentation bereitstellen:** Anbieter müssen eine technische Dokumentation erstellen, die das Design des Modells, seine Trainingsdaten, seine Fähigkeiten, seine Grenzen, seine potenziellen Risiken und die Maßnahmen zur Minderung dieser Risiken beschreibt. Diese Dokumentation dient als Blaupause zum Verständnis des Modells und ermöglicht die Überprüfung durch Regulierungsbehörden und andere Interessengruppen.

- **Klare Informationen an nachgelagerte Nutzer bereitstellen:** Anbieter müssen nachgelagerten Nutzern, wie Entwicklern, die das Modell in ihre KI-Systeme integrieren, oder Anwendern, die das System in praktischen Anwendungen nutzen, klare und verständliche Informationen bereitstellen. Diese Informationen sollten Details zu den Fähigkeiten, Grenzen und potenziellen Risiken des Modells sowie zu den empfohlenen Verfahren für seine sichere und verantwortungsvolle Nutzung enthalten.

- **Zusammenfassungen der Trainingsdaten veröffentlichen:** Anbieter müssen Zusammenfassungen der Inhalte veröffentlichen, die zum Trainieren ihrer allgemeinen KI-Modelle verwendet wurden, und Transparenz über die Datenquellen und die potenziellen Verzerrungen, die im Modell eingebettet sein könnten, schaffen.

Diese Transparenzanforderungen helfen, allgemeine KI-Modelle zu demystifizieren, sie verständlicher und verantwortlicher zu machen. Sie ermöglichen es Regulierungsbehörden, Entwicklern, Anwendern und Nutzern, die potenziellen Risiken, die mit diesen Modellen verbunden sind, besser zu bewerten und fundiertere Entscheidungen über ihre Nutzung zu treffen.

### 3. Urheberrechtsbedenken angehen: Respektieren der Rechte des geistigen Eigentums

Allgemeine KI-Modelle werden oft anhand riesiger Datenmengen trainiert, einschließlich Text, Bilder, Audio und Code. Dies wirft Bedenken hinsichtlich der Urheberrechtsverletzung auf, insbesondere wenn die Trainingsdaten urheberrechtlich geschütztes Material enthalten.

Der EU-KI-Akt geht auf diese Bedenken ein, indem er von den Anbietern allgemeiner KI-Modelle verlangt:

- **Richtlinien zur Einhaltung des EU-Urheberrechts einführen:** Anbieter müssen klare Richtlinien und Verfahren einführen, um sicherzustellen, dass ihre Modelle anhand von Daten trainiert werden, die sie rechtmäßig nutzen dürfen. Dies könnte das Einholen von Lizenzen von Urheberrechtsinhabern, die Nutzung öffentlich verfügbarer Datensätze oder das Trainieren der Modelle anhand von Daten, die nicht dem Urheberrechtsschutz unterliegen, beinhalten.

- **Rechtevorbehalte identifizieren und einhalten:** Der Akt verlangt speziell von den Anbietern, die Rechtevorbehalte der Urheberrechtsinhaber zu identifizieren und einzuhalten. Nach dem EU-Urheberrecht haben Urheberrechtsinhaber das Recht, ihre Rechte über ihre Werke vorzubehalten und

213

deren Nutzung für Text- und Data-Mining ohne ihre Genehmigung zu verhindern. Anbieter allgemeiner KI-Modelle müssen diese Rechtevorbehalte respektieren und sicherstellen, dass sie urheberrechtlich geschütztes Material nicht ohne die notwendige Genehmigung zum Training verwenden.

Diese Bestimmungen zielen darauf ab, ein Gleichgewicht zwischen der Förderung von Innovation in der KI und der Achtung der Rechte der Urheberrechtsinhaber zu schaffen. Sie fördern die Nutzung legaler und ethischer Datenquellen für das Training allgemeiner KI-Modelle und tragen zu einem vertrauenswürdigen KI-Ökosystem bei.

## 4. Systemische Risiken mindern: Verhindern von weitreichenden Schäden

Der EU-KI-Akt erkennt an, dass allgemeine KI-Modelle aufgrund ihrer hohen Fähigkeiten und ihres Potenzials für weitreichende Anwendungen systemische Risiken darstellen können. Systemische Risiken sind solche, die weitreichende und potenziell katastrophale Folgen haben könnten, wie:

- **Störung der kritischen Infrastruktur:** Ein fehlerhaftes oder böswillig manipuliertes allgemeines KI-System könnte die kritische Infrastruktur stören, wie Stromnetze, Verkehrsnetze oder Kommunikationssysteme, was zu weitreichendem Chaos und wirtschaftlichem Schaden führen könnte.

- **Untergrabung demokratischer Prozesse:** Diese Systeme könnten verwendet werden, um die öffentliche Meinung zu manipulieren, Desinformationen zu verbreiten oder Wahlen zu beeinflussen, was die Integrität demokratischer Institutionen bedroht.

- **Verschärfung gesellschaftlicher Ungleichheiten:** Wenn sie unverantwortlich genutzt werden, könnten allgemeine KI-Systeme bestehende gesellschaftliche Ungleichheiten verschärfen, Verzerrungen verstärken und gegen verwundbare Gruppen diskriminieren.

Um diese systemischen Risiken zu adressieren, stellt der Akt spezifische Anforderungen an Anbieter allgemeiner KI-Modelle, die diese Risiken aufweisen:

- **Hochrisikomodelle klassifizieren:** Der Akt legt Kriterien für die Klassifizierung allgemeiner KI-Modelle als hochrisikoreich fest. Diese Kriterien umfassen Faktoren wie die Fähigkeiten des Modells, die Menge an Rechenleistung, die für das Training verwendet wird, seine Marktreichweite und die Anzahl der Nutzer, die es betrifft. Modelle, die diese Kriterien erfüllen, gelten als systemische Risiken und unterliegen strengeren regulatorischen Anforderungen.

- **Modellbewertung durchführen:** Anbieter hochriskoreicher allgemeiner KI-Modelle müssen gründliche Bewertungen ihrer Modelle durchführen, um potenzielle systemische Risiken zu identifizieren und zu mindern. Dies könnte die Durchführung von Angriffstests beinhalten, bei denen das Modell absichtlich böswilligen Eingaben oder unerwarteten Bedingungen ausgesetzt wird, um seine Widerstandsfähigkeit zu bewerten. Es könnte auch die Analyse der Modellausgaben umfassen, um potenzielle Verzerrungen oder Schwachstellen zu identifizieren.

- **Risikominderungsmaßnahmen umsetzen:** Anbieter müssen geeignete Maßnahmen zur Minderung der identifizierten systemischen Risiken umsetzen. Dies könnte die Verbesserung der Robustheit des Modells, die Implementierung robuster Cybersicherheitsmaßnahmen, die Festlegung klarer Richtlinien für seine Nutzung oder sogar die Einschränkung seiner Implementierung in bestimmten Kontexten beinhalten.

- **Überwachung und Berichterstattung:** Anbieter müssen ihre hochriskoreichen Modelle kontinuierlich auf Anzeichen systemischer Risiken überwachen und ernsthafte Vorfälle oder potenzielle Verstöße dem KI-Büro melden.

**5. Governance und Aufsicht: Sicherstellung einer verantwortungsvollen Entwicklung und Implementierung**

Der EU-KI-Akt schafft einen neuen Governance-Rahmen für KI und richtet eine spezielle Stelle, das KI-Büro, ein, um die Umsetzung der KI-Regulierungen zu überwachen. Das KI-Büro spielt eine zentrale Rolle bei der Regulierung allgemeiner KI-Modelle, mit Verantwortlichkeiten, die Folgendes umfassen:

- **Überwachung der KI-Landschaft:** Das KI-Büro ist mit der Überwachung der sich entwickelnden KI-Landschaft, der Identifizierung neuer Trends und der Bewertung potenzieller Risiken beauftragt.

- **Entwicklung von Leitlinien und bewährten Methoden:** Das KI-Büro wird Leitlinien und bewährte Methoden für Anbieter, Implementierer und andere Interessengruppen entwickeln, um ihnen zu helfen, die Anforderungen des Akts zu verstehen und eine vertrauenswürdige KI zu implementieren.

- **Ermittlung potenzieller Nichteinhaltungen:** Das KI-Büro hat die Befugnis, potenzielle Nichteinhaltungen mit dem KI-Akt zu untersuchen, einschließlich solcher, die sich auf allgemeine KI-Modelle beziehen. Dies könnte die Anforderung von Informationen von Anbietern, die Durchführung von Audits oder die Einleitung von Durchsetzungsmaßnahmen beinhalten.

- **Förderung von Zusammenarbeit und Koordination:** Das KI-Büro wird die Zusammenarbeit und Koordination zwischen nationalen Behörden, die für die Marktüberwachung verantwortlich sind, sowie mit anderen

Interessengruppen, wie Standardisierungsorganisationen, Forschungseinrichtungen und Interessenvertretungen, fördern.

Die Rolle des KI-Büros ist entscheidend, um sicherzustellen, dass die Vision des EU-KI-Akts für ein vertrauenswürdiges KI-Ökosystem, insbesondere in der sich schnell entwickelnden Landschaft allgemeiner KI-Modelle, verwirklicht wird.

## 6. Verhaltenskodizes: Förderung der Selbstregulierung der Industrie

Der EU-KI-Akt fördert die Selbstregulierung der Industrie durch die Entwicklung von Verhaltenskodizes. Verhaltenskodizes sind freiwillige Richtlinien, die von Industrieinteressengruppen entwickelt werden, um eine verantwortungsvolle KI-Entwicklung und -Implementierung zu fördern. Sie können detailliertere Leitlinien zu spezifischen Aspekten der Anforderungen des Akts bieten, die auf die Bedürfnisse bestimmter Branchen oder Sektoren zugeschnitten sind.

Das KI-Büro wird eine Rolle bei der Förderung der Entwicklung von Verhaltenskodizes für allgemeine KI-Modelle spielen. Dies könnte die Bereitstellung von Leitlinien, die Unterstützung der Zusammenarbeit zwischen Interessengruppen und die Förderung der Einführung bewährter Methoden beinhalten.

### Allgemeine KI: Eine Kraft für das Gute?

Allgemeine KI-Modelle haben ein immenses Potenzial, der Gesellschaft zu nützen. Sie können Aufgaben automatisieren, Kreativität steigern, Erfahrungen personalisieren und die Entscheidungsfindung verbessern. Sie können Branchen revolutionieren, wissenschaftliche Entdeckungen beschleunigen und einige der drängendsten Herausforderungen der Menschheit angehen.

Diese mächtigen Technologien bergen jedoch auch neue Risiken, insbesondere das Potenzial für systemische Schäden und die Verstärkung bestehender gesellschaftlicher Ungleichheiten. Der

EU-KI-Akt, mit seinem Fokus auf vertrauenswürdiger KI, zielt darauf ab, das Potenzial dieser Modelle zu nutzen, während ihre Risiken gemindert werden. Es ist ein Rahmenwerk, um sicherzustellen, dass KI unter menschlicher Kontrolle bleibt, dass ihre Entwicklung und Implementierung von ethischen Prinzipien geleitet wird und dass sie letztendlich den besten Interessen der Menschheit dient.

---

# KAPITEL DREIUNDZWANZIG:
## Systemische Risiken: Identifizierung und Minderung potenzieller Bedrohungen

Wir haben die sich ausdehnende Grenze allgemeiner KI-Modelle erkundet und ihre Vielseitigkeit und die breite Palette von Anwendungen, die sie ermöglichen, bewundert. Diese KI-Taschenmesser bergen ein enormes Potenzial, Industrien zu revolutionieren, Innovationen voranzutreiben und sogar die großen Herausforderungen der Menschheit anzugehen. Doch wie bei jedem mächtigen Werkzeug werfen ihre potenten Fähigkeiten Bedenken hinsichtlich unbeabsichtigter Folgen auf, insbesondere das Auftreten systemischer Risiken.

Systemische Risiken, im Gegensatz zu den lokalisierten Risiken, die wir zuvor diskutiert haben, sind solche, die sich durch das gesamte KI-Ökosystem ausbreiten und weitreichende, potenziell verheerende Konsequenzen haben könnten. Stellen Sie sich diese wie ein Virus vor, das sich schnell durch ein Netzwerk ausbreiten und weitreichende Störungen und Schäden verursachen kann. Diese Risiken sind nicht auf ein einziges KI-System oder eine einzige Anwendung beschränkt; sie können aus der vernetzten Natur der KI selbst entstehen, der Art und Weise, wie diese Modelle entwickelt, eingesetzt und vernetzt werden, und wie sie mit der weiteren Welt interagieren.

Das EU-KI-Gesetz, mit seinem Fokus auf vertrauenswürdiger KI, geht einen proaktiven Ansatz zur Bewältigung systemischer Risiken an und zielt darauf ab, diese Bedrohungen frühzeitig zu erkennen und zu mindern, bevor sie weitreichende Schäden verursachen können. Es erkennt an, dass die Natur allgemeiner KI-Modelle, ihre Anpassungsfähigkeit, ihre hohen Fähigkeiten und ihr Potenzial für eine weit verbreitete Anwendung sie besonders anfällig für systemische Risiken machen.

Dieses Kapitel vertieft sich in den Rahmen des KI-Gesetzes zur Identifizierung und Minderung systemischer Risiken, untersucht die einzigartigen Herausforderungen, die diese Risiken darstellen, und die Strategien, um sicherzustellen, dass KI eine Kraft für das Gute bleibt, selbst wenn ihre Fähigkeiten immer mächtiger werden.

**Verständnis systemischer Risiken: Ein Netzwerk miteinander verbundener Bedrohungen**

Systemische Risiken in der KI sind keine einzelne Entität; sie umfassen ein komplexes Netzwerk miteinander verbundener Bedrohungen, jede mit ihren eigenen einzigartigen Eigenschaften und potenziellen Konsequenzen. Diese Risiken können aus verschiedenen Quellen entstehen, und ihre Auswirkungen können durch mehrere Ebenen des KI-Ökosystems hindurch kaskadieren, von einzelnen Modellen und Systemen bis hin zu ganzen Industrien und sogar der Gesellschaft als Ganzes.

Um die Natur systemischer Risiken zu verstehen, lassen Sie uns einige entscheidende Faktoren zerlegen, die zu ihrem Entstehen beitragen:

- **Hochwirksame Fähigkeiten:** Allgemeine KI-Modelle, insbesondere solche, die auf massiven Datensätzen trainiert wurden und fortschrittliche Algorithmen verwenden, haben hochwirksame Fähigkeiten. Sie können riesige Mengen an Informationen verarbeiten, komplexe Entscheidungen treffen und sogar neuartige Inhalte generieren. Während diese Fähigkeiten bemerkenswerte Möglichkeiten eröffnen, erhöhen sie auch das Potenzial für unbeabsichtigte Folgen. Ein kleiner Fehler oder eine Voreingenommenheit in einem hochwirksamen Modell, wenn durch eine weit verbreitete Nutzung verstärkt, könnte erhebliche Auswirkungen haben. Stellen Sie sich beispielsweise ein Sprachmodell vor, das auf voreingenommenen Daten trainiert wurde und diskriminierende Inhalte erzeugt, die sich schnell online verbreiten, schädliche Stereotypen verstärken und soziale Spaltungen fördern.

- **Modellreichweite und Vernetzung:** Allgemeine KI-Modelle sind oft so gestaltet, dass sie weitgehend zugänglich und anpassbar sind, was ihre Integration in eine Vielzahl von KI-Systemen und Anwendungen ermöglicht. Diese breite Reichweite und Vernetzung erhöht das Potenzial für die Verbreitung systemischer Risiken. Stellen Sie sich ein Modell vor, das sowohl in selbstfahrenden Autos als auch in Finanzhandelssystemen verwendet wird. Eine Schwachstelle in diesem Modell, wenn sie von böswilligen Akteuren ausgenutzt wird, könnte sowohl Verkehrsnetze als auch Finanzmärkte stören, weitreichende wirtschaftliche Schäden verursachen und potenziell sogar Leben gefährden.

- **Missbrauchsbedingungen:** Die Anpassungsfähigkeit allgemeiner KI-Modelle macht sie anfällig für Missbrauch. Böswillige Akteure könnten diese Modelle ausnutzen, um Deepfakes zu erstellen, Desinformationen zu verbreiten, autonome Waffensysteme zu entwickeln oder sogar die Kontrolle über kritische Infrastrukturen zu erlangen.

- **Mangel an Transparenz und Erklärbarkeit:** Die Komplexität allgemeiner KI-Modelle macht es oft schwierig zu verstehen, wie sie zu ihren Schlussfolgerungen kommen. Dieser Mangel an Transparenz und Erklärbarkeit kann die Identifizierung und Minderung systemischer Risiken behindern. Es kann auch das Vertrauen in KI-Systeme untergraben, was es schwieriger macht, potenzielle Probleme anzugehen.

- **Entwicklung der KI:** Das schnelle Tempo der KI-Forschung und -Entwicklung bedeutet, dass ständig neue Modelle, Algorithmen und Fähigkeiten entstehen. Diese sich entwickelnde Natur der KI macht es schwierig, systemische Risiken vorherzusehen und anzugehen, da neue Bedrohungen schnell auftreten können, oft bevor Sicherheitsvorkehrungen getroffen werden können.

**Der Ansatz des KI-Gesetzes: Ein Rahmen für proaktives Risikomanagement**

Das EU-KI-Gesetz, mit seinem Fokus auf vertrauenswürdiger KI, geht einen proaktiven Ansatz zur Bewältigung systemischer Risiken an. Es erkennt an, dass diese Risiken nicht vollständig eliminiert werden können, aber es zielt darauf ab, sie durch eine Kombination von:

- **Früherkennung:** Das Gesetz betont die Bedeutung der Erkennung systemischer Risiken früh im KI-Lebenszyklus, idealerweise während der Modellentwicklungsphase. Dies ermöglicht es den Anbietern, Minderungsmaßnahmen zu implementieren, bevor das Modell weit verbreitet und vernetzt ist, was das Potenzial für weitreichende Schäden reduziert.

- **Risikobewertung und -minderung:** Anbieter von hochwirksamen allgemeinen KI-Modellen sind verpflichtet, gründliche Risikobewertungen durchzuführen, potenzielle systemische Risiken zu identifizieren und Maßnahmen zu deren Minderung zu ergreifen. Dies könnte die Verbesserung der Robustheit des Modells, die Implementierung von Cybersicherheitsvorkehrungen, die Festlegung klarer Richtlinien für seine Nutzung oder sogar die Einschränkung seines Einsatzes in bestimmten Kontexten umfassen.

- **Transparenz und Informationsaustausch:** Das Gesetz fördert Transparenz und Informationsaustausch über allgemeine KI-Modelle und verpflichtet Anbieter, detaillierte Informationen über ihre Modelle bereitzustellen, einschließlich ihrer Fähigkeiten, Beschränkungen und potenziellen Risiken. Diese Transparenz ermöglicht es Regulierungsbehörden, Entwicklern, Anwendern und Nutzern, diese Modelle besser zu verstehen und fundiertere Entscheidungen über ihre Nutzung zu treffen.

- **Governance und Aufsicht:** Die KI-Behörde, eine neue, durch das Gesetz geschaffene Institution, spielt eine zentrale Rolle bei der Überwachung der Umsetzung der KI-Vorschriften und der Bewältigung systemischer Risiken. Sie wird das KI-Umfeld überwachen, Leitlinien und Best Practices entwickeln, potenzielle Nichtkonformitäten untersuchen und die Zusammenarbeit zwischen den Interessengruppen erleichtern.

- **Selbstregulierung der Industrie:** Das Gesetz fördert die Selbstregulierung der Industrie durch Verhaltenskodizes, die freiwillige Leitlinien sind, die von Industriestakeholdern entwickelt wurden, um eine verantwortungsvolle KI-Entwicklung und -Einführung zu fördern. Verhaltenskodizes können detailliertere Anleitungen zu spezifischen Aspekten der Anforderungen des Gesetzes bieten, die auf die Bedürfnisse bestimmter Branchen oder Sektoren zugeschnitten sind.

**Identifizierung systemischer Risiken: Eine vielschichtige Herausforderung**

Die Identifizierung systemischer Risiken in der KI ist eine vielschichtige Herausforderung, die ein tiefes Verständnis sowohl der technischen Aspekte von KI-Systemen als auch des breiteren gesellschaftlichen Kontexts, in dem diese Systeme operieren, erfordert. Es geht nicht nur darum, nach Fehlern in den Algorithmen zu suchen; es geht darum, die potenziellen Auswirkungen der KI auf verschiedene Aspekte des menschlichen Lebens zu berücksichtigen, von wirtschaftlichen Systemen und politischen Prozessen bis hin zu sozialen Interaktionen und kulturellen Normen.

Das EU-KI-Gesetz legt mehrere Kriterien für die Identifizierung allgemeiner KI-Modelle fest, die systemische Risiken bergen:

- **Hochwirksame Fähigkeiten:** Das Gesetz erkennt an, dass systemische Risiken wahrscheinlicher von Modellen mit hohen Fähigkeiten ausgehen, die große Datenmengen verarbeiten, komplexe Entscheidungen treffen und neuartige Inhalte generieren können. Zur Bewertung der Fähigkeiten eines Modells berücksichtigt das Gesetz Faktoren wie:

- o **Die Anzahl der Parameter:** Dies bezieht sich auf die Anzahl der anpassbaren Variablen in einem Modell, die oft seine Komplexität und seine Fähigkeit, aus Daten zu lernen, widerspiegeln. Modelle mit einer größeren Anzahl von Parametern haben in der Regel höhere Fähigkeiten.

- o **Die Qualität und Größe der Trainingsdaten:** Die Qualität und Größe der Trainingsdaten können die Fähigkeiten eines Modells erheblich beeinflussen. Modelle, die mit größeren und vielfältigeren Datensätzen trainiert wurden, haben in der Regel breitere Fähigkeiten und können sich besser an neue Aufgaben anpassen.

- o **Die Menge an Rechenleistung, die für das Training verwendet wird:** Das Training leistungsfähiger KI-Modelle erfordert enorme Rechenressourcen. Die Menge an Rechenleistung, die für das Training verwendet wird, kann ein Indikator für die Fähigkeiten und den potenziellen Einfluss des Modells sein.

- o **Eingabe- und Ausgabemodalitäten:** Allgemeine KI-Modelle können verschiedene Arten von Daten verarbeiten, wie Text, Bilder, Audio und Code. Die Eingabe- und Ausgabemodalitäten eines Modells können seine potenziellen Anwendungen und Risiken beeinflussen.

- o **Benchmarks und Bewertungen:** Das Gesetz fördert die Verwendung standardisierter Benchmarks und Bewertungen zur Beurteilung der Fähigkeiten allgemeiner KI-Modelle. Diese

Benchmarks können einen gemeinsamen Rahmen für den Vergleich verschiedener Modelle und die Identifizierung solcher mit hohen Fähigkeiten bieten.

- **Signifikante Auswirkungen auf den Binnenmarkt:** Das Gesetz berücksichtigt auch die Reichweite und den Einfluss des Modells auf den Binnenmarkt der EU als Faktor bei der Bestimmung des systemischen Risikos. Dazu gehören Faktoren wie:

  - **Die Anzahl der Geschäfts- und Endnutzer:** Modelle, die weit verbreitet von Unternehmen und Endnutzern übernommen werden, haben ein größeres Potenzial für systemische Auswirkungen. Das Gesetz geht davon aus, dass ein Modell einen hohen Einfluss auf den Binnenmarkt hat, wenn es mindestens 10.000 registrierten Geschäftsnutzern in der EU zur Verfügung gestellt wird.

  - **Verteilungsstrategien:** Die Art und Weise, wie ein Modell verteilt und zugänglich gemacht wird, kann seine Reichweite und seinen Einfluss beeinflussen. Modelle, die leicht zugänglich und anpassbar sind, werden wahrscheinlich weit verbreitet, was ihr Potenzial für systemische Risiken erhöht.

- **Tatsächliche oder vorhersehbare negative Auswirkungen:** Das Gesetz berücksichtigt auch das Potenzial des Modells, tatsächliche oder vorhersehbare negative Auswirkungen auf:

  - **Öffentliche Gesundheit und Sicherheit:** Modelle, die in Gesundheitswesen, Verkehr oder anderen sicherheitskritischen Anwendungen verwendet werden, könnten Risiken für die öffentliche Gesundheit und Sicherheit darstellen, wenn sie fehlfunktionieren oder missbraucht werden.

- Demokratische Prozesse: Modelle, die verwendet werden, um die öffentliche Meinung zu beeinflussen, Desinformationen zu verbreiten oder Wahlen zu stören, könnten Risiken für demokratische Prozesse darstellen.

- Öffentliche und wirtschaftliche Sicherheit: Modelle, die in kritischer Infrastruktur, Finanzsystemen oder nationalen Sicherheitsanwendungen verwendet werden, könnten Risiken für die öffentliche und wirtschaftliche Sicherheit darstellen, wenn sie kompromittiert oder missbraucht werden.

- Grundrechte: Modelle, die sensible Daten verarbeiten oder die verwendet werden, um Entscheidungen über Individuen zu treffen, könnten Risiken für Grundrechte wie das Recht auf Privatsphäre, Nichtdiskriminierung oder rechtliches Gehör darstellen.

**Minderung systemischer Risiken: Ein mehrschichtiger Ansatz**

Die Minderung systemischer Risiken in der KI ist eine mehrschichtige Herausforderung, die eine Kombination aus technischen, organisatorischen und gesellschaftlichen Maßnahmen erfordert. Es geht nicht nur darum, Fehler in den Algorithmen zu beheben; es geht darum, Sicherheitsvorkehrungen in das gesamte KI-Ökosystem einzubauen, von der Modellentwicklungsphase bis hin zur Einführung und Nutzung von KI-Systemen, und sogar die breiteren gesellschaftlichen Implikationen der Auswirkungen von KI zu adressieren.

Das EU-KI-Gesetz legt mehrere Strategien zur Minderung systemischer Risiken fest:

**1. Modellbewertung und -tests: Auf der Suche nach Schwachstellen**

Anbieter von hochwirksamen allgemeinen KI-Modellen sind verpflichtet, gründliche Bewertungen und Tests durchzuführen, um potenzielle systemische Risiken zu identifizieren und zu mindern. Dies könnte Folgendes umfassen:

- **Adversarial Testing:** Absichtliches Einführen von Fehlern, unerwarteten Eingaben oder böswilligen Versuchen, das Verhalten des Modells zu manipulieren. Dies hilft, Schwachstellen zu identifizieren und die Widerstandsfähigkeit des Modells gegen Angriffe oder unerwartete Bedingungen zu bewerten.

- **Bias- und Fairness-Tests:** Analysieren der Modellausgaben auf Anzeichen von Voreingenommenheit oder Diskriminierung, um sicherzustellen, dass es keine Individuen oder Gruppen unfair benachteiligt.

- **Robustheitstests:** Bewertung der Fähigkeit des Modells, auch in Anwesenheit von Fehlern, Mängeln oder unerwarteten Eingaben zuverlässig zu funktionieren, um sicherzustellen, dass es realen Herausforderungen standhalten und eine zuverlässige Leistung aufrechterhalten kann.

- **Erklärbarkeitstests:** Bewertung der Transparenz und Erklärbarkeit des Modells, um sicherzustellen, dass sein Entscheidungsprozess von menschlichen Bedienern verstanden werden kann und dass seine Ausgaben gerechtfertigt und, wenn nötig, angefochten werden können.

## 2. Cybersicherheitsmaßnahmen: Schutz von KI-Systemen vor Angriffen

Da KI-Systeme immer prävalenter und leistungsfähiger werden, werden sie zu immer attraktiveren Zielen für Cyberangriffe. Ein erfolgreicher Angriff auf ein hochwirksames allgemeines KI-Modell könnte kaskadierende Effekte haben, mehrere

Anwendungen stören und potenziell weitreichende Schäden verursachen.

Das KI-Gesetz verpflichtet Anbieter dieser Modelle, robuste Cybersicherheitsmaßnahmen zu implementieren, um ihre Systeme vor Angriffen zu schützen. Diese Maßnahmen könnten Folgendes umfassen:

- **Zugriffskontrolle:** Beschränkung des Zugriffs auf das Modell und seine Daten auf autorisierte Benutzer. Dies könnte die Verwendung starker Passwörter, Multi-Faktor-Authentifizierung und rollenbasierte Zugriffskontrolle umfassen.

- **Verschlüsselung:** Schutz von Daten im Ruhezustand und in Transit durch Verschlüsselung. Dies macht es für Angreifer schwieriger, Daten zu stehlen oder zu manipulieren, selbst wenn sie Zugriff auf das System erlangen.

- **Regelmäßige Sicherheitsupdates:** Halten Sie die Software und Infrastruktur des Modells mit den neuesten Sicherheits-Patches auf dem neuesten Stand. Dies hilft, bekannte Schwachstellen zu schützen, die von Angreifern ausgenutzt werden könnten.

- **Schwachstellenscans und Penetrationstests:** Regelmäßiges Scannen des Modells und seiner Infrastruktur auf Schwachstellen und Durchführen von Penetrationstests, um Angriffe zu simulieren und Schwächen in den Verteidigungsmechanismen des Systems zu identifizieren.

- **Vorfallreaktionsplanung:** Entwicklung eines Vorfallreaktionsplans, der die Schritte umreißt, die im Falle eines Cybersicherheitsvorfalls zu unternehmen sind. Dieser Plan sollte Verfahren zur Erkennung und Eindämmung des Vorfalls, zur Erholung vom Vorfall und zur Benachrichtigung der betroffenen Personen und Behörden umfassen.

## 3. Risikominderungsstrategien: Aufbau von Sicherheitsvorkehrungen im KI-Ökosystem

Zusätzlich zu Modellbewertungen und Cybersicherheitsmaßnahmen sind Anbieter von hochwirksamen allgemeinen KI-Modellen verpflichtet, umfassendere Risikominderungsstrategien zu implementieren. Diese Strategien zielen darauf ab, Sicherheitsvorkehrungen in das gesamte KI-Ökosystem einzubauen, von der Modellentwicklungsphase bis hin zur Einführung und Nutzung von KI-Systemen.

Einige wesentliche Risikominderungsstrategien umfassen:

- **Zugriffs- und Verteilungsbeschränkung:** Anbieter könnten den Zugriff auf ihre Modelle einschränken müssen, indem sie deren Verteilung auf vertrauenswürdige Partner beschränken oder von den Nutzern verlangen, bestimmte Kriterien zu erfüllen, bevor sie auf das Modell zugreifen können. Dies hilft, Missbrauch zu verhindern und das Potenzial für weitreichende Schäden zu reduzieren.

- **Implementierung von Überwachungs- und Kontrollmechanismen:** Anbieter können Überwachungs- und Kontrollmechanismen in ihre Modelle einbauen, die es ihnen ermöglichen, zu verfolgen, wie das Modell verwendet wird, potenziellen Missbrauch zu identifizieren und, wenn nötig, einzugreifen. Dies könnte das Protokollieren von Benutzerinteraktionen, das Analysieren der Modellausgaben oder das Einrichten von Warnungen für ungewöhnliches Verhalten umfassen.

- **Entwicklung klarer Nutzungsrichtlinien:** Anbieter sollten klare Richtlinien für die Nutzung ihrer Modelle bereitstellen, die zulässige Anwendungsfälle, verbotene Anwendungen und Best Practices für eine sichere und verantwortungsvolle Einführung umreißen. Diese

Richtlinien helfen, sicherzustellen, dass das Modell gemäß seinem beabsichtigten Zweck verwendet wird und dass seine potenziellen Risiken minimiert werden.

- **Förderung menschlicher Aufsicht:** Anbieter sollten die Nutzung menschlicher Aufsicht in Anwendungen fördern, die ihre Modelle integrieren, insbesondere in risikoreichen Kontexten. Dies könnte die Bereitstellung von Anleitungen zur Implementierung effektiver Aufsichtsmechanismen, die Entwicklung von Tools, die menschliche Interventionen erleichtern, oder die Forderung nach menschlicher Überprüfung der Modellausgaben in bestimmten Szenarien umfassen.

## 4. Adressierung gesellschaftlicher Implikationen: Ein ganzheitlicher Ansatz

Die Minderung systemischer Risiken in der KI ist nicht nur eine technische Herausforderung; sie erfordert auch die Adressierung der breiteren gesellschaftlichen Implikationen der Auswirkungen von KI. Das EU-KI-Gesetz erkennt an, dass die weit verbreitete Einführung allgemeiner KI-Modelle tiefgreifende Auswirkungen auf verschiedene Aspekte des menschlichen Lebens haben könnte, was einen ganzheitlichen Ansatz zum Risikomanagement erfordert.

Einige wesentliche gesellschaftliche Implikationen, die zu berücksichtigen sind, umfassen:

- **Die Auswirkungen auf den Arbeitsmarkt:** Allgemeine KI-Modelle haben das Potenzial, eine Vielzahl von Aufgaben zu automatisieren, was potenziell zu Arbeitsplatzverlagerungen und Veränderungen auf dem Arbeitsmarkt führen könnte. Die Bewältigung dieser Herausforderung erfordert Investitionen in Bildungs- und Schulungsprogramme, um Arbeitnehmer mit den Fähigkeiten auszustatten, die für die Jobs der Zukunft erforderlich sind, sowie die Erforschung von Richtlinien wie dem bedingungslosen Grundeinkommen, um die wirtschaftlichen Auswirkungen der Automatisierung abzumildern.

- **Das Potenzial für Voreingenommenheit und Diskriminierung:** KI-Modelle werden auf Daten trainiert, und wenn diese Daten bestehende gesellschaftliche Vorurteile widerspiegeln, können die Modelle diese Vorurteile weitergeben und sogar verstärken. Die Bewältigung dieser Herausforderung erfordert die Entwicklung von Techniken zur Identifizierung und Minderung von Voreingenommenheit in KI-Modelle

# KAPITEL VIERUNDZWANZIG: AI-Regulierungs-Sandkästen und Realwelt-Tests: Förderung von Innovation

Das EU-Gesetz zur Künstlichen Intelligenz (KI) zielt darauf ab, ein florierendes KI-Ökosystem innerhalb der Europäischen Union zu fördern, das Innovation mit dem Schutz fundamentaler Rechte in Einklang bringt. Es ist ein heikler Balanceakt. Einerseits möchte die EU die Entwicklung und Anwendung von KI fördern, da sie deren Potenzial erkennt, Probleme zu lösen, das Wirtschaftswachstum zu fördern und unser Leben zu verbessern. Andererseits ist die EU bestrebt, ihre Bürger vor potenziellen Schäden zu schützen und sicherzustellen, dass KI ethisch, verantwortungsvoll und auf eine Weise eingesetzt wird, die menschliche Werte respektiert.

Dieser Balanceakt ist besonders herausfordernd in der schnelllebigen Welt der KI, in der ständig neue Technologien, Anwendungen und Geschäftsmodelle entstehen. Das Gesetz muss flexibel genug sein, um diese Innovationen zu berücksichtigen und einen Rahmen zu bieten, der Experimente und Erkundungen fördert, während gleichzeitig sichergestellt wird, dass KI sicher und ethisch eingesetzt wird. Hier kommen AI-Regulierungs-Sandkästen und Realwelt-Tests ins Spiel.

Diese Mechanismen bieten eine kontrollierte Umgebung für KI-Entwickler, um ihre Innovationen in realen Umgebungen zu testen, wertvolle Daten zu sammeln, ihre Systeme zu verfeinern und ihre Einhaltung der Anforderungen des Gesetzes zu demonstrieren. Stellen Sie sich diese Sandkästen als sichere Experimentierräume vor, ähnlich wie eine Teststrecke, auf der neue Autodesigns getestet werden können, bevor sie auf die offene Straße kommen.

Diese Sandkästen und Realwelt-Testrahmen sind entscheidend für:

- **Förderung von Innovation:** Durch die Bereitstellung einer kontrollierten Testumgebung senken sie die

Eintrittsbarrieren für KI-Entwickler, insbesondere für kleinere Unternehmen und Start-ups. Dies fördert Experimente und ermöglicht es Entwicklern, neue Ideen zu erkunden, ihre Systeme zu verfeinern und ihre Innovationen schneller auf den Markt zu bringen.

- **Erleichterung des regulatorischen Lernens:** Diese Mechanismen bieten wertvolle Einblicke für Regulierungsbehörden und ermöglichen es ihnen, zu verstehen, wie KI in der Praxis entwickelt und eingesetzt wird, und potenzielle Risiken oder Herausforderungen zu identifizieren, die durch Regulierung angegangen werden müssen. Dieses Feedback aus der realen Welt hilft Regulierungsbehörden, ihre Richtlinien zu verfeinern und einen effektiveren und anpassungsfähigeren regulatorischen Rahmen zu schaffen.

- **Vertrauen in KI aufbauen:** Durch die Möglichkeit, KI-Systeme in realen Umgebungen unter kontrollierten Bedingungen zu testen, können diese Mechanismen helfen, Vertrauen in die KI-Technologie aufzubauen. Sie zeigen, dass Sicherheitsvorkehrungen getroffen werden, dass Risiken gemanagt werden und dass KI verantwortungsvoll eingesetzt wird.

- **Innovation und Sicherheitsvorkehrungen ausbalancieren:** AI-Regulierungs-Sandkästen und Realwelt-Tests gleichen die Förderung von Innovation mit der Gewährleistung von Sicherheit aus. Sie bieten einen Rahmen, der es ermöglicht, KI-Systeme in realen Umgebungen zu testen, während gleichzeitig sichergestellt wird, dass geeignete Sicherheitsvorkehrungen vorhanden sind, um fundamentale Rechte zu schützen und potenzielle Schäden zu mindern.

**AI-Regulierungs-Sandkästen: Ein sicherer Raum für Experimente**

Stellen Sie sich vor, Sie sind ein KI-Entwickler mit einer bahnbrechenden neuen Idee für ein KI-System, das das Gesundheitswesen, den Verkehr oder die Bildung revolutionieren könnte. Sie sind begeistert von den potenziellen Vorteilen Ihres Systems, aber Ihnen sind auch die potenziellen Risiken bewusst. Sie möchten sicherstellen, dass Ihr System sicher, zuverlässig ist und die Anforderungen des EU-Gesetzes zur KI erfüllt. Aber Sie müssen Ihr System auch in einer realen Umgebung testen, um wertvolle Daten zu sammeln, seine Algorithmen zu verfeinern und seine Wirksamkeit zu demonstrieren.

Hier kommen AI-Regulierungs-Sandkästen ins Spiel. Ein AI-Regulierungs-Sandkasten ist eine kontrollierte Umgebung, in der KI-Entwickler ihre innovativen Systeme unter der Aufsicht von Regulierungsbehörden testen können. Stellen Sie sich dies als einen sicheren Raum für Experimente vor, einen Ort, an dem Entwickler neue Ideen erkunden, ihre Systeme verfeinern und ihre Einhaltung des KI-Gesetzes demonstrieren können, während sie Risiken minimieren und fundamentale Rechte schützen.

Das EU-Gesetz zur KI ermutigt die Mitgliedstaaten, AI-Regulierungs-Sandkästen einzurichten, da es deren Wert bei der Förderung von Innovation und der Erleichterung des regulatorischen Lernens erkennt. Das Gesetz bietet einen Rahmen für diese Sandkästen und beschreibt deren Hauptmerkmale, Ziele und Betriebsprinzipien.

**Hauptmerkmale von AI-Regulierungs-Sandkästen: Eine kontrollierte Testumgebung**

AI-Regulierungs-Sandkästen haben in der Regel mehrere Hauptmerkmale, die sie von standardmäßigen Realwelt-Einsätzen unterscheiden:

- **Regulatorische Aufsicht:** Sandkästen operieren unter der Aufsicht einer zuständigen Behörde, in der Regel einer nationalen oder regionalen Regulierungsbehörde, die für die Überwachung von KI verantwortlich ist. Diese Aufsicht stellt sicher, dass die Tests sicher, ethisch und in

Übereinstimmung mit den Anforderungen des Gesetzes durchgeführt werden. Die zuständige Behörde bietet Anleitung, überwacht den Testprozess und kann bei Bedarf eingreifen, um Risiken oder Bedenken zu adressieren.

- **Definierter Umfang und Zeitrahmen:** Sandkästen haben einen definierten Umfang und Zeitrahmen und konzentrieren sich auf spezifische KI-Systeme oder Anwendungen und operieren für einen begrenzten Zeitraum. Dies ermöglicht fokussierte Tests und Bewertungen und stellt sicher, dass die Ressourcen des Sandkastens effektiv genutzt werden.

- **Kontrollierte Umgebung:** Sandkästen bieten eine kontrollierte Testumgebung mit Sicherheitsvorkehrungen, um Risiken zu minimieren und fundamentale Rechte zu schützen. Dies könnte die Verwendung anonymisierter oder synthetischer Daten, die Einschränkung des Zugangs des Systems zu sensiblen Informationen, die Implementierung von menschlichen Überwachungsmechanismen oder die Begrenzung des Einsatzes des Systems auf ein bestimmtes geografisches Gebiet oder eine bestimmte Nutzergruppe umfassen.

- **Reale Daten und Feedback:** Sandkästen ermöglichen es Entwicklern, ihre KI-Systeme mit realen Daten zu testen und wertvolle Einblicke in die Leistung des Systems, seine Benutzerfreundlichkeit und seine Auswirkungen in einer praktischen Umgebung zu gewinnen. Sie bieten auch Möglichkeiten für Entwickler, Feedback von Nutzern, Regulierungsbehörden und anderen Interessengruppen zu sammeln, das verwendet werden kann, um das System zu verfeinern und sicherzustellen, dass es den Bedürfnissen seiner beabsichtigten Nutzer entspricht.

- **Rechtliche Flexibilität:** Sandkästen können eine gewisse rechtliche Flexibilität bieten, die es Entwicklern ermöglicht, mit KI-Systemen zu experimentieren, die möglicherweise noch nicht alle Anforderungen des

Gesetzes vollständig erfüllen. Diese Flexibilität fördert Innovation und ermöglicht es Entwicklern, neue Ideen zu erkunden und ihre Systeme zu verfeinern, bevor sie volle Einhaltung nachweisen müssen. Diese Flexibilität ist jedoch nicht uneingeschränkt; sie unterliegt in der Regel bestimmten Bedingungen und Einschränkungen, wie der Implementierung geeigneter Sicherheitsvorkehrungen zur Minderung von Risiken und der Verpflichtung, volle Einhaltung innerhalb eines bestimmten Zeitrahmens zu erreichen.

**Ziele von AI-Regulierungs-Sandkästen: Förderung von Innovation und regulatorischem Lernen**

Das EU-Gesetz zur KI beschreibt mehrere Hauptziele für AI-Regulierungs-Sandkästen:

- **Förderung von Innovation:** Sandkästen sind darauf ausgelegt, Innovation in der KI zu fördern und eine sichere und unterstützende Umgebung für Entwickler zu bieten, um neue Ideen zu testen, ihre Systeme zu verfeinern und ihre Innovationen schneller auf den Markt zu bringen. Durch die Senkung der Eintrittsbarrieren können Sandkästen besonders vorteilhaft für kleinere Unternehmen und Start-ups sein und ihnen ermöglichen, mit größeren Akteuren zu konkurrieren und zu einem lebendigeren und vielfältigeren KI-Ökosystem beizutragen.

- **Verbesserung der Rechtssicherheit:** Sandkästen können dazu beitragen, die Rechtssicherheit für KI-Entwickler zu verbessern, indem sie Klarheit über die Anforderungen des Gesetzes bieten und es Entwicklern ermöglichen, die Einhaltung ihrer Systeme in einer kontrollierten Umgebung zu testen. Dies kann Unsicherheiten reduzieren und Investitionen in die KI-Entwicklung fördern.

- **Erleichterung des regulatorischen Lernens:** Sandkästen bieten wertvolle Einblicke für Regulierungsbehörden und ermöglichen es ihnen, zu verstehen, wie KI in der Praxis entwickelt und eingesetzt wird. Dieses Feedback aus der realen Welt hilft Regulierungsbehörden, ihre Richtlinien zu verfeinern, potenzielle Risiken oder Herausforderungen zu identifizieren, die durch Regulierung angegangen werden müssen, und einen effektiveren und anpassungsfähigeren regulatorischen Rahmen zu schaffen.

- **Unterstützung des Austauschs bewährter Praktiken:** Sandkästen können als Plattformen für den Austausch bewährter Praktiken zwischen KI-Entwicklern, Regulierungsbehörden und anderen Interessengruppen dienen. Diese Zusammenarbeit kann dazu beitragen, den Standard für vertrauenswürdige KI zu heben und die Übernahme ethischer Prinzipien, robuster technischer Standards und effektiver Risikomanagementpraktiken zu fördern.

- **Beschleunigung des Marktzugangs:** Durch die Möglichkeit, ihre Systeme in einer realen Umgebung zu testen und zu verfeinern, können Sandkästen dazu beitragen, den Marktzugang für KI-Innovationen zu beschleunigen. Dies kommt sowohl den Entwicklern zugute, die ihre Produkte schneller auf den Markt bringen können, als auch den Nutzern, die früher von innovativen KI-Anwendungen profitieren können.

**Betriebsprinzipien von AI-Regulierungs-Sandkästen: Ein kooperativer Ansatz**

Das EU-Gesetz zur KI betont mehrere wichtige Betriebsprinzipien für AI-Regulierungs-Sandkästen:

- **Transparenz:** Die Prozesse für die Antragstellung und Teilnahme an einem Sandkasten sollten transparent und zugänglich sein, damit Entwickler die Anforderungen leicht verstehen und ihre Anträge einreichen können. Die Ergebnisse der Sandkastentests sollten ebenfalls transparent gemacht werden, wobei geeignete

Sicherheitsvorkehrungen getroffen werden, um vertrauliche Informationen zu schützen.

- **Zusammenarbeit:** Sandkästen sollten die Zusammenarbeit zwischen KI-Entwicklern, Regulierungsbehörden und anderen Interessengruppen fördern. Dies könnte die Bereitstellung von Möglichkeiten für gemeinsame Tests und Bewertungen, den Austausch von Daten und Fachwissen sowie die Entwicklung gemeinsamer Standards und bewährter Praktiken umfassen.

- **Verhältnismäßigkeit:** Die Anforderungen für die Teilnahme an einem Sandkasten sollten im Verhältnis zum Risikograd stehen, den das getestete KI-System darstellt. Systeme mit einem höheren Schadenspotenzial oder einem größeren Einfluss auf fundamentale Rechte werden in der Regel strengeren Anforderungen und intensiverer Überwachung unterliegen.

- **Flexibilität:** Sandkästen sollten flexibel genug sein, um der sich weiterentwickelnden Natur der KI-Technologie und den vielfältigen Bedürfnissen von KI-Entwicklern gerecht zu werden. Dies könnte die Ermöglichung verschiedener Arten von Tests, die Berücksichtigung unterschiedlicher Datensätze und Einsatzszenarien sowie die Bereitstellung maßgeschneiderter Anleitung und Unterstützung für Teilnehmer umfassen.

- **Bewertung und Überprüfung:** Der Betrieb von Sandkästen sollte regelmäßig bewertet und überprüft werden, um ihre Wirksamkeit zu beurteilen, Bereiche für Verbesserungen zu identifizieren und sicherzustellen, dass sie ihre Ziele erreichen.

**Realwelt-Tests: KI-Innovationen über den Sandkasten hinaus bringen**

Während AI-Regulierungs-Sandkästen eine wertvolle Umgebung für das Testen und Verfeinern von KI-Systemen unter kontrollierten Bedingungen bieten, sind sie nicht immer ausreichend. Einige KI-Systeme erfordern aufgrund ihrer Natur oder ihres beabsichtigten Einsatzes Tests in breiteren, weniger kontrollierten realen Umgebungen.

Ein selbstfahrendes Auto könnte beispielsweise auf öffentlichen Straßen getestet werden müssen, um seine Leistung unter realen Verkehrsbedingungen zu bewerten. Oder ein medizinisches Diagnosesystem könnte in einem Krankenhaus getestet werden müssen, um seine Genauigkeit und Zuverlässigkeit mit echten Patienten zu bewerten.

Das EU-Gesetz zur KI erkennt die Notwendigkeit von Realwelt-Tests an, betont jedoch auch die Bedeutung von Sicherheitsvorkehrungen zum Schutz fundamentaler Rechte und zur Minderung potenzieller Schäden. Das Gesetz schafft einen Rahmen für Realwelt-Tests von Hochrisiko-KI-Systemen und beschreibt die Anforderungen und Bedingungen, die Anbieter und Anwender erfüllen müssen, um diese Tests verantwortungsvoll und ethisch durchzuführen.

**Hauptanforderungen für Realwelt-Tests: Sicherheit gewährleisten und Rechte schützen**

Das EU-Gesetz zur KI beschreibt mehrere Hauptanforderungen für Realwelt-Tests von Hochrisiko-KI-Systemen:

- **Einverständniserklärung:** Personen, die dem Einsatz des KI-Systems während der Realwelt-Tests unterliegen, müssen ihre Einverständniserklärung geben. Dies bedeutet, dass sie klare und verständliche Informationen über den Zweck des Systems, seine Funktionsweise, die Arten von Daten, die es verarbeitet, die potenziellen Risiken und ihre Rechte in Bezug auf das System erhalten müssen. Sie müssen auch jederzeit ohne negative Konsequenzen ihre Einwilligung zurückziehen können.

- **Realwelt-Testplan:** Anbieter und Anwender müssen einen umfassenden Realwelt-Testplan entwickeln, der die Ziele,

Methodik, den Umfang, die Dauer, die Überwachungsverfahren und die Sicherheitsvorkehrungen für die Tests beschreibt. Dieser Plan sollte der relevanten nationalen Behörde zur Überprüfung und Genehmigung vorgelegt werden, bevor die Tests beginnen können.

- **Registrierung:** Realwelt-Tests von Hochrisiko-KI-Systemen müssen in der EU-Datenbank für Hochrisiko-KI-Systeme registriert werden. Diese Registrierung bietet Transparenz und ermöglicht es Regulierungsbehörden, die Testaktivitäten zu überwachen.

- **Begrenzte Dauer:** Realwelt-Tests sollten für eine begrenzte Dauer durchgeführt werden, in der Regel nicht länger als sechs Monate, es sei denn, die nationale Behörde gewährt eine Verlängerung. Dies hilft sicherzustellen, dass die Tests fokussiert sind und potenzielle Risiken minimiert werden.

- **Geeignete Sicherheitsvorkehrungen:** Anbieter und Anwender müssen geeignete Sicherheitsvorkehrungen implementieren, um fundamentale Rechte zu schützen und potenzielle Schäden während der Realwelt-Tests zu mindern. Diese Sicherheitsvorkehrungen könnten umfassen:

  - **Datenanonymisierung:** Verwendung anonymisierter oder synthetischer Daten, wo immer möglich, um die Privatsphäre von Personen zu schützen.

  - **Menschliche Überwachung:** Implementierung robuster menschlicher Überwachungsmechanismen zur Überwachung des Systembetriebs, Eingreifen bei Bedarf und Verhinderung unbeabsichtigter Konsequenzen.

  - **Eingeschränkter Einsatz:** Begrenzung des Systemeinsatzes auf ein bestimmtes geografisches

Gebiet, eine bestimmte Nutzergruppe oder eine bestimmte Anwendung, um das Potenzial für weitreichende Schäden zu minimieren.

- **Überwachung und Berichterstattung:** Anbieter und Anwender müssen das KI-System während der Realwelt-Tests kontinuierlich überwachen, Daten über seine Leistung sammeln, potenzielle Probleme identifizieren und ernsthafte Vorfälle den zuständigen Behörden melden.

- **Umkehr- und Missachtungsmechanismen:** Das KI-System muss mit Mechanismen entworfen werden, die es ermöglichen, seine Vorhersagen, Empfehlungen oder Entscheidungen bei Bedarf effektiv rückgängig zu machen oder zu missachten. Dies hilft, das Potenzial für Schäden in Fällen zu mindern, in denen das System Fehler macht oder unbeabsichtigte Konsequenzen produziert.

### Realwelt-Tests: Ein kooperatives Unterfangen

Realwelt-Tests erfordern oft die Zusammenarbeit zwischen KI-Entwicklern, Anwendern und anderen Interessengruppen, wie:

- **Datenanbieter:** Entwickler könnten mit Datenanbietern zusammenarbeiten müssen, um auf reale Datensätze für Tests zuzugreifen. Diese Partnerschaften sollten auf klaren Vereinbarungen basieren, die Grundsätze der Datenverwaltung, Datenzugangsrechte und den Schutz der Privatsphäre umreißen.

- **Nutzer und Nutzergruppen:** Entwickler könnten Nutzer oder Nutzergruppen in den Testprozess einbeziehen müssen, Feedback sammeln, potenzielle Benutzerfreundlichkeitsprobleme identifizieren und sicherstellen, dass das System den Bedürfnissen seiner beabsichtigten Nutzer entspricht. Diese Nutzerbeteiligung ist entscheidend, um sicherzustellen, dass das System nutzerzentriert entworfen und eingesetzt wird.

- **Experten und Berater:** Entwickler könnten sich mit Experten und Beratern in relevanten Bereichen wie Datenschutz, Menschenrechten oder Ethik beraten, um Einblicke in die potenziellen Risiken im Zusammenhang mit Realwelt-Tests zu gewinnen und geeignete Sicherheitsvorkehrungen zu entwickeln.

Dieser kooperative Ansatz stellt sicher, dass Realwelt-Tests verantwortungsvoll, ethisch und auf eine Weise durchgeführt werden, die allen Interessengruppen zugutekommt.

**AI-Regulierungs-Sandkästen und Realwelt-Tests: Komplementäre Wege zu vertrauenswürdiger KI**

AI-Regulierungs-Sandkästen und Realwelt-Tests sind komplementäre Mechanismen, die zusammenwirken, um Innovation zu fördern, regulatorisches Lernen zu unterstützen und Vertrauen in KI aufzubauen.

Sandkästen bieten einen sicheren Raum für Experimente und ermöglichen es Entwicklern, ihre Innovationen unter kontrollierten Bedingungen zu testen, wertvolle Daten zu sammeln, ihre Systeme zu verfeinern und ihre Einhaltung der Anforderungen des KI-Gesetzes zu demonstrieren. Realwelt-Tests ermöglichen es Entwicklern hingegen, ihre Innovationen über den Sandkasten hinaus zu bringen und sie in breiteren, weniger kontrollierten Umgebungen zu testen, um ihre Leistung und ihre Auswirkungen in realen Kontexten zu bewerten.

Durch die Bereitstellung dieser komplementären Wege schafft das EU-Gesetz zur KI einen flexiblen und anpassungsfähigen Rahmen, der Innovation fördert, während er Sicherheit gewährleistet und fundamentale Rechte respektiert. Es ist ein Rahmen, der erkennt, dass KI eine mächtige Technologie ist, die das Potenzial hat, unsere Welt zum Besseren zu verändern, die jedoch auch sorgfältige Aufmerksamkeit auf ihre potenziellen Risiken und ethischen Implikationen erfordert. Diese Mechanismen helfen, die Lücke zwischen Theorie und Praxis zu schließen, indem sie sicherstellen, dass KI-Innovationen nicht nur technisch machbar,

sondern auch gesellschaftlich verantwortungsvoll und für die
Gesellschaft von Nutzen sind.

---

# KAPITEL FÜNFUNDZWANZIG:
## Governance und Durchsetzung: Effektive Umsetzung des KI-Gesetzes

Wir haben das KI-Gesetz der EU gründlich analysiert und seine grundlegenden Prinzipien, komplexen Anforderungen und die Rollen der verschiedenen Akteure bei der Gestaltung eines vertrauenswürdigen KI-Ökosystems untersucht. Wir haben den risikobasierten Ansatz des Gesetzes, seine Betonung auf Datenqualität, Transparenz, menschliche Aufsicht und robuste technische Standards untersucht. Wir haben uns auch mit den spezifischen Bestimmungen für Hochrisiko-KI-Systeme, den Verpflichtungen für Anbieter und Anwender, der Rolle von benannten Stellen bei der Konformitätsbewertung und den Mechanismen zur Erleichterung des freien Verkehrs innerhalb des EU-Binnenmarktes befasst.

Doch eine entscheidende Frage bleibt: Wie stellen wir sicher, dass dieser komplexe Rahmen, dieser sorgfältig ausgearbeitete Plan für vertrauenswürdige KI, effektiv umgesetzt und durchgesetzt wird? Wie übersetzen wir diese Worte auf Papier in reale Maßnahmen, um sicherzustellen, dass KI-Systeme tatsächlich verantwortungsvoll entwickelt und eingesetzt werden, dass grundlegende Rechte geschützt und potenzielle Schäden gemindert werden?

Dieses Kapitel untersucht die Governance- und Durchsetzungsmechanismen des EU-KI-Gesetzes und beleuchtet die Strukturen, Prozesse und Befugnisse, die eingerichtet werden, um die Vision des Gesetzes Wirklichkeit werden zu lassen. Es geht darum, Prinzipien in Praxis umzuwandeln und sicherzustellen, dass die Ziele des Gesetzes nicht nur Wunschvorstellungen sind, sondern aktiv verfolgt und erreicht werden.

**Eine mehrstufige Governance-Struktur: Von Brüssel zu den nationalen Hauptstädten**

Das EU-KI-Gesetz schafft eine mehrstufige Governance-Struktur, bei der die Verantwortung zwischen der Europäischen Union und ihren Mitgliedstaaten geteilt wird. Dieser dezentrale Ansatz erkennt an, dass die KI-Regulierung sowohl einen koordinierten EU-weiten Rahmen als auch die Flexibilität erfordert, damit die Mitgliedstaaten die Regeln an ihre spezifischen nationalen Kontexte anpassen können.

Stellen Sie sich das wie ein gut koordiniertes Orchester vor, bei dem die EU die Gesamtpartitur und den Dirigenten stellt, während die Mitgliedstaaten die einzelnen Musiker sind, die jeweils ihren Part spielen, um eine harmonische Symphonie zu schaffen. Die EU legt die übergeordneten Prinzipien und Anforderungen fest, während die Mitgliedstaaten dafür verantwortlich sind, diese Regeln in ihren eigenen Territorien umzusetzen und durchzusetzen.

Diese mehrstufige Governance-Struktur umfasst mehrere zentrale Akteure:

**Auf EU-Ebene: Festlegung der strategischen Richtung**

- **Die Europäische Kommission:** Die Europäische Kommission, der Exekutivarm der EU, spielt eine zentrale Rolle bei der Überwachung der Umsetzung des KI-Gesetzes. Ihre Aufgaben umfassen:

    o **Entwicklung von Umsetzungsverordnungen:** Die Kommission wird detaillierte Umsetzungsverordnungen entwickeln, die weitere Anleitungen zu den Anforderungen des Gesetzes geben und spezifische Aspekte der Regeln und Verfahren klären.

    o **Erteilung von Normungsaufträgen:** Die Kommission wird europäische Normungsorganisationen mit der Erteilung von Normungsaufträgen beauftragen und die Entwicklung harmonisierter Normen fördern, die konkrete technische Spezifikationen für vertrauenswürdige KI bieten.

- **Festlegung gemeinsamer Spezifikationen:** In Fällen, in denen harmonisierte Normen nicht existieren oder nicht ausreichen, kann die Kommission gemeinsame Spezifikationen festlegen, um die Lücken zu schließen und alternative Mittel zur Nachweisführung der Konformität zu bieten.

- **Überwachung und Bewertung der Umsetzung des Gesetzes:** Die Kommission wird die Umsetzung des Gesetzes überwachen und bewerten, dessen Wirksamkeit beurteilen und Bereiche zur Verbesserung identifizieren. Sie wird auch dem Europäischen Parlament und dem Rat über die Auswirkungen des Gesetzes berichten.

- **Vertretung der EU in internationalen Foren:** Die Kommission wird die EU in internationalen Diskussionen über die KI-Regulierung vertreten, den Ansatz der EU fördern und versuchen, weltweit gemeinsame Standards und bewährte Verfahren zu etablieren.

- **Der Europäische Ausschuss für Künstliche Intelligenz (der Ausschuss):** Der Ausschuss, der sich aus Vertretern jedes Mitgliedstaats zusammensetzt, bietet der Kommission und den Mitgliedstaaten Fachrat und Unterstützung bei der Umsetzung des KI-Gesetzes. Seine Aufgaben umfassen:

  - **Erteilung von Stellungnahmen und Empfehlungen:** Der Ausschuss wird Stellungnahmen und Empfehlungen zu verschiedenen Aspekten der Umsetzung des Gesetzes abgeben, wie der Entwicklung von Umsetzungsverordnungen, der Erteilung von

Normungsaufträgen, der Festlegung gemeinsamer Spezifikationen und der Auslegung der Bestimmungen des Gesetzes.

o **Förderung der Koordination unter den Mitgliedstaaten:** Der Ausschuss wird als Plattform für die Koordination unter den Mitgliedstaaten fungieren, den Austausch bewährter Verfahren fördern und grenzüberschreitende Konformitätsprobleme angehen.

o **Bereitstellung technischer und regulatorischer Expertise:** Der Ausschuss wird der Kommission und den Mitgliedstaaten technische und regulatorische Expertise zur Verfügung stellen und sie bei der Entwicklung effektiver regulatorischer Lösungen unterstützen.

• **Das KI-Büro:** Das KI-Büro, eine neue von dem Gesetz eingerichtete Stelle, wird eine zentrale Rolle bei der Governance und Überwachung der KI innerhalb der EU spielen. Seine Aufgaben umfassen:

o **Überwachung der KI-Landschaft:** Das KI-Büro wird die sich entwickelnde KI-Landschaft überwachen, aufkommende Trends identifizieren und potenzielle Risiken bewerten. Dies umfasst die Beobachtung der neuesten KI-Forschung und -Entwicklung, die Analyse von Daten zur KI-Einführung und -Nutzung sowie die Zusammenarbeit mit Experten in verschiedenen Bereichen.

o **Entwicklung von Leitlinien und bewährten Verfahren:** Das KI-Büro wird Leitlinien und bewährte Verfahren für Anbieter, Anwender und andere Interessenvertreter entwickeln und ihnen helfen, die Anforderungen des Gesetzes zu verstehen und vertrauenswürdige KI umzusetzen.

Diese Leitlinien könnten detaillierte Erläuterungen der Bestimmungen des Gesetzes, Fallstudien und Beispiele bewährter Verfahren umfassen.

- o **Untersuchung potenzieller Nichtkonformitäten:** Das KI-Büro hat die Befugnis, potenzielle Nichtkonformitäten mit dem KI-Gesetz zu untersuchen, einschließlich solcher, die sich auf allgemeine KI-Modelle und systemische Risiken beziehen. Dies könnte die Anforderung von Informationen von Anbietern, die Durchführung von Audits oder die Einleitung von Durchsetzungsmaßnahmen umfassen.

- o **Förderung von Zusammenarbeit und Koordination:** Das KI-Büro wird die Zusammenarbeit und Koordination zwischen nationalen Behörden, die für die Marktüberwachung verantwortlich sind, sowie mit anderen Interessenvertretern, wie Normungsorganisationen, Forschungseinrichtungen und Interessengruppen, fördern. Dies könnte die Organisation von Workshops und Konferenzen, die Schaffung von Online-Plattformen für den Informationsaustausch oder die Einrichtung formaler Kooperationsmechanismen umfassen.

- **Das Wissenschaftliche Gremium unabhängiger Experten (das Wissenschaftliche Gremium):** Das Wissenschaftliche Gremium, das sich aus unabhängigen Experten mit Fachwissen in verschiedenen Bereichen der KI zusammensetzt, bietet dem KI-Büro, dem Ausschuss und den Mitgliedstaaten wissenschaftlichen und technischen Rat. Seine Aufgaben umfassen:

  - o **Hinweis auf potenzielle systemische Risiken:** Das Wissenschaftliche Gremium kann dem KI-Büro qualifizierte Hinweise geben, wenn es der Meinung ist, dass ein allgemeines KI-Modell konkrete identifizierbare Risiken auf EU-Ebene darstellt oder die Kriterien für die Einstufung als Hochrisiko-Modell erfüllt.

- o **Unterstützung der Marktüberwachungsaktivitäten:** Das Wissenschaftliche Gremium kann nationale Behörden, die für die Marktüberwachung verantwortlich sind, bei ihren Untersuchungen und Durchsetzungsmaßnahmen unterstützen und technische Expertise und Leitlinien bereitstellen.

- o **Mitwirkung bei der Entwicklung von Leitlinien und bewährten Verfahren:** Das Wissenschaftliche Gremium wird an der Entwicklung von Leitlinien und bewährten Verfahren mitwirken und Fachinput zu den technischen und wissenschaftlichen Aspekten der KI-Regulierung geben.

**Auf nationaler Ebene: Umsetzung und Durchsetzung der Regeln**

- **Nationale zuständige Stellen (NZS):** Jeder Mitgliedstaat ist verpflichtet, mindestens eine nationale zuständige Stelle (NZS) zu benennen, um die Umsetzung und Durchsetzung des KI-Gesetzes in seinem Hoheitsgebiet zu überwachen. Diese NZS umfassen typischerweise:

  - o **Benennende Behörden:** Diese Behörden sind dafür verantwortlich, Konformitätsbewertungsstellen zu bewerten, zu benennen und zu benachrichtigen, die qualifiziert sind, Hochrisiko-KI-Systeme zu bewerten. Sie überwachen auch die Aktivitäten dieser benannten Stellen und stellen sicher, dass sie die Anforderungen des Gesetzes in Bezug auf Unabhängigkeit, Kompetenz und Ressourcen erfüllen.

- o **Marktüberwachungsbehörden:** Diese Behörden sind dafür verantwortlich, den KI-Markt zu überwachen, potenzielle Nichtkonformitäten mit dem KI-Gesetz zu untersuchen und Durchsetzungsmaßnahmen gegen Anbieter und Anwender zu ergreifen, die gegen die Regeln verstoßen. Ihre Befugnisse umfassen die Anforderung von Informationen, die Durchführung von Inspektionen, die Erteilung von Warnungen, die Verhängung von Bußgeldern und sogar das Verbot nicht konformer KI-Systeme vom Markt.

- **Nationale KI-Regulatory-Sandboxes:** Die Mitgliedstaaten werden ermutigt, nationale KI-Regulatory-Sandboxes einzurichten, die eine kontrollierte Umgebung für KI-Entwickler bieten, um ihre Innovationen unter der Aufsicht von Regulierungsbehörden zu testen.

- **Andere relevante Behörden:** Die Umsetzung und Durchsetzung des KI-Gesetzes kann auch andere nationale Behörden umfassen, wie Datenschutzbehörden, Verbraucherschutzagenturen, Wettbewerbsbehörden oder branchenspezifische Regulierungsbehörden. Beispielsweise könnte ein Hochrisiko-KI-System im Gesundheitswesen sowohl der NZS, die für KI verantwortlich ist, als auch der nationalen Behörde, die für die Regulierung von Medizinprodukten verantwortlich ist, unterliegen.

**Koordination und Zusammenarbeit: Sicherstellung eines harmonisierten Ansatzes**

Eine effektive Umsetzung und Durchsetzung des EU-KI-Gesetzes erfordert enge Koordination und Zusammenarbeit zwischen den verschiedenen beteiligten Akteuren, sowohl auf EU-Ebene als auch auf nationaler Ebene. Diese Zusammenarbeit ist entscheidend für:

- **Teilen von Informationen und Expertise:** Der Austausch von Informationen über aufkommende Risiken, bewährte

Verfahren und regulatorische Ansätze stellt sicher, dass alle Akteure auf der gleichen Wissensbasis arbeiten und voneinander lernen können.

- **Koordination von Durchsetzungsmaßnahmen:** Die Zusammenarbeit zwischen nationalen Behörden stellt sicher, dass Durchsetzungsmaßnahmen in den Mitgliedstaaten konsistent sind, Forum Shopping verhindert und ein Level Playing Field für KI-Entwickler gewährleistet. Es ermöglicht auch effektivere Reaktionen auf grenzüberschreitende Konformitätsprobleme.

- **Angehen systemischer Risiken:** Die Koordination ist besonders wichtig, um systemische Risiken anzugehen, die mehrere Mitgliedstaaten betreffen und eine koordinierte Reaktion erfordern. Das KI-Büro spielt eine entscheidende Rolle bei der Förderung dieser Koordination, indem es nationale Behörden und andere Interessenvertreter zusammenbringt, um gemeinsame Strategien zur Minderung systemischer Risiken zu entwickeln.

Das KI-Gesetz schafft verschiedene Mechanismen zur Förderung der Koordination und Zusammenarbeit:

- **Der Europäische Ausschuss für Künstliche Intelligenz (der Ausschuss):** Der Ausschuss mit Vertretern aus allen Mitgliedstaaten bietet eine Plattform für die Koordination unter nationalen Behörden und für den Austausch bewährter Verfahren.

- **Das KI-Büro:** Das KI-Büro fungiert als zentrale Koordinationsstelle, fördert den Informationsaustausch, fördert die Zusammenarbeit und entwickelt Leitlinien und bewährte Verfahren. Es hat auch die Befugnis, gemeinsame Untersuchungen einzuleiten, an denen mehrere Mitgliedstaaten beteiligt sind.

- **Ständige Untergruppen:** Der Ausschuss wird ständige Untergruppen einrichten, die sich aus Vertretern nationaler

Benennungsbehörden und Marktüberwachungsbehörden zusammensetzen. Diese Untergruppen bieten ein Forum für die Zusammenarbeit bei spezifischen Aspekten der Umsetzung des Gesetzes, wie der Konformitätsbewertung und der Marktüberwachung.

- **Gemeinsame Untersuchungen:** Das KI-Gesetz ermöglicht gemeinsame Untersuchungen, an denen mehrere Mitgliedstaaten beteiligt sind, wenn vermutet wird, dass ein Hochrisiko-KI-System ein ernsthaftes Risiko in mehreren Gebieten darstellt. Dieser koordinierte Ansatz ermöglicht eine effektivere Untersuchung und Durchsetzung, insbesondere in Fällen, in denen das KI-System komplex ist oder seine Auswirkungen über nationale Grenzen hinausgehen.

**Durchsetzungsmaßnahmen: Sicherstellung der Einhaltung und Abschreckung von Verstößen**

Das EU-KI-Gesetz stellt den nationalen Behörden eine Reihe von Durchsetzungsmaßnahmen zur Verfügung, um die Einhaltung der Anforderungen des Gesetzes sicherzustellen und Verstöße abzuschrecken. Diese Maßnahmen können an die Schwere des Verstoßes und die spezifischen Umstände des Falls angepasst werden.

Einige wichtige Durchsetzungsmaßnahmen umfassen:

- **Anforderungen von Informationen:** Behörden können Informationen von Anbietern und Anwendern anfordern, um die Einhaltung zu überprüfen, potenzielle Verstöße zu untersuchen oder Beweise zu sammeln. Diese Informationen könnten technische Dokumentationen, Datensätze, Aufzeichnungen des Systembetriebs, Risikobewertungen oder Konformitätsbewertungsberichte umfassen.

- **Inspektionen und Audits:** Behörden können Inspektionen oder Audits der Einrichtungen oder Prozesse von

Anbietern und Anwendern durchführen, um die Einhaltung zu überprüfen, potenzielle Verstöße zu untersuchen oder Beweise zu sammeln.

- **Warnungen:** Behörden können Anbietern und Anwendern Warnungen erteilen, die gegen die Anforderungen des Gesetzes verstoßen. Warnungen dienen in der Regel als erster Schritt im Durchsetzungsprozess und geben dem Anbieter oder Anwender die Möglichkeit, das Problem zu beheben und ihre Systeme in Übereinstimmung zu bringen.

- **Korrekturmaßnahmen:** Behörden können Anbieter und Anwender auffordern, Korrekturmaßnahmen zu ergreifen, um Nichtkonformitäten zu beheben. Diese Maßnahmen könnten die Aktualisierung der Software des Systems, die Bereitstellung zusätzlicher Schulungen für Betreiber, die Überarbeitung von Dokumentationen oder die Implementierung zusätzlicher Sicherheitsvorkehrungen umfassen.

- **Bußgelder:** Behörden können Anbietern und Anwendern, die gegen die Anforderungen des Gesetzes verstoßen, Bußgelder auferlegen. Die Höhe des Bußgeldes hängt von der Schwere des Verstoßes und der finanziellen Situation des Anbieters oder Anwenders ab. Das Gesetz legt maximale Bußgelder für bestimmte Verstöße fest, lässt den Mitgliedstaaten jedoch die Festlegung ihrer eigenen Bußgelder, vorausgesetzt, sie sind wirksam, verhältnismäßig und abschreckend.

- **Verbote:** Behörden können nicht konforme KI-Systeme vom EU-Markt verbannen und deren Verkauf oder Einsatz verbieten. Dies ist in der Regel das letzte Mittel, das für Systeme reserviert ist, die eine ernsthafte Gefahr für die Sicherheit oder grundlegende Rechte darstellen.

**Die Rolle von Whistleblowern: Aufdecken von Verstößen**

Das EU-KI-Gesetz erkennt die wichtige Rolle an, die Whistleblower beim Aufdecken von Verstößen und bei der Sicherstellung spielen können, dass die Anforderungen des Gesetzes effektiv durchgesetzt werden. Whistleblower sind Personen, die Fehlverhalten innerhalb einer Organisation melden, oft unter persönlichem Risiko. Sie können wertvolle Einblicke in potenzielle Verstöße geben, die möglicherweise auf andere Weise nicht entdeckt würden.

Das Gesetz bietet Schutz für Whistleblower, die Verstöße gegen die Anforderungen des Gesetzes melden. Dieser Schutz umfasst:

- **Vertraulichkeit:** Die Identität der Whistleblower wird vertraulich behandelt, um sie vor Vergeltung oder Diskriminierung zu schützen.

- **Rechtsschutz:** Whistleblower sind vor rechtlichen Maßnahmen, wie Verleumdungsklagen, geschützt, wenn sie Verstöße in gutem Glauben melden.

- **Unterstützung und Anleitung:** Die Mitgliedstaaten sind verpflichtet, Mechanismen zur Unterstützung und Anleitung von Whistleblowern einzurichten, um ihnen zu helfen, ihre Rechte zu verstehen und Verstöße sicher und effektiv zu melden.

**Angehen grenzüberschreitender Verstöße: Eine koordinierte Reaktion**

Die vernetzte Natur des KI-Ökosystems, bei dem Systeme oft über mehrere Länder hinweg entwickelt und eingesetzt werden, stellt Herausforderungen für die Durchsetzung dar. Ein Verstoß in einem Mitgliedstaat könnte Auswirkungen in anderen Mitgliedstaaten haben und eine koordinierte Reaktion erfordern.

Das EU-KI-Gesetz schafft Mechanismen zur Bekämpfung grenzüberschreitender Verstöße, einschließlich:

- **Gegenseitige Unterstützung:** Die Mitgliedstaaten sind verpflichtet, sich gegenseitig bei der Untersuchung und Durchsetzung der Anforderungen des Gesetzes zu unterstützen. Dies könnte den Austausch von Informationen, die Koordination von Inspektionen oder die Bereitstellung rechtlicher Unterstützung umfassen.

- **Gemeinsame Untersuchungen:** Wie bereits erwähnt, hat das KI-Büro die Befugnis, gemeinsame Untersuchungen einzuleiten, an denen mehrere Mitgliedstaaten beteiligt sind, wenn vermutet wird, dass ein Hochrisiko-KI-System ein ernsthaftes Risiko in mehreren Gebieten darstellt.

- **Der Europäische Datenschutzbeauftragte (EDPS):** Der EDPS, die unabhängige Datenschutzbehörde der EU, spielt eine Rolle bei der Überwachung der Umsetzung des KI-Gesetzes, insbesondere in Bezug auf die Verarbeitung personenbezogener Daten. Er kann Verstöße untersuchen, Empfehlungen abgeben und sogar Bußgelder gegen EU-Institutionen und -Stellen verhängen, die gegen die Anforderungen des Gesetzes verstoßen.

**Strafen für Verstöße: Sicherstellung der Verantwortlichkeit und Abschreckung von Fehlverhalten**

Das EU-KI-Gesetz schafft ein System von Strafen für Verstöße gegen seine Anforderungen, mit dem Ziel, Verantwortlichkeit sicherzustellen und Fehlverhalten abzuschrecken. Diese Strafen können sowohl gegen Anbieter und Anwender als auch gegen benannte Stellen verhängt werden, die ihren Verpflichtungen nicht nachkommen.

Die Strafen sind gestaffelt, wobei die Schwere der Strafe von der Art und Schwere des Verstoßes abhängt. Einige wichtige Kategorien von Strafen umfassen:

- **Verwaltungsstrafen:** Diese Strafen können für verschiedene Verstöße verhängt werden, wie:

- **Nichteinhaltung verbotener KI-Praktiken:** Das Gesetz verbietet bestimmte KI-Praktiken, die als inakzeptabel gelten, wie die Verwendung von KI für soziale Bewertungen oder zur Manipulation des Verhaltens von Individuen. Verstöße gegen diese Verbote können erhebliche Strafen nach sich ziehen, bis zu 35 Millionen Euro oder 7 % ihres gesamten weltweiten Jahresumsatzes, je nachdem, welcher Wert höher ist.

- **Nichteinhaltung der Anforderungen für Hochrisiko-KI-Systeme:** Anbieter und Anwender, die die Anforderungen des Gesetzes für Hochrisiko-KI-Systeme nicht erfüllen, können ebenfalls erhebliche Strafen nach sich ziehen, bis zu 15 Millionen Euro oder 3 % ihres gesamten weltweiten Jahresumsatzes, je nachdem, welcher Wert höher ist.

- **Bereitstellung falscher oder irreführender Informationen:** Anbieter und Anwender, die den Behörden falsche oder irreführende Informationen geben, wie während des Konformitätsbewertungsprozesses, können Strafen von bis zu 7,5 Millionen Euro oder 1 % ihres gesamten weltweiten Jahresumsatzes, je nachdem, welcher Wert höher ist, nach sich ziehen.

- **Korrekturmaßnahmen:** Neben Strafen können Behörden Anbieter und Anwender auch auffordern, Korrekturmaßnahmen zu ergreifen, um Nichtkonformitäten zu beheben. Diese Maßnahmen könnten die Aktualisierung der Software des Systems, die Bereitstellung zusätzlicher Schulungen für Betreiber, die Überarbeitung von Dokumentationen oder die Implementierung zusätzlicher Sicherheitsvorkehrungen umfassen.

- **Verbote:** Als letztes Mittel können Behörden nicht konforme KI-Systeme vom EU-Markt verbannen und deren Verkauf oder Einsatz verbieten. Diese Maßnahme ist in der Regel für Systeme reserviert, die eine ernsthafte Gefahr für die Sicherheit oder grundlegende Rechte darstellen.

Das Strafsystem des EU-KI-Gesetzes ist so konzipiert, dass es wirksam, verhältnismäßig und abschreckend ist. Es soll einen starken Anreiz zur Einhaltung schaffen und sicherstellen, dass KI-Entwickler und -Anwender ihre Verantwortung ernst nehmen und die Sicherheit und das Wohlbefinden der Individuen priorisieren.

**Die Rolle der Gerichte: Bereitstellung gerichtlicher Überprüfung und Abhilfe**

Die Governance- und Durchsetzungsmechanismen des EU-KI-Gesetzes unterliegen der gerichtlichen Überprüfung durch den Gerichtshof der Europäischen Union (EuGH). Dies bedeutet, dass Einzelpersonen und Unternehmen, die der Meinung sind, dass ihre Rechte durch das Gesetz verletzt wurden, vor Gericht Abhilfe suchen können.

Der EuGH kann:

- **Die Rechtmäßigkeit der Bestimmungen des Gesetzes überprüfen:** Der EuGH kann die Rechtmäßigkeit der Bestimmungen des KI-Gesetzes überprüfen und sicherstellen, dass sie mit dem EU-Recht und der Charta der Grundrechte der EU vereinbar sind.

- **Die Entscheidungen nationaler Behörden überprüfen:** Der EuGH kann die Entscheidungen nationaler Behörden, die für die Umsetzung und Durchsetzung des KI-Gesetzes verantwortlich sind, überprüfen und sicherstellen, dass diese Entscheidungen rechtmäßig und verhältnismäßig sind.

- **Abhilfe für Verstöße bieten:** Der EuGH kann Abhilfe für Einzelpersonen und Unternehmen bieten, deren Rechte durch das Gesetz verletzt wurden, wie die Aufhebung rechtswidriger Entscheidungen, die Anordnung von Korrekturmaßnahmen oder die Zuerkennung von Schadensersatz.

Die Rolle des EuGH bei der gerichtlichen Überprüfung bietet eine wichtige Kontrolle der Governance- und Durchsetzungsmechanismen des KI-Gesetzes und stellt sicher, dass sie fair, transparent und verantwortlich sind.

**Ein lebendiger Rahmen: Anpassung an die sich entwickelnde KI-Landschaft**

Das EU-KI-Gesetz ist ein lebendiger Rahmen, der so konzipiert ist, dass er anpassungsfähig und reaktionsfähig auf die sich schnell entwickelnde Landschaft der KI-Technologie ist. Das Gesetz selbst sieht regelmäßige Überprüfungen und Bewertungen vor, die sicherstellen, dass es relevant und effektiv bleibt, um die Herausforderungen und Chancen der KI zu bewältigen.

Die Europäische Kommission ist verpflichtet:

- **Jährliche Überprüfungen durchzuführen:** Die Kommission wird jährliche Überprüfungen der Umsetzung des Gesetzes durchführen, seine Wirksamkeit bewerten, Bereiche zur Verbesserung identifizieren und ihre Ergebnisse dem Europäischen Parlament und dem Rat berichten.

- **Änderungsvorschläge vorzuschlagen:** Wenn die Überprüfungen ergeben, dass das Gesetz aktualisiert werden muss, wird die Kommission dem Europäischen Parlament und dem Rat Änderungsvorschläge unterbreiten. Diese Änderungen könnten die Hinzufügung neuer Anforderungen, die Anpassung bestehender Bestimmungen oder die Einführung neuer Kategorien von KI-Systemen, die der Regulierung unterliegen, umfassen.

- **Die Liste der Hochrisiko-KI-Systeme bewerten:** Die Kommission wird die Liste der Hochrisiko-KI-Systeme regelmäßig bewerten, neue Kategorien hinzufügen oder bestehende entfernen, wenn sich die KI-Landschaft weiterentwickelt und unser Verständnis von Risiken und ethischen Überlegungen wächst.

Dieser fortlaufende Prozess der Überprüfung, Bewertung und Anpassung stellt sicher, dass das EU-KI-Gesetz ein robuster und effektiver Rahmen zur Förderung vertrauenswürdiger KI bleibt, auch wenn die Technologie fortschreitet und die Nutzung von KI weiter verbreitet wird.

**Governance und Durchsetzung: Schlüssel zur Verwirklichung der Vision des KI-Gesetzes**

Die Governance- und Durchsetzungsmechanismen des EU-KI-Gesetzes sind entscheidend, um die Prinzipien und Anforderungen des Gesetzes in reale Maßnahmen umzuwandeln. Sie bieten die Strukturen, Prozesse und Befugnisse, die erforderlich sind, um sicherzustellen, dass KI-Systeme verantwortungsvoll entwickelt und eingesetzt werden, dass grundlegende Rechte geschützt und potenzielle Schäden gemindert werden.

Diese Mechanismen fördern durch die Förderung von Zusammenarbeit, Transparenz, Verantwortlichkeit und effektiver Durchsetzung die Verwirklichung der Vision des Gesetzes eines vertrauenswürdigen KI-Ökosystems. Sie legen den Grundstein für eine Zukunft, in der KI der Gesellschaft zugutekommt, während ethische Prinzipien gewahrt und individuelle Rechte und Freiheiten geschützt werden.

www.ingramcontent.com/pod-product-compliance
Lightning Source LLC
LaVergne TN
LVHW051442050326
832903LV00030BD/3200